陕西省普通高等学校优势学科建设项目经费资助

中国思想史研究

2020年卷

谢阳举 主编

中国社会科学出版社

图书在版编目（CIP）数据

中国思想史研究．2020 年卷 / 谢阳举主编．— 北京：中国社会科学出版社，2020.12

ISBN 978-7-5203-7554-2

Ⅰ．①中…　Ⅱ．①谢…　Ⅲ．①思想史—中国—文集
Ⅳ．①B2-53

中国版本图书馆 CIP 数据核字（2020）第 244152 号

出 版 人　赵剑英
责任编辑　安　芳
责任校对　张爱华
责任印制　李寡寡

出　　版　中国社会科学出版社
社　　址　北京鼓楼西大街甲 158 号
邮　　编　100720
网　　址　http://www.csspw.cn
发 行 部　010-84083685
门 市 部　010-84029450
经　　销　新华书店及其他书店

印　　刷　北京明恒达印务有限公司
装　　订　廊坊市广阳区广增装订厂
版　　次　2020 年 12 月第 1 版
印　　次　2020 年 12 月第 1 次印刷

开　　本　710×1000　1/16
印　　张　21.25
字　　数　316 千字
定　　价　128.00 元

凡购买中国社会科学出版社图书，如有质量问题请与本社营销中心联系调换
电话：010-84083683

目　　录

卷　首

儒学思想史专题研究

宋明理学思想专题研究

道家道教思想史专题研究

近代思想史专题研究

佛教思想文化专题研究

思想史研究理论与方法

卷　首

文化自信与中国思想史 *

张岂之
（西北大学 中国思想文化研究所）

一 文化自信包含五个认同

2016 年 5 月 17 日，习近平总书记在哲学社会科学工作座谈会上指出："坚定中国特色社会主义道路自信、理论自信、制度自信，说到底是要坚定文化自信，文化自信是更基本、更深刻、更持久的力量。"

2016 年 11 月 30 日，习近平同志在中国文联十大、中国作协九大开幕式上的讲话，对文化自信作了进一步论述。他说："坚定文化自信，是事关国运兴衰、事关文化安全、事关民族精神独立性的大问题。没有文化自信，不可能写出有骨气、有个性、有神采的作品。"

习近平总书记论述的文化自信包含有五个认同：

第一，文化自信应认同：中华文明从人文初祖轩辕黄帝开始，五千多年没有中断。2015 年 9 月 3 日，是我国抗日战争胜利 70 周年。抗日战争始于 1931 年日军入侵中国东北。中国人民经过 14 年抗日战争，于 1945 年取得伟大胜利。在 9 月 3 日阅兵式上，习近平总书记的讲话两次提到五千多年的中华文明。他说抗日战争胜利"捍卫了中华民族 5000 多年发展的文明成果"，"中华民族创造了具有 5000 多年历

---

* 张岂之主编，谢阳举副主编：《中国思想史》，高等教育出版社 2015 年版。

史的灿烂文明，也一定能够创造出灿烂的明天”。

第二，文化自信应认同：文化自信反映了中华文明对人类文明的重大贡献。2014 年 3 月，习近平访问欧洲，27 日在法国巴黎联合国教科文组织总部的讲演中说：“中国的造纸术、火药、印刷术、指南针四大发明带动了世界变革，推动了欧洲文艺复兴。”

马克思早就指出：“火药、指南针、印刷术——这是预告资产阶级社会到来的三大发明。”

第三，文化自信应认同：世界上不同国家和民族都对人类文明作出了贡献，我们必须尊重世界文明的多样性。联合国规定每年 5 月 21 日为“世界文化多样性促进对话和发展日”，我国积极参与了这方面的活动。

2014 年 3 月，习近平在联合国教科文组织总部的讲演中有针对性地指出：“每一种文明都是独特的。在文明问题上，生搬硬套、削足适履不仅是不可能的，而且是十分有害的。一切文明成果都值得尊重，一切文明成果都要珍惜。”

第四，文化自信应认同：在中国，国家统一、民族融合为中华文明的繁荣发展奠定了坚实的基础。中国自古以来就是一个多民族国家。中国各民族日益密切的交往、团聚和统一的过程，也是民族大融合的过程。各民族经过迁徙、杂居、通婚和各种形式的交流，在文化上互相学习，在血统上互相融合，逐渐形成了共同的文化心理特征。特别是在近代以来，中国各民族共同反抗外国侵略者，为实现中华民族伟大复兴而努力奋斗，各族人民在中国共产党领导下站起来、富起来、强起来。

早在先秦时期，我国就有华夏、东夷、北狄、西戎和百越五大民族集团。中国的主体民族——汉族的形成，就是各民族大融合的结果。汉族能够在历史上起主导作用，不仅是因为它人口众多，更重要的是因为它有比较先进的生产方式，比较发达的经济和文化。历史上有过少数民族入主中原进行统治的时间，比如鲜卑（北魏）、契丹（辽）、女真（金）、蒙古（元）和满（清）。当他们进入中原以后，不仅未能改变汉族原有的生产方式和文化传统，反而逐渐接受了汉族文化，由此进一步推动了汉族文化与少数民族文化的交流、融合与发展。

战国时期，我国不同地域的文化存在着明显的差异。秦始皇于公元前 221 年统一六国后，有汇合地域文化的理想，但没有成功。汉并天下后，到汉武帝执政时期，经过数十年的战争，地方分裂势力基本被肃清，地域文化也大体上完成了汇合的历史过程。与这个总的形势相适应，汉武帝实行“罢黜百家，独尊儒术”的国策，以汉族为主体的多民族文化共同体才真正形成。这个文化共同体虽然以儒学为主导，但并没有阻碍其他学派思想文化的传承发展，由此面临思想文化会通的问题，在唐、宋时期，儒、道、释的融合会通将中华文化推进到一个新阶段。

第五，文化自信应认同：中华文化具有独特的汉字文化系统。汉字最初有甲骨文、金文，秦始皇为统一汉字书写，采用小篆。我国各地乡音不同，但书面语言相同，这使得中华文化的传承与发展有了保证。文字的统一，有效促进了不同地域思想文化交流和国家政令畅通，对实现国家统一和多民族融合发挥了重要作用。文字的统一与各地方言乡音并存，在相同中保留有特色。

在中国，独特的语言文字，又有多样的书写形式，于是形成了独特的书法艺术。书画同源，中国书法艺术又和中国国画（水墨画）结合，成为中华艺术宝库中的一个部分。

二　中华民族有五千多年的文明史

古人说：“观乎人文，以化成天下”，文化就是文明所产生的正面社会作用。

黄帝和炎帝是中国远古传说中的人物，这些传说经过文字加工，保存在先秦时期的一些文献中。

传说不都是虚构，只要有佐证，其中有可信的部分。关于黄帝及其历史贡献，经司马迁（公元前 145—前 90 年）在《史记》中的叙述，以及后来中国考古学关于中华文明起源的探讨，都说明黄帝时期揭开了中华文明的序幕。

司马迁说，关于神农氏以前的事他不了解，在《史记》中不写燧人、伏羲、神农“三皇”之事。他写《五帝本纪》，作为中华历史的开篇；“五帝”之首就是黄帝。[①]

根据《史记 · 五帝本纪》，加上对中华文明起源的考古研究，我们认定黄帝时代距今有五千多年。

因此，我们学习、研究中国思想史，可从黄帝时期开始。

从黄帝肇始，到春秋时期（即公元前770年至公元前476年，简称为公元前8世纪至公元前5世纪）、战国时期（即公元前475年至公元前220年，简称为公元前5世纪至公元前3世纪），这是中华文明异彩纷呈、百家争鸣的时期，有儒家、道家、阴阳家、法家、名家（逻辑学家）、墨家、纵横家（外交家）、军事家、杂家、农家，还有在街头巷尾讲故事的“小说家”。“百家之学”的昌盛文化局面，渗透着溯本求源的辩证精神、天人合一的和谐精神、人格养成的道德精神、博采众家之长的文化会通精神、以天下为己任的经世致用精神，以及奋发图强、生生不息的民族团结精神等。

在距今两千五百多年的春秋末期，儒、墨、道学派的代表人物孔子、墨子和老子，都有他们自己的历史观与社会观，影响了后来中国历史和社会的发展。孔子自述：“丘也闻有国有家者，不患寡而患不均，不患贫而患不安。”主要是贫富分化的问题，而不是财富绝对值大小的问题，因而治国者应当在“均”和“安”上下功夫。

孔子对上古尧、舜的功业给予很高评价，认为他们是后代治国理政的典范。到战国时期，子思、孟子等继承孔子思想，面对当时社会与民众的苦难，提出了“仁政”理想。孟子在关于“王道”与“霸道”的争议中，坚持“王道”，不但要使民众有自己的财产，更加重要的是要推行儒家教化，以孝悌仁义提高人们的道德操守，建立良好的社会风气。

春秋末期墨家学派以“兼爱”“尚同”作为社会生活的基本准则，宣传“有力者疾以助人，有财者勉以分人，有道者劝以教人。若此，则饥者得食，寒者得衣，乱者得治”（《墨子 · 尚贤》）。墨子认为，社会生活中之所以存在不公平的乱象，原因在于人与人不相爱。只有从兼相爱、交相利出发，才能改变这种状况。为此就要选择天下贤良之士从事政事。

---

① 五帝：黄帝、颛顼、帝喾、尧、舜。

春秋末期的老子，在理想社会的追求上与儒、墨不同，他把对自然现象的观察引入政治社会理想。他说："天之道损有余而补不足。人之道则不然，损不足以奉有余。"由此来看，社会的贫富悬殊与"天道"不合。他的理想社会是返璞归真，小国寡民。

儒、墨、道三家都关心社会现实问题的研究，从现实出发，反思历史，展望未来，形成理论，这是中华优秀传统文化的特色。

今天，中国特色社会主义文化，就是从中华优秀传统文化遗传基因中产生发展起来的。

三 "中华文明的精神标识"与史书

黄帝陵在今陕西省黄陵县，历代都到这里祭祀黄帝。习近平总书记说，黄帝陵是"中华文明的精神标识"。

在氏族部落的繁衍过程中，黄帝统一了黄河流域的大片土地，成为中原部落联盟的首领。当时，国家雏形确立、文字出现，制作车、船，学会打井、养蚕和缫丝。推进原始农业，制作冠冕衣裳，又设官治民，为中华民族的多元统一奠定了物质和教化的基础。后代子孙们推崇黄帝、祭祀黄帝，认定黄帝是中华民族的人文初祖。

中华文明的精神标识是我们民族精神的源头，陕西省黄陵县的黄帝陵是这个源头的象征，"不论树的影子有多长，根永远扎在这里"。

人们想了解中华文明的精神标志，需要读史。

司马迁，今陕西韩城人，他撰写的《史记》，是中国的第一部通史。司马迁在《史记·太史公自序》中介绍了他父亲司马谈的《论六家之要指》："六家"即六个思想文化学派：阴阳、儒、墨、名、法、道德（即道家）。司马谈受汉初"黄老之学"的影响，对道家的思想文化予以很高的评价，汉武帝时"罢黜百家，独尊儒术"，因而司马迁推崇孔子和儒学，在《史记》中写了《孔子世家》，并为孔子的弟子们立传，称孔子为"至圣"。这些对中华思想文化有很大影响。

还要提到东汉时期史学家班固（32—92），今陕西咸阳人，他继承父业，用20多年时间完成了《汉书》，即西汉时期历史的大部分。《汉书》是中国第一部完整的断代史。

《汉书》中有《艺文志·诸子略》，包含儒、墨、道、法、阴阳、名、纵横、杂、农、小说诸子十家的思想观点，《诸子略》有言：“诸子十家，可观者九家而已”，对于在街头巷尾说故事的小说家，是否可称之为“家”，尚可讨论；认为各家的思想观点“相反而皆相成也。《易》曰：‘天下殊途而同归，一致而百虑’”，正因为中华文明有“百家之学”兼容并包这样的优良传统，才能长期传承发展。

西汉时期，玉门关和阳关以西的地域，即今新疆乃至中亚地区，被称为“西域”。汉武帝时张骞（公元前164—前114），今陕西城固人，艰苦备尝，用13年时间，获得关于西域的认知，对汉朝的政治、经济、文化有很大影响。后来又第二次去西域。张骞通西域，使汉王朝的声威和汉文化的影响传播到西域，又由此传到欧洲；当时的中国以文明和富强的政治实体而闻名于世。

东汉时期，被封为“博望侯”的班超（32—102）也为通西域做过重大贡献，这不但是物产、经济互通，而且是文明的交流互鉴。

关于两汉时期丝绸之路的状况，我们读了《汉书·西域传》就会有明晰的印象。唐宋时期又有“海上丝绸之路”的开拓，将中外联结起来，这些历史的认知有助于我们今天对筑梦“一带一路”的理解，一部中国历史实际是中华文明传承发展的历史，读史才能更好地知今。

四　文献典籍与中国思想史

习近平总书记在哲学社会科学座谈会上的讲话，对中华文献做了这样的评价：“中国古代大量鸿篇巨制中包含着丰富的哲学社会科学内容、治国理政智慧，为古人认识世界、改造世界提供了重要依据，也为中华文明提供了重要内容，为人类文明作出了重大贡献。”

这里举儒学“十三经”来说明，这是学习、研究中国思想史的部分主要文献。儒家的经书称之为“经天纬地之作”，言其重要性，西汉时有《诗》《书》《礼》《易》《春秋》“五经”。东汉时，“五经”加《孝经》《论语》成“七经”。唐朝时，《礼》分为《周礼》《仪礼》《礼记》，《春秋》

有《左传》《公羊传》《穀梁传》，加上《周易》《尚书》《诗经》成为“九经”，后又加《论语》《孝经》《尔雅》成为“十二经”，宋代“十二经”加《孟子》形成“十三经”。

儒家的经书从“五经”到“十三经”，这是社会演进的需要。这些被认为是“经天纬地之作”的经书，包含了中华优秀传统文化中的珍品。它们的社会思想作用在于：1. 维护我国传统社会中尊卑贵贱的分野，使之各尽其职、各安其分；2. 这些经书对个人的道德修养，以及如何对待家庭、社会、国家的责任都有明确的论述，起了以文化人的作用。

还要提到，这些经书的普及版，如《三字经》《弟子规》等，在中国传统社会起了一定的教化作用。在这方面，我们要力求做到创造性的转化工作，对于过去的少儿启蒙读物，吸取其中的某些精华，而不是完全搬来，机械模仿。

2017 年 1 月底，新春佳节前夕，中共中央办公厅、国务院办公厅印发《关于实施中华优秀传统文化传承发展工程的意见》(以下简称《意见》)，全文共四大部分，论述了从 2017—2025 年实施中华优秀传统文化传承发展工程的重要意义、总体要求、主要内容、重点任务、组织实施和保障措施。其中的“主要内容”共有三项：1. 阐释中华优秀传统文化的核心思想理念；2. 宣传中华传统美德；3. 发掘中华人文精神。

《意见》与国民教育紧密联系，提出：“把中华优秀传统文化，全方位融入思想道德教育、文化知识教育、艺术体育教育、社会实践教育各环节。”还应“推动高校开设中华优秀传统文化必修课，在哲学社会科学及相关学科专业和课程中增加中华优秀传统文化的内容。”这些需要我们深入学习，准确领会，使之落实。

五　中国思想史中包含有独特的科学精神

这是一个长久被人们忽略的问题，十分可惜，有人只承认西方近代的科学精神（从牛顿开始），否认中国有自身独特的科学精神。现在已到应当加以澄清的时候了。

2015 年 12 月 7 日下午，中国科学家屠呦呦获得诺贝尔奖，在瑞典卡罗琳斯卡医学院用中文发表了题为《青蒿素：中医药给世界的礼物》的讲演，其中阐述了中国的科学精神。

在中国古代的许多医学典籍中都有关于青蒿治病的记载，至于如何从植物中提取青蒿素，制作成为适合人用的药物，需要科学家们进行研究。经过屠呦呦及其团队的反复试验，得到从青蒿中提取抗疟成分的启示，制成的药品，在非洲和其他地区使用，取得了很大疗效。屠呦呦在讲演中说："通过抗疟药青蒿素的研究历程，我深感中西医药各有所长，二者有机结合，优势互补，当具有更大的开发潜力和良好的发展前景。……中医药从神农尝百草开始，在几千年的发展中积累了大量临床经验，对于自然资源的药用价值已经有所整理归纳。通过继承发扬，发掘提高，一定会有所发现，有所创新，从而造福人类。"

屠呦呦获得2015年诺贝尔生理学或医学奖，是世界对中国科学精神的认定和赞扬。

中国第一部编于战国时代，在西汉时期写定的医学经典《黄帝内经》，托名黄帝撰，实际是战国时诸多医学家共同完成的，包括《素问》《灵枢》两大部分，共18卷，162篇。《素问》的内容偏重中医人体生理、病理学、药物治疗的基本理论。《灵枢》主要论述针灸理论、经络学说和人体结构等。

《黄帝内经》中有阴阳五行学说、儒家思想、墨家思想、道家思想，还有法家的若干见解。此外，名家、兵家等的某些成分也被吸纳，体现了博采众家之长的特色，说明中国医药学是百家之学的融会贯通。

2015年12月22日习近平总书记致信祝贺中国中医科学院成立60周年，其中说："中医药学是中国古代科学的瑰宝，也是打开中华文明宝库的钥匙。"可见人们要全面理解中华文明，需要研究和阐述中国古代的科学精神。

司马迁的名言："究天人之际，通古今之变，成一家之言。"（《汉书·司马迁传》）在"天人之学"中，包含有中国古代的科学技术，从天文历算、中医药学、古地理学、古化学、古建筑学中，都可看到"天人之学"的卓越成果。在中华文明中有自己独特的科学精神，这是必须加以肯定的。

儒学思想史专题研究

论“中和”的意义

张茂泽
（西北大学 中国思想文化研究所）

摘　要：“中和”是儒学的重要范畴，它涉及天与人、人与人、心与身等关系论题，指人们认识和处理好这些关系，必须有中和作为本原根据。在儒家看来，中和是人性修养的依据、核心内容和理想境界；表现到思维上，就是中道思维，要求人们既要有天下同归而殊途的大同理想，也要保持和而不同的宽容心态；表现到实践上，就要以礼节之，根本上则要以人性真理表达、规范、引领之。在古人看来，要达到中和境界，中庸之道是必经之途。中和思想是中华文明持续不断发展中的核心理念之一，也深刻契合当今世界和平与发展的主题，其丰富意义值得大力研究和发掘。

关键词：中和；中庸；中行；礼节

关于“中和”思想的有关材料，最重要的应是它的提出和前贤对它的理解。

《中庸》云：“喜怒哀乐之未发，谓之中；发而皆中节，谓之和。中也者，天下之大本也；和也者，天下之达道也。致中和，天地位焉，万物育焉。”这段材料集中论述了儒家的“中和”思想。南宋大儒朱熹注解说：“喜怒哀乐，情也。其未发，则性也；无所偏倚，故谓之中。发皆中节，情之正也；无所乖戾，故谓之和。大本者，天命之性，天下之理皆由此出，道之体也。达道者，循性之谓，天下古今之所共由，道之用也。此言性情之德，以明道不可离之意。”[①]他用《中庸》前文“天命之谓性”解释“中”这一大本，用“率性之谓道”解释“和”这一达道，并注解后文说：“致，推而极之也。位者，安其所也。育者，遂其生也。”在他看来，人们借助人性修养，如果能够做到至静之中，守中无偏，则“极其中而天地位矣”；应物无差，无适不然，“则极其和而万物育矣”。

为什么人们的“中和”修养能达至这样天人合一的效果呢？朱熹用他天人合一思想解释说：“盖天地万物本吾一体，吾之心正，则天地之心亦正矣，吾之气顺，则天地之气亦顺矣。故其效验至于如此。此学问之极功、圣人之能事，初非有待于外，而修道之教亦在其中矣。是其一体一用虽有动静之殊，然必其体立而后用有以行，则其实亦非有两事也。”[②]

一　重要意义

从当今世界和平发展、和谐共赢等方面考虑，研究“中和”思想有重要现实意义。习近平总书记在2020年5月14日“一带一路”国际合作高峰论坛开幕式上讲话，提出“和平合作”等丝路精神，倡议将丝绸之路建成“和平之路”“繁荣之路”“开放之路”“创新之路”“文明之路”，努力“开创合作共赢新模式”“建设和谐共赢大家庭”。其中，“和”字反复出现。此前习总书记讲话也多次提出过中道思维是中华优秀文化的重要内容。可见，由中道与和平、和谐等组合而成的中和思想，不仅在我国历史上中华文明持续不断发展进程中成为核心理念，而且对今天的中国特色社会主义建设、“一带一路”建设也不无启示，可以在其中发挥重要作用。

研究“中和”思想也有重要学术意义和理论意义。“中和”是儒学

① （宋）朱熹：《四书章句集注·中庸章句》，中华书局1983年版，第18页。
② 《四书章句集注·中庸章句》，第18页。

思想的重要范畴。儒学是人学，研究人成为人的问题，研究现实的人借助学习、克己等，不断提高自己的人性修养，并帮助他人也提高人性修养，从而成为理想的人、进而建设理想社会的问题。“中和”既可以表示人性修养的依据（因为中是大本），也可以表示人性修养的内容（中是大本，和是达道）、人性修养的方法（中和是体用合一的范例）、人性修养达到的理想境界（“致中和，天地位焉，万物育焉”）。

比如，作为思维方法，中和思维的核心就是中道思维，既要认识到天下大同，也要注意到同归而殊途、一致而百虑，保持和而不同的宽容心态。当今世界之所以不那么和平，学术上之所以存在着各种论争，都与其思维方式、认识方法的局限性有关，即它与中道思维有距离。一些人违背中道思维，或者片面、静止、孤立看问题，或者自私自利，损人利己，或者极端思想，暴力行为，结果为害不可胜言。遵循中和原则，符合中道思维，就要不偏激，不过头，不片面，不懦弱，反对极端思想。

从儒学角度看，往往一个人兼有多重社会角色，需要承担做人的多方面社会责任。作为男人，在家庭中，既是儿子，要进行“子子”修养，尽子道；又是丈夫，要进行“夫夫”修养，尽夫道；还是父亲，要进行“父父”修养，尽父道。子道，就是“子”概念的内容；夫道是“夫”概念的内容；父道是“父”概念的内容。一个正常的成年男人进行家人修养，就应分别而同时地尽子道、夫道、父道，让现实的自己分别而同时地向着“子”“夫”“父”这三个名，即三个概念规定的内容逼近。用这三个名来引领、规范、纠正现实自己作为儿子、丈夫、父亲的实际情况，这就是孔子说的“正名”。三个名同时得正，就是中和。不能同时得正，作为家人，就有偏窒；其后果，很可能就是“父不父，则子不子”的糟糕局面。

礼法是本于人性、出于名分的规范准则，并随着时代变化而有损益；礼法损益的标准，还是在名分，归根结底在人性。礼法的时代变化围绕着人性的自觉和实现而进行。和，喜怒哀乐等“发而皆中节”，就是人心、言行合于礼法；更深入追寻，就会发现，现实的人实现人的理想，尽到人的名分，就意味着他自觉、确证并实现了人性，这是更深入的和。这更深入的和完全本于中道，符合中道，并走向中道，故为中和。荀子说："故公平者，职之衡也；中和者，听之绳也。"(《荀子·王制篇》)公平是以职事、职业、职责为基础的衡量标准，而中和则是听政、治国等的准绳。人们有人性的中和修养，则中道一定会表现为社会公平、国家中和。故合乎礼法是表象，合乎人性才是实质。

可见，中和是关涉人成为人、社会成为理想社会的大问题，涉及人的自由全面发展、共产主义理想实现的大问题。研究中和思想，不仅对于儒家思想的认识、传承、发展，而且对于共产主义理想的实现，也具有理论启示。

二 "和"的词族

要理解"中和"一词的意义，有必要对与"中和"相关的几个词语及相关问题有预先理解。尤其是因为"中"的意义十分抽象，令人难以把捉，对"和"的意义的理解势必对"中和"整体意义的理解产生影响。

古人关于"和"的意义，大体上可归纳为以下几个方面：

一是国人讲到了不同类别的"和"。如有自然和谐、阴阳和谐、天人和谐等，如《周易》的自然观，有身体和谐、心理和谐、身心和谐，如中医诊疗、养生理论，有家庭和谐、国家和谐、社会和谐、政治和谐、天下和谐等，如古代的齐家治国平天下思想等。

二是就和谐的主体看，上述和谐，既有天和，也有人和，还有天人合一的和谐，如《尚书·舜典》中的"神人以和"。从哲学上思考导致这些和谐的本体原因，则有：（一）气和，即万物根源、材料和运动的统一。如《易传》太极即阴阳二气的和谐统一，是气和的理论。现实社会的和谐气氛，是气和的实例；（二）理和，即真理融贯。如孔子说"一以贯之"，程朱理学提出"理一分殊"，也指天理和众理和谐统一，都是古人关于理和的思想。现实中道德和法律的统一，则是理和的实例；（三）心和，即精神契合。如陆王心学提出"致良知"，即含有让人心和谐统一于道心的意思；现实生产生活中，人与人相知，同心同德，心灵共鸣，精神契合，则是心和的实例。从道的角度看，上述三种和，又都是道和的表现或一部分。

三是和与同的关系。大家都熟知“和而不同”[①]。本来它指自然界万物和谐统一而生生不已的关系状态，又引申为人类社会的和谐关系，以及政治活动中兼听则明、偏信则暗的原则。《中庸》则将“和”描述为“万物并育而不相害，道并行而不相悖”。如果说中庸、中、诚明等是《中庸》指称天道的本体性范畴，那么，和则是其描述现实世界万事万物性质和关系的词语。准此，在和与同的关系中，如果“和”是描述现象的词汇，那么“同”就一定要肩负本体的职能。但古人却讲“和而不同”，则“同”甚至处于比“和”还低的地位。这是为什么呢？这其实很好理解。因为同是本体，是一，和是现象，是针对多而言；但人们对同的理解却可能单一化而排斥多，即黑格尔所批评的抽象的同一。抽象同一这种同，表现于现实生产生活中，从消极方面看，就是听不进不同意见的独断、容不下不同信仰的独尊，成为政治上专制独裁的思维方式。针对这一弊端，提倡和而不同，就是必要而重要的。但如果我们已经达到和而不同阶段，克服和消除了抽象同一，则还需要更进一步，向大同的方向前进。古人将理想社会描述为天下大同，将哲学本原刻画为“道生一”，正表现了这种高远理想追求。有天下大同，则和而不同这种现实事物关系状态，就有了本原、依据、标准和理想。

三　中和与中庸

根据《中庸》，“中和”之“中”指中庸之道，是天下大本；“和”指情欲和谐统一于礼法规范，是天下达道。根据中和以中为根本的情况，就应肯定，要达到理想的中和境界，首先就要遵循中庸之道。

---

① 关于和而不同理念的产生、发展和主要思想内容，可以参见张茂泽《和而不同》，学习出版社 2014 年版。

中庸绝非折衷主义、骑墙派，没有原则和底线。中，在我们日常语言里，往往和空间相关，似乎是表达空间的词语。但就其思想内容言，中庸之道完全不是有关空间位置的思想，而是指符合真理的恰当的、正确的、合适的度等意思。

在中庸之道里，中和庸意义有不同。二程以为，不偏不倚之谓中。结合《论语》载孔子讲的“过犹不及”，则中也可以指无过、无不及。不偏不倚之中，如一条立于正中的竖线，不左不右，毫无偏差；无过无不及之中，犹如一水平横线，不超过，也无不及。既不偏不倚，又无过无不及，则正如竖线、横线之十字交叉点。此点，因其为逻辑推出、设定，如几何学研究点、线、面、体中的点，故极为抽象。人们对中的理解比较困难，也是因为它的抽象性。而庸，用也，日用饮食常见常用，匹夫匹妇能知能行。即是说，中庸之道一方面十分抽象，令人难以把捉；另一方面又在日常生产生活中普通人都能认识、能遵行，这是什么道呢？

结合儒家人学看，儒家关注人成为理想的人的问题；结合《中庸》讲的“五达道”看，可以推知，这中庸之道就是人们在家庭、国家中，做家人、做国人的道理，即作为社会成员的家人、国人具体社会分工的伦理，如国家中的君君、臣臣分工角色伦理，家庭中的夫夫、妇妇，父父、子子分工角色伦理，即每个人在家庭、国家等社会组织中具体所处的社会分工角色，即分位所要求的人伦道德。

具体而言，如现实的父亲守父道，遵循“父亲”概念规定的名分，尽到了“父亲”分位规定的职责，实现了“父亲”角色包含的道理，便是现实的父亲符合中庸的标志。其他社会分工角色莫不如此，即君君、臣臣，父父、子子，夫夫、妇妇等。父亲而符合中庸，用德目表示，就是“慈”。儿子而符合中庸，也可以用德目表示，就是“孝”。两者结合起来，就是父慈子孝。换言之，能做到父慈子孝，就是中庸。在现实生活中，父子即使再愚、再不肖，也都能知道、能实践一些父慈子孝的道理，中庸之日用常行如此，这是就“庸”而言；而若说完全做到父慈子孝，完全尽到父道、子道，即使圣人也有所不知、有所不能，中庸之难知难行又如彼，这又是就“中”而论。

儒家要求在现实的社会生产生活中成为理想的人，即圣人，这是和佛道的根本区别所在。故《中庸》作者认为这是天下的大本，即伟大根本、伟大本原、伟大依据。现实社会生产生活中人之所以为人之道，包含了家庭、国家中每个人社会分工角色伦理在内。

如此，也可以这样理解中和：每个人尽到自己的分工角色伦理，是为中；每个人尽到不同的社会分工角色伦理，而不矛盾，如父父而且子子而且夫夫，是为中和。故中庸之道的实质内容，就是人之所以为人之道，古人断定为仁义道德等内容。唐孔颖达注释《中庸》的“中”，是“澹然虚静，心无所虑，而当于理”[①]，显然受到融合儒道的玄学的影响，道家色彩浓郁，有借助道家修养思想以理解儒家仁义道德思想的意味。

早在先秦诸子时期，因为中庸一词非常抽象，难以言说，儒家还用其他几个相关词语进行表述。一是“中行”。这是从现实言行活动看中庸之道，即中庸之道表现于人的现实言行活动中，可谓中庸的德行。孔子描述中行，就是无过无不及。《中庸》补充了日用常行的意思，二程则补充了不偏不倚的意思；二是“时中”。这是从历史进程、时代变化角度看中庸之道，即经、权结合，不变的中庸之道通过变化的历史条件、内容、阶段等表现出来。虽然人物、事件、环境、问题、方法、目的等都有变化，但有中道修养的人们随时而处中。在有中道修养的人那里，中庸之道的本体不变，其本质内容、基本原则、根本方法皆一以贯之，人们认识、遵循中庸之道，充实和发展中庸之道的追求也一脉相承而不变。灵活性和原则性相结合，正是中道在人性修养上的表现。三即“中和”。这是从事物关系、社会关系、心理关系、精神关系角度看中庸之道，是中庸之道表现到自然万物的运行和相互关系中，成为一种中和关系状态；也表现到人的心理活动、社会活动及其相互关系中，成为一种和谐的中庸关系或中庸境界。

---

① 《礼记正义》卷五二，《十三经注疏》下册，中华书局 1980 年版，第 1625 页。

四　中和与人心

在儒家那里，礼法等规范最初主要是针对人心，尤其是针对人心中的情感、意志、欲望、认识等活动而提出的修养要求，属于一种心理活动规范修养和心理和谐境界修养。

《中庸》原文“喜怒哀乐之未发，谓之中；发而皆中节，谓之和”，其中，喜怒哀乐都指人的情感。古人讨论人的情感，常言七情，即喜、怒、哀、乐、爱、恶、欲。在心理学上，前四情属于情感，后三情，指好恶、欲望，属于意志范围。《中庸》在此只列举了前四情，我们不能就理解为它只针对这四种情感而言，甚至不能理解为它只是针对情感而提出的要求。应该广义地理解为，它不只针对这四种情感，还针对其他情感；不仅就情感立论，也就好恶、欲望等意志、认识、审美等心理活动，甚至价值观立论，是针对人心的现实消极状况而提出的修养要求。孔颖达将这里的喜怒哀乐解释为“情欲”①，是恰当的。由此可以断定，《中庸》的“中和”说，是讨论人的情感修养、欲望修养、认识活动修养、审美修养等的学说，是研究和规范人心问题的心学。

《中庸》断定，喜怒哀乐等情欲未发谓中，已发而中节谓和。情欲的未发＋已发而中节，就是中和。情欲的未发＋已发而不中节，是什么？这就是人心的现实情况。我们随时可以看见、听说，现实中不少人，情感、欲望都发而不中节，欲望无节制，情感无制约，古人谓为人欲横流。这样的人心状况，带来的就是不和，就是争斗、冲突，就是痛苦、烦恼、忧惧……

对于人情欲的节制，在中国儒学思想史上，前有孔子主张“克己”，《大学》提出“诚意正心”，后有孟子说寡欲。克己、寡欲，当为《中庸》“发而皆中节”的正解。“中节”，就是符合礼节，心理活动，情感、欲望有节奏，有节度，有节制约束，有规范准则。孔子说：“人而不仁如礼何？”心里有仁爱情感，外面有符合礼节的言行，文质彬

---

① 《礼记正义》卷五二，《十三经注疏》下册，第1625页。

彬，仁礼统一，就可谓人心中和了。

五 中和与礼节

由此可见，要中和，就要讲礼节。礼节是不是我们今天所谓文明礼貌呢？不仅仅是。

在先秦，作为华夏制度文明的核心概念，礼有多个意义。从最早出现的宗教祭祀礼仪，到西周初年周公制礼作乐而创造的封邦建国礼制，在治国理政中逐步诞生的强制性礼法，诸子学者着重阐明制度思想内容的“礼义”概念，以及哲学家、实践家都用来表示制度精神的“礼意”等。这些概念，涉及人们的思想、位分、言行的程序、威仪、内容、精神等。儒家认为，礼本于天而成于人，是天人合一的产物，故“礼”论有本体论意义，蕴含着人们的终极关怀，是人们精神家园中的必要内容。所以，礼在社会各个方面都有体现，是人类活动中不可缺少的文化内容。在个人那里，礼就是人们的位分和人际关系规范，故儒家强调人们应知礼、行礼、守礼，“礼”成为儒家人性修养的重要内容；还应根据时代变化和人情需要而损益礼，“礼”成为儒家教化论和制度文化观中的重要组成部分；“礼之用，和为贵”，在社会共同体中，礼还指社会关系的和谐秩序，这种社会和谐秩序就是实行礼制的收获。可见，“礼”论是儒家社会思想中的核心成分。

孔子曾经提出“克己复礼”主张。过去人们批判他，说孔子复古倒退，因为他们将这里的“礼”解释为周公制作、实行的周礼，复礼就是恢复西周初年的周礼。这个解释望文生义，其实并不成立。诚然，孔子之时，能够令人向往、留恋的，也就只有西周初年的成康之治。司马迁记载，西周初年成康时期，“四十年刑错不用”。周礼正是达致成康之治的主要原因。从这个角度看，与其说孔子是想恢复周礼，不如说孔子是想恢复西周初年国家长治久安的盛世局面，为此潜心研究、孜孜追求达致这一盛世的根本原因——周礼。孔子早年重视礼，当有这个原因。随着孔子思想的发展，他关于礼的思想也逐步成熟起来。从他成熟的“礼”论看，他不可能主张恢复周礼。原因有：

第一，孔子认为礼在历史发展中有损益，夏、商、周三代的礼就是如此。根据这种礼的损益历史观，不可能主张后世完全照抄照搬前人的礼制。

第二，西周时期，“礼不下庶人”，礼文明为贵族专有，普通百姓缺乏礼文化修养。孔子办私学，有教无类，普及礼乐文化到民间，提出“不知礼，无以立”的主张，要求人们知礼、行礼、循礼、守礼，将礼文化视为现实所有人的基本文明修养。现实所有人，尤其包括平民在内。在孔子看来，人作为人，在人性上是相同的，在人格上是平等的，大家都应该具有人之所以为人的基本修养。在修养上，孔子对贵族和平民提出了相同的要求。这正是孔子平等看人、平等待人的表现，也成为孔子儒学修养论的基本思想。恢复到西周初年的礼制，让普通百姓变成“野人”，和这一思想背道而驰，不可能成为孔子的主张。

第三，孔子认为仁义道德等人性内容，是礼的内在基础，礼的损益变化，总是围绕人性的自觉和实现这人生历程主线、社会历史主线来进行。故孔子后来更多地讨论“仁”概念，这体现出孔子“礼”论在发展深化。从他的“仁”说看，从他的仁义道德修养主张看，“克己复礼为仁”，“复礼”是“为仁”的手段。如果复礼指恢复西周初年的礼制，则“为仁”就没有着落了。因为西周初年人们并不讲“为仁”，甚至不讲“仁”概念。“仁”作为思想观念，完全是孔子的发明创造。

今人所谓“讲礼节”，意思就是情感、欲望等要以礼节之。以礼节之，即发明一套制度文明，去规范人的心理活动和言行活动，调节人和人、人和自然、人和自己的关系。讲文明礼貌，当然也很重要，但还只是表象。今天我们强调的德治和法治相结合，德是道德规范，法是法律规范，就是古代“为国以礼”的现代讲法。我们已经认识到，道德是法律的基础，法律是道德的保障。法律和道德要在人性修养的基础上，在全民族科学文化水平不断提高的条件下结合起来，才能充分发挥礼的规范作用，引领国人不断认识、充实、确证和实现人性，为共产主义理想社会的到来做准备。这是新时期我国制度文明建设的重大课题。先秦时期人们关于礼和法关系的认识，没有我们今天细密，可以理解。

还要注意，古人已经认识到，礼的本质就是理，即天理。朱熹解释孔子“克己复礼为仁”的意思说，“仁者，本心之全体。克，胜也。己，谓身之私欲也。复，反也。礼者，天理之节文也。为仁者，所以全其心之德也。盖心之全德，莫非天理，而不能不坏于人欲。故为仁者必有以胜私欲而复于礼，则事皆天理，而本心之德复全于我矣。”[①] 礼本原于人的至善本性，而“性即理也”，人的至善本性就是天理，故礼的本质就是天理。克己复礼，就是去私欲，存天理而已。这个理解就十分深刻，而富有哲学意味了。

于是，以礼节之，本质上说就是以理节之。以理节之，即以理性、真理、道德等节之。这就超越了以具体的礼法规范条文节制的层次，而上达天道、天理、良知的逻辑高度，从而也超越了礼的损益的历史经验局限，而具有更为普遍必然的意义。

以礼节之，一个意思就是用理性节制人的情欲。这有何史料根据？可以举《论语》中孔子答弟子问的言论为例。孔子自述“四十而不惑”，有弟子问什么是“惑”。孔子回答说：“爱之欲其生，恶之欲其死。既欲其生，又欲其死，是惑也。”（《论语·颜渊》）意思是说，爱一个人，希望他活着，但其实他已经去世了。这说的是我们的亲人去世，我们不忍他离去，希望他活过来。同时，我们讨厌一个人，希望他死去，但他身体非常健康，毫无病痛。这两种情况，就是“惑”的表现。这其实就是情感战胜理智。没有理性节制的情感，很容易就“惑”了。可见，以礼节之，就包含了以理性节制情欲的意思。

以礼节制情欲，也指用理性方法引导、规范情欲的生发和抒发。《中庸》提出“未发”“已发”说，其中的“发”，从现实生产生活看，可有二义：一指发端、发起、生发。则以礼节之，就是超越身体本能冲动层次，超越个人功利计算的“精致的利己主义者”层次，上达这样的一个高度：用真理意识生发情欲，用真理规范情欲的内容、引导情欲的满足。二指抒发、发表、表达。以礼节之，就是要超越简单粗

① （宋）朱熹：《四书章句集注》,《论语集注》卷六，中华书局 1983 年版，第 131 页。

暴的行政命令、暴力机器的强制执行层次，而努力升华到文明的高度：即用美的形式，表达真理性情感和欲望内容，这就是“诗言志”，成就的就是文学艺术作品。体现到社会人生活动中，人性内容用美的心灵、美的言行活动表达出来，就是孟子所谓“充实之谓美”，这当然是一种道德修养基础上的人格美。这时，美的形式＋真理性内容，就是礼的内容。而这美的形式所表达的内容，则是人的至善本性。《尚书》“诗言志”，孔子“思无邪”，孟子“充实之谓美”，所言皆就抒发的内容而言，是性与天道统一的真理。而美的形式本身的内容，如诗的平仄、押韵、节律，文章的题材、语句的特点、文辞的典雅，以及音乐的旋律和节奏等，也构成礼的部分内容。这时，礼作为人类文明的要素，就从仪式、制度、规范等等，渗透进社会各个领域，浸入人类的精神世界中去了。

略论“何人可谏”

郑朝晖
（广西大学 文学院）

摘　要：谏言是形成优质政治决策的关键因素之一。传统谏言理论中，侧重于进谏勇气与进谏艺术的讨论，对进谏对象的选择问题相对讨论不足。但“何人可谏”作为传统谏言理论中的隐藏问题，仍然受到了事实上的关注。无论是史书记载的谏言事件还是一些零散的谏言理论反思，都暗含了对纳谏者须具有良心、良知与良言的要求。严格说来，良心、良知、良言对于形成优质决策的重要程度有所差异，良言最为有效，然而良言的建构又最为艰难。传统良言制度经过了由天言经势言而至公言的，探索进谏者与纳谏者之间有效的决策权重配置的长期过程。毋庸讳言，公言制度的建设还在漫漫征途中。

关键词：谏言；良心；良知；良言；公言

谏言在中国传统政治决策中地位重要，“二十四史”记载了大量谏言事件。为了鼓励进谏，古人“有进善之旌，有诽谤之木，有敢谏之鼓”[①]，孟子将“谏行言听”[②]看作君主的内在责任，唐太宗提倡“知而

① 王聘珍解诂：《大戴礼记解诂》，中华书局1983年版，第52页。
② 杨伯峻译注：《孟子译注·离娄章句下》，中华书局1960年版，第186页。

必谏”[①]，宋太祖制定了“不杀言官”[②]的谏言制度。但在君主制下，进谏有极大的政治风险，往往“婴人主之逆鳞”[③]，如果不称旨意，轻则丢官，重则失去性命。传统思想中关于谏言的反思，主要集中在强调进谏者的无畏勇气[④]与进谏艺术之上，对于进谏对象的思考，则考虑“畏”字的时候多，考虑“择”字的时候少。不过，如果我们细读史书中记载的谏言事件，会发现，其中隐藏着对于选择进谏对象的深入反思。笔者以为，可以孟子的“四端”说为框架来分析“何人可谏”的隐藏问题，其中，“恻隐之心”与“羞恶之心”对应着良心，“是非之心”对应着良知，“辞让之心”对应着良言。[⑤]

一 辨君之良心

谏言逆耳，“是非相间，革更其行”[⑥]。谏官以唱反调为己任，“天

① （后唐）刘昫等：《旧唐书·魏征》，中华书局 2000 年版，第 1728 页。

② 曹勋上高宗言宋太宗誓约云，“誓不诛大臣言官，违者不祥”。参曹勋：《进前十事札子》，《松隐文集》卷二十六，《嘉业堂丛书》本。

③ （清）王先谦撰、钟哲校点：《韩非子集解·说难》，中华书局 1998 年版，第 95 页。

④ 《白虎通义·谏诤》有言：“陷谏者，义也，恻隐发于中，直言国之害，励志忘生，为君不避丧身。”刘向也曾说过，“夫不谏则危君，固谏则危身，与其危君宁危身”。都主张丧身进谏。（清）陈立撰，吴则虞点校：《白虎通疏证·谏诤》，中华书局 1994 年版，第 236 页；（汉）刘向撰，向宗鲁校证：《说苑校证·正谏》，中华书局 1987 年版，第 206 页。

⑤ 四端之心是孟子“不忍人之心”的具体说法，“恻隐之心，仁之端也；羞恶之心，义之端也；辞让之心，礼之端也；是非之心，智之端也”。“恻隐之心，仁也；羞恶之心，义也；恭敬之心，礼也；是非之心，智也。”杨伯峻译注：《孟子译注·公孙丑章句上》，第 80 页；《孟子译注·告子章句上》，第 259 页。孟子之说，显然是仁包四德说，故可称之为良心说。王阳明称：“孟子云：‘是非之心，知也。’‘是非之心，人皆有之。’即所谓良知也。”“知是心之本体。心自然会知：见父自然知孝，见兄自然知悌，见孺子入井自然知恻隐，此便是良知，不假外求。”知包括恻隐之心，显然是知包四德的思路。吴光等编校：《王阳明全集》第 1 册，上海古籍出版社 2014 年版，第 211、7 页。孔子曰：“礼也者，理也。”荀子云：“贵本之谓文，亲用之谓礼，两者合而成文。”并将礼法概念联结起来，而韩非子言：“法者，编著之图籍，设之于官府，而布之于百姓者也。”戴震：“可否之而当，是谓理义。”可见礼法是以言的形式存在，并与仁义概念相关，所以良言是礼包四德的思路。孙希旦集解：《礼记集解·仲尼燕居》，中华书局 1989 年版，第 1272 页；王先谦集解：《荀子集解·礼论》，中华书局 1988 年版，第 352 页；王先慎集解：《韩非子集解·难三》，中华书局 1998 年版，第 380 页；戴震：《孟子字义疏证》，中华书局 1961 年版，第 7 页。

⑥ 此条注云，“古文间为干，干，犯也。言臣子干君之过，犯颜而谏之也”。（清）陈立撰，吴则虞点校：《白虎通疏证·谏诤》，中华书局 1994 年版，第 234 页。

子曰是，谏官曰非；天子曰必行，谏官曰必不可行；立殿陛之前，与天子争是非者，谏官也。”[①]君主有生杀予夺之权，若遇“悖乱暗惑之主”（《韩非子集解·难言》，第23页），那么无论你的谏言多么得体，多么有道理，都难免罹患遭灾，“至言忤耳而倒于心，非贤圣莫能听”（《韩非子集解·难言》，第23页）。所以谏言之时，“知所说之心”（《韩非子集解·说难》，第86页），也就是辨别君主是否有良心，就是十分关键的事情。如果君主有恻隐之心，有羞恶之心，谏言很有可能被接受，即便距谏，进谏者也不会有性命之虞。倘若君王只有“暴心”“忿心”，那么距谏就是可预期的，进谏者更有可能遭遇无妄之灾。

有“暴心”之人会遮蔽自己的良心，甚至还会发明似是而非的说辞为自己的行为张目。如后秦厉王苻生为人残暴，闻人进谏则忿怒。金紫光禄大夫程肱上疏谏止他大兴土木，左光禄大夫强平谏止他杀人刳心，苻生皆“怒杀之”，其母甚而因此事“忧恨而死”[②]。苻生的残暴，并非一时兴起，而是他迷信暴力的结果，他曾经下书说：“朕受皇天之命，承祖宗之业，君临万邦，子育百姓，嗣统已来，有何不善，而谤讟之音扇满天下！杀不过千，而谓刑虐。行者比肩，未足为稀。方当峻刑极罚，复如朕何！”（《晋书·载记第十二》，第1926页）苻生自认为所有的谏言皆是对自己善政的诽谤，针对这些诽谤，峻刑极罚是恰当的，是善的“刑教”。所以当百姓苦于猛兽食人，群臣请求其采取“禳灾”仪式时，苻生漠然应之，“野兽饥则食人，饱当自止，终不能累年为患也。天岂不子爱群生，而年年降罚，正以百姓犯罪不已，将助朕专杀而施刑教故耳。但勿犯罪，何为怨天而尤人哉！”（《晋书·载记第十二》，第1926页）在苻生看来，野兽食人是代天行罚，百姓罪有应得，因此这是百姓反躬自省，安于“刑教”的大好时机。苻生自小即凶暴，其父苻健担心他不能保全家业，因此临死时告诫他说，“酋帅、大臣若不从汝命，可渐除之”（《晋书·载记第十二》，第

① （宋）欧阳修撰，李逸安点校：《欧阳修全集·上范司谏书》，中华书局2001年版，第974页。

② 强平为其生母强氏的亲弟弟，苻生为了泄忿，连母亲的劝谏也不在意，遂致其母忧恨而死。（唐）房玄龄等：《晋书·载记第十二》，中华书局2000年版，第1925页。

1927 页）。苻生则将之理解为任性杀戮，“左右或言陛下圣明宰世，天下惟歌太平。生曰：‘媚于我也。’引而斩之。或言陛下刑罚微过。曰：‘汝谤我也。’亦斩之”（《晋书·载记第十二》，第 1927 页）。显然，对于像苻生这样无恻隐之心的“孤恶君”[①]，所有的进谏术都会失效，自然“忠臣不敢进其谋，而邪臣专行其政”[②]。

无羞恶之心的人也会遮蔽自己的良心，当他们在事实面前知道进谏者的谏言是正确的时候，往往不思悔改，诿过于人。如官渡之战前，袁绍谋士田丰曾谏止他与曹操决战，袁绍怒其动摇军心而将其收监，后袁绍兵败，恐为田丰所讥笑，遂杀之，史家讥评“绍外宽雅，有局度，忧喜不形于色，而内多忌害”[③]。又如后梁太祖朱温出兵攻打淮南，兵部尚书敬翔劝谏他休整军队后再出兵，后进军不利，朱温“始大悔恨，归而忿躁，杀唐大臣几尽”[④]。再如后凉灵皇帝吕纂好畋猎，太常杨颖谏其以救天下苍生为己任，吕纂虽表彰杨颖为“贞亮之士”，但其仍然“昏虐自任，终不能改”（《晋书·载记第二十二》，第 2061 页）。

有良心之人在认识到距谏之失后，则多能反思己过，自责改过。如前赵末代国主刘曜听说平西将军赵染不听鲁徽之谏而败绩，因愧悔而“斩徽”（《晋书·载记第二》，第 1781 页），批评赵染没有容人之心，“蹄涔不容尺鲤，染之谓也”（《晋书·载记第二》，第 1781 页），又如后赵高祖石勒畋猎于郊，不听主簿程琅谏止之言，坐骑果触木而死，自己也差点摔死，因此自责己过：“不用忠臣言，吾之过也。”（《晋书·载记第五》，第 1831 页）并赏赐程琅“朝服锦绢，爵关内侯。于是朝臣谒见，忠言竞进矣”（《晋书·载记第五》，第 1831 页）。石勒的做法，与其有一定的自知之明有关。中书令徐光曾吹捧石勒超迈刘邦曹操比拟轩辕时，他说：“朕若逢高皇，当北面而事之，与韩彭竞鞭而争先耳。若遇光武，当并驱于中原，未知鹿死谁手。大丈夫行事当

---

① （清）陈立撰，吴则虞点校：《白虎通疏证·谏诤》，第 228 页。《盐铁论》中说，“距谏者塞，专己者孤”，（汉）桓宽著，王利器校注：《盐铁论校注》，天津古籍出版社，第 319 页。

② 李伯勋笺论：《诸葛亮集笺论·便宜十六策·纳言第四》，陕西人民出版社 1997 年版，第 366 页。

③ （三国）陈寿：《三国志·袁绍》，中华书局 2000 年版，第 151 页。

④ （宋）欧阳修：《新五代史·敬翔》，中华书局 2000 年版，第 138 页。

礌礌落落，如日月皎然，终不能如曹孟德、司马仲达父子，欺他孤儿寡妇，狐媚以取天下也。朕当在二刘之间耳，轩辕岂所拟乎！”（《晋书·载记第五》，第1836页）石勒批评曹操、司马懿取天下无道，显然是他认为君主还是要有良心的。君主有纳谏之良心，才可形成“大夫进谏，士传民语”（《白虎通疏证·谏诤》，第233页）的良好局面。

二　遇君之良知

孔子重讽谏，是为了防微杜渐，“知祸患之萌，深睹其事，未彰而讽告焉”（《白虎通疏证·谏诤》，第235页）。对于君主已犯之过失，则“遂事不谏”（《论语译注·八佾篇第三》），因其于事无补。谏言针对事萌之几，其是非不易断定，进谏者须保持理性平和的态度，“出辞逊顺，不逆君心。……视君颜色不悦，且却，悦而复前，以礼进退”（《白虎通疏证·谏诤》，第235页）。韩非子更主张谏说要“知饰所说之所矜而灭其所耻”（《韩非子集解·说难》，第89页），在取得君主的情感共鸣后方可“极骋智辩”（《韩非子集解·说难》，第91页），“明割利害以致其功，直指是非以饰其身”（《韩非子集解·说难》，第92页），激发君主的“是非之心”以理性地辨析谏言的合理性，“因君心所明，而后见纳”①。鬼谷子的进谏术则更加主动，他主张采取控制君主心理活动的话术来达成目的，“引钩钳之辞，飞而钳之”②，“得其情，乃制其术”（《鬼谷子集校集注·内揵》，第53页）。讲究进谏术，其深层目的还是君臣以智相合从而形成优质的决策，“智者度君权时，调其缓急，而处其宜”（《说苑校证·正谏》，第206页）。

“君臣合”③可以提升决策的质量，充分发挥“是非之心”的决断

① （宋）程颢、程颐著，王孝鱼点校：《二程集·河南程氏粹言》，中华书局1981年版，第1243页。

② 王利器校注：《鬼谷子集校集注·飞钳》，中华书局2008年版，第78页。

③ 苏舆撰：《春秋繁露义证·基义》，中华书局1992年版，第350页。

作用，形成君臣“共治天下”[①]的理想局面。如后赵高祖石勒“少有奇志”(《晋书·载记第四》，第1809页)，右长史张宾微时常自比于张良，及其见石勒，叹曰：“吾历观诸将多矣，独胡将军可与共成大事。”(《晋书·载记第五》，第1841页)张宾死后，石勒每与继任右长史程遐论事，一旦意见不同，就说：“右侯舍我去，令我与此辈共事，岂非酷乎！”(《晋书·载记第五》，第1841页)又如，前秦世祖苻坚的宰相王猛，“时人罕能识”(《晋书·载记第十四》，第1963页)，其初见东晋桓温时，扪虱而谈当世之事，得其赏识，然其谓桓温北伐而“未见公心”，从其只能得富贵而不能酬壮志，遂未与之归晋。而当他与苻坚相遇时，“一见便若平生，语及废兴大事，异符若契，若玄德之遇孔明也”(《晋书·载记第十四》，第1963页)。苻坚亦曾言，“朕寄卿于暂见，拟卿为卧龙，卿亦异朕于一言，回考槃之雅志，岂不精契神交，千载之会！虽傅岩入梦，姜公悟兆，今古一时，亦不殊也”(《晋书·载记第十四》，第1964页)。前燕黄门侍郎梁琛当时即有见于坚猛之会，将是前燕的心腹大患，“苻坚机明好断，纳善如流。王猛有王佐之才，锐于进取。观其君臣相得，自谓千载一时。桓温不足为虑，终为人患者，其唯王猛乎？”(《晋书·载记第十一》，第1909页)可见君臣相合的关键，还是“君臣之间，心心相契”[②]，并因之而形成明断是非的合力，这是一加一大于二的绝妙组合。

苻坚从善如流，然“好行小仁，不顾天下大计”(《晋书·载记第二十三》，第2069页)。特进樊世曾怒骂苻坚凡事偏袒王猛，坚怒而欲杀之，司隶校尉权翼谏其勿以“慢易之言”杀人，坚遂笑言：“朕之过也。”(《晋书·载记第十三》，第1933页)坚尝畋猎，伶人王洛叩马谏止，坚即赞曰：“善，昔文公悟愆于虞人，朕闻罪于王洛，吾过也。”(《晋书·载记第十三》，第1939页)更为难能可贵的是，苻坚从此以后再也没有行畋猎之事。统一中国北方后，苻坚渐有享乐之心，尚书

---

① 汉宣帝云：“庶民所以安其田里而亡叹息愁恨之心者，政平讼理也。与我共此者，其惟良二千石乎！”汉宣帝所言，《晋书》则记成，“昔汉宣有云：与我共治天下者，其惟良二千石乎！”班固：《汉书·循吏传》，第2688页；房玄龄等：《晋书·孙波》，第1222页。

② (明)丘濬：《大学衍义补》上册，上海书店出版社2012年版，第52页。

郎裴元略谏其勿忘初心，“坚大悦，命去珠帘，以元略为谏议大夫。”（《晋书·载记第十三》，第1945页）苻坚曾“行礼于辟雍，祀先师孔子”（《晋书·载记第十三》，第1938页），主张“为政之体，德化为先”（《晋书·载记第十四》，第1963页），其所灭国之君臣皆信用为重臣。而王猛个性刚明，主张“宰宁国以礼，治乱邦以法”（《晋书·载记第十四》，第1963页），是所谓“夷吾、子产之俦”（《晋书·载记第十四》，第1963页），正好与苻坚形成互补。王猛看到了苻坚好行小仁的弱点，因而在其去世之时留下遗谏，“晋虽僻陋吴越，乃正朔相承。亲仁善邻，国之宝也。臣没之后，愿不以晋为图。鲜卑、羌虏，我之仇也，终为人患，宜渐除之，以便社稷”（《晋书·载记第十四》，第1965页）。惜苻坚终没有领会谏言的真谛，即君臣合心之国方可伐君臣离心之国，而晋国君臣并未离心，前秦君臣也未做到合心。

苻坚之兴，因其有统一中国之志，苻坚之亡，亦因其有统一中国之志。王猛逝后，苻坚渐起伐晋之心，“吾每思天下不一，未尝不临食辍餔，今欲起天下兵以讨之”（《晋书·载记第十四》，第1950页）。此心不可谓不仁义，然其“是非之心”则为统一的执念所遮蔽。权翼谏之而言：“晋道虽微，未闻丧德，君臣和睦，上下同心。谢安、桓冲，江表伟才，可谓晋有人焉”（《晋书·载记第十四》，第1951页）。侍中苻融则重提王猛遗谏以说之：“王景略一时奇士，陛下每拟之孔明，其临终之言不可忘也。”（《晋书·载记第十四》，第1952页）并提醒苻坚要防备慕容垂、姚苌生变，“（慕容）垂、（姚）苌皆我之仇敌，思闻风尘之变，冀因之以逞其凶德”（《晋书·载记第十四》，第1967页）。然苻坚终为其心中志向所惑，自言“计决矣，不复与诸卿议也”（《晋书·载记第十四》，第1953页）。虽如此，苻坚的过人之处在于，良知虽受蔽，良心犹显明。伐晋败后，他深悔没有遵从王猛遗谏，大惭曰：“朕若用朝臣之言，岂见今日之事邪！当何面目复临天下乎？”（《晋书·载记第十四》，第1955页）后秦辅国将军尹纬见苻坚说其禅位时，苻坚反而称赞尹纬，“宰相之才也，王景略之俦。而朕不知卿，亡也不亦宜乎！”（《晋书·载记第十八》，第2016页）苻坚将其败亡原因归于无人可“与言”（《晋书·载记第十四》，第1951页）天下大事，显然是对君臣相合有助于形成决策合力的充分肯定。但他没能意识到其败亡的深层原因，即在不断走向成功后，他开始迷信武力，宣称其军队“投鞭于江，足断其流”（《晋书·载记第十四》，第1951页），又迷信关键少数的决策能力，谓“自古大事，定策者一两人而已，群议纷纭，徒乱人意。”（《晋书·载记第十四》，第1951页）王猛能与其定策，是因为两者良知相契，猛“质相其事而谏”（《白虎通疏证·谏诤》，第235页），坚推心置腹而纳。王猛逝后，苻坚一直没有找到合适的接替者，决策知力迅速下降，遂变成“智足以距谏，言足以饰非”[①]的独断君主。即便“明主听断，贤相谋议，思虑之失，亦不能免”[②]，遑论独断之主。王阳明认为良知须朋友之间“相互扶持砥砺”[③]，方可有成。因此，欲使“天子不得为非”（《白虎通疏证·谏诤》，第238页），就需建立相互信任的进谏纳谏机制，避免因一人之存亡，而丧失整体的决策知力。

三　限君之良言

进谏者“冀君用其言”（《白虎通疏证·谏诤》，第230页），纳谏者“冀闻谠言”（《大学衍义补》上册，第56页），两者相向而行，以期“言论之间，得以相接”（《大学衍义补》上册，第59页），从而形成优质决策。然君主拥有最后的决断权，“言不可用置之，言可用采之”（《大学衍义补》上册，第55页），即便君主“广陈言之路，弘容言之量”（《大学衍义补》上册，第60页），进谏者仍因谏言在决策中所占权重低“犹恐惧而不敢自尽”（《大学衍义补》上册，第57页）。为了提升谏言在决策中的权重，减少君断在决策中的权重，就需要发挥君主的“辞让之心”，让渡一部分决策权力给谏官，比如让谏官拥有预闻国事的权力，“当君相议事之际，使谏官预闻得以关说”（《唐史论断》卷上，第5页），以形成高效的协商决策制度。“制法度”

① （汉）司马迁：《史记·殷本纪》，中华书局2000年版，第76页。

② 孙甫：《唐史论断》卷上，中华书局1985年版，第4页。

③ 吴光等编校：《王阳明全集》第三册，上海古籍出版社2014年版，第911页。

（《白虎通疏证·谏诤》，第238页）是形成长效谏言机制中最关键的部分，也是最难的部分。毕竟喜欢独断专行，是人性的弱点。如成汉中宗李寿"闻季龙虐用刑法，王逊亦以杀罚御下，并能控制邦域，寿心欣慕，人有小过辄杀以立威。……其左仆射蔡兴切谏，寿以为诽谤，诛之。右仆射李嶷数以直言忤旨，寿积忿非一，托以他罪，下狱杀之。"（《晋书·载记第二十一》，第2047页）又如五代时契丹有八个部落，每隔一定年数就聚议推举一人为八部之长，阿保机闻汉人无轮代之事，"尽杀诸部大人，遂立，不复代。"（《新五代史·四夷附录第一》，第590页）

古之君主"作民父母"[①]，很难对子民兴起"辞让之心"，但他们"畏天命"（《论语译注·季氏篇第十六》，第177页），故而建设协商决策机制的早期思路，是抬高"天言"的决策权重以制衡君言的决策权重。如箕子在讨论"稽疑"时，曾说："汝则有大疑，谋及乃心，谋及卿士，谋及庶人，谋及卜筮。汝则从，龟从，筮从，卿士从，庶民从，是之谓大同，身其康强，子孙其逢，吉；汝则从，龟从，筮从，卿士逆，庶民逆，吉；卿士从，龟从，筮从，汝则逆，庶民逆，吉；庶民从，龟从，筮从，汝则逆，卿士逆，吉；汝则从，龟从，筮逆，卿士逆，庶民逆，作内吉，作外凶；龟筮共违于人，用静吉，用作凶。"（《尚书今古文注疏·洪范》，第312—313页）这段话是描述朝议有疑难决时，参与决策的君王、卿士、庶民、卜筮人，谁的决策权重最高，就能够最终决定事情走向。在其所描述的六种决策争议的情形中，只要有卜筮人赞同，即使君主反对，事犹可行，可见卜筮人的意见在决策中的权重最高，卜筮之言实即"天言"。这种决策机制，影响后世甚深，"自（汉）文帝因日食下此诏后，凡遇日食与夫地震山崩水旱疾疫之类，皆下诏求言，遂为故事"（《大学衍义补》上册，第55页）。后董仲舒将此理论化成"屈民以申君，屈君以申天"的政治制度，并发展出一套具体的包含灾异谴告的名号学说。只是随着理性精神的兴起，

---

① （清）孙星衍撰，陈抗、盛新铃点校：《尚书今古文注疏·洪范》，中华书局1986年版，第306页。

当“天言”给出的建议与君主的实际利益相冲突时，天意的权威性就会被决策者质疑，乃至否定。孟尝君曾对其门客说：“以人事谏我，我尽知之；若以鬼道谏我，我则杀之。”（《说苑校证·正谏》，第210页）董仲舒以灾异说政事，论狱当死，武帝赦之，“遂不敢复言灾异”（《汉书·董仲舒传》，第1919页）。苻坚距苻宏之谏时亦云：“往年车骑灭燕，亦犯岁而捷之。天道幽远，非汝所知也。”（《晋书·载记第十四》，第1953页）表面上言，不信“天言”是理性的表现；根本上言，还是因为君主不愿降低自身的决策权重。

当“天言”的权威性降低时，代表俗世力量的“大人”之言，即“势言”的权威性就上升了。君主的“辞让之心”，就会在“畏大人”（《论语译注·季氏篇第十六》，第177页）的时候表现出来。鬼谷子言，“世可以治，则抵而塞之；不可治，则抵而得之”（《鬼谷子集校集注·抵隙》，第70页）。主张在君主昏暗的情况下，可由进谏者自己来取得决策权。孟子基于民贵君轻思想，亦主张“君有大过则谏，反复之而不听，则去”（《孟子译注·万章章句下》，第252页），甚至“诸侯危社稷则变置”（《孟子译注·尽心章句下》，第328页）。因此，宰折雎言“不听强谏”[①]是大不祥之事。强谏之强，实含臣之势强之意，大将军苻洪谏后赵武帝石虎勿杀“纳言大臣”，石虎“惮其强”（《晋书·载记第六》，第1857页）。所以荀子说，“有能比知同力，率群臣百吏而相与强君挢君，君虽不安，不能不听。”（《荀子集解·臣道》，第250页）前赵御史大夫陈元达信服“师臣者王，友臣者霸”之说，数度联合众大臣强谏烈宗刘聪，劝其“会议政事，使大臣得极其言，忠臣得逞其意”（《晋书·载记第二》，第1785页），刘聪“迫于元达之势”（《晋书·载记第二》，第1782页），多次听从其谏言，然内心实深恨之，曾面质陈元达：“卿当畏朕，反使朕畏卿乎？”（《晋书·载记第二》，第1790页）后因刘聪拒谏不纳，陈元达说：“吾既不复能言，安用此默默生乎！”（《晋书·载记第二》，第1785页）竟忿而自杀。在特定的情形下，势言强谏确可以起到降低君主决策权重的作用，但也

① 刘文典集解：《淮南鸿烈集解·人间训》，中华书局1989年版，第618页。

引起了君主的警觉。因为君主既希望得谏言之利，“以匡君之过，矫君之失”（《说苑校证·正谏》，第206页），也希望进谏者“尽忠纳诚”（《白虎通疏证·谏诤》，第226页），不威胁自己的绝对决策权，“意无所制”（《韩非子集解·解老》，第131页）。这种矛盾心态就使君主倾向于建设势与言分离的协商决策机制，鉴于“古者谏无官，自公卿大夫至于工商无不得谏者。”（《欧阳修集·谏院题名记》，第1371页）秦汉以来，开始“设员置职而责之以谏”[①]，君主赋予谏官参与决策的职能，“谏官虽卑，与宰相等”（《欧阳修全集·上范司谏书》，第974页），又不断降低谏官的职位层级，使其无力牵制君主的决策权。宋时谏官对君权的牵制作用即已变弱，至明时则将其职责更定为“审命令以正百司，达幽隐以通庶务”[②]，失去对君权的制约作用，清代言谏制度彻底消失，乾隆云：“乾纲独断，乃本朝家法，自皇祖皇考以来，一切用人听言，大权从未旁假。”[③]可见君主维护决策权重的自觉心态之昭然。

宋以后谏官制度不断衰落，然对孔子的崇敬则在上升。自唐玄宗始，孔子就被封为“文宣王”，宋真宗则加上了“至圣”二字[④]，说明君主实“畏圣人之言”（《论语译注·季氏篇第十六》，第177页）。儒者认为孔子是天下人的老师，反对给予孔子帝王爵位，“（吴）沉尝著辩，言孔子封王为非礼。后布政使夏寅、祭酒丘浚皆沿其说。至嘉靖九年更定祀典，改称‘至圣先师’，实自沉发之也”（《明史·吴沉》，第2623页）。宋人发明经筵制度欲以“圣人之言”正“君之心”，明人将之制度化，“永乐中，颁《文公家礼》于天下，又定巡狩、监国及经筵日讲之制”（《论语译注·季氏篇第十六》，第177页）。儒者期望通过此制度参与政治决策，但很快引发君主的不满，“伯耆因对问所以逐先生之骤，上曰：始除熹经筵尔，今乃事事欲与闻”[⑤]。经此挫折，明儒没有继续谋求制度化的“圣言”建构，而是转向建构“公言”的道路，

① （宋）刘安世：《尽言集》卷十三，中华书局1985年版，第151页。

② （清）张廷玉等：《明史·职官二》，中华书局2000年版，第1188页。

③ （清）王先谦、朱寿朋：《东华录续编·乾隆二十八》，上海古籍出版社2007年版，第254页。

④ （元）脱脱等：《宋史·真宗三》，中华书局2000年版，第102页。

⑤ （宋）李心传辑，朱军点校：《道命录》卷七（上），上海古籍出版社2016年版，第65页。

“天子之所是未必是，天子之所非未必非，天子遂不敢自为非是，而公其非是于学校。”① “太学祭酒，推择当世大儒，其重与宰相等，或宰相退处为之。……祭酒南面讲学，天子亦就弟子之列，政有缺失，祭酒直言无讳。”（《黄宗羲全集·明夷待访录》，第 12 页）这种协商决策机制有点类似于《洪范》的机制，只不过是在君臣之外引入学校这个第三方力量，而且学校的决策权重高于“天子”。此虽是黄宗羲的理论设想，但考之清末以来的“言路”探索历程，建构“公是公非”的协商决策机制确是其中绵延至今的主线。“言路开则治，言路塞则乱，治乱者系乎言路而已”②，如何建构有效的“公言”决策机制，显然还是一个需要不断探索的命题。

总之，关于“何人可谏”这个隐藏问题，古人实有深入地反思。“非明智不能招直言，非圣德不能求过行”（《大学衍义补》上册，第 58 页），这显然认识到了君主应当具有良心、良知；“或为之科目如所谓直言、极谏者，或为之设官如所谓拾遗、补阙者，或因灾眚而下诏以求，或因患难而责已以访，或为轮对之制使人人得以自达，或设登闻之鼓使事事得以上闻”（《大学衍义补》上册，第 60—61 页），这显然认识到了君主进行决策机制建设，即良言建设的重要性。此处需要补充说明的是，良心、良知、良言皆是统合性的概念，良心是仁包四德，良知是知包四德，良言是礼包四德，理论上三者之间只是隐显的不同，但就实际的谏言发展历程而言，三者又似纳谏境界提升的过程，因为良言的形成需要让权。如此而言，则笼统可说，可谏之人即是有良言之人。另外一个方面，因其是统合概念，就有可能强调作为包装而呈现出来的部分，无论是仁包、知包还是礼包，而遮蔽包之后的其他三德。如我们在强调良言是礼包四德的时候，过于强调制度的重要性，而有可能忘记良心、良知的重要性。③ 此外，古人理解进谏纳谏的

① 吴光等编：《黄宗羲全集·明夷待访录》，浙江古籍出版社 2012 年版，第 10 页。

② （宋）范祖禹：《唐鉴》卷一，上海古籍出版社 1984 年版，第 11 页。

③ 陈来关于公德私德的分析对于理解统合概念的遮蔽性有一定的参考价值，他说：“近代以来最大的问题是政治公德取代个人道德、压抑个人道德、取消个人道德，并相应地忽视社会公德，使得政治公德、社会公德和个人道德之间失去应有的平衡。”陈来：《中国近代以来重公德轻私德的偏向与流弊》，《文史哲》2020 年第 1 期，第 5—23 页。

关系是奠基在《周易》的交通理论上的，“《周易》天地交则为《泰》，不交则为《否》。君父天也，臣民地也，是故君降心以访问，臣竭诚以献替，则庶政修治，邦家乂安”（《大学衍义补》上册，第59页）。追求的是“和而不同”的“和解”状态，以期形成“共识”，因此蔡希邠说：“举天天之中，物物之内，不能有一而无二也，则不能无会也。有所会而后有所成，不会则散，散则毁矣。其会大者其成大，其会寡者毁而不成。是故会无量无算数无思议之空气而成天，会无量无算数无思议之土而成为地。易曰：大哉乾元乃统天。乾元者，会其有极也。”[①] 此条关于“会”的思考，是交通思路的有机延续，也是中国近代建设“公言”决策机制的进路之一。

---

① （清）蔡希邠：《圣学会序》，《桂林文史资料》（第二辑），内部发行1982年，第40页。

《周易》变易思想与周人新型天命观及德福观的确立

——以《革》卦为讨论中心[*]

李友广
（西北大学 中国思想文化研究所）

摘　要： 殷周之际，是一个在诸多方面发生剧变的时代。这种变化，不仅使得天命观念发生重大变化，而且还催生了《易经》。周人新型天命观的确立，影响了时人对于致福手段的新探索，这表现在德福关系上的变化便是：从殷人祭祀、占卜致福向周人以修德、敬德致福转变。周人新型天命观的确立，以及在德福观上的这种创造性理解，既对《易经》卦爻象、卦爻辞的形成产生了不可忽视的影响，又对《易传》对于《易经》所作的儒家化诠释影响甚大。

关键词：《革》；变易；新型天命观；德福关系

殷周之际，社会结构、政治制度与思想观念均发生重大变化，如王国维所言“中国政治与文化之变革，莫剧于殷周之际”[①]，但也不能否

---

* 项目基金：国家社科基金西部项目“先秦儒家政治哲学研究”（项目号：15XZX006）的阶段性成果。

① 王国维：《殷周制度论》，《王国维儒学论集》，四川大学出版社 2010 年版，第 241—250 页。

认殷周在思想文化与精神信仰上的连续性。例如，周人对于天、天命的敬畏，既延续了夏商宗教神学文化，又对夏商天命观进行创新。通常认为，《周易》经文就产生于殷周之际，反映了当时社会、政治、思想、信仰方面的变化。本文尝试以《周易》革卦为中心，来探讨《周易》变易思想与周人新型天命观、德福观之间的关系，以便更好地理解殷周天命观的差异、周人新型天命观出现的原因，及其周人天命观对《易传》的影响。

一　殷周剧变与“天命不易”观念的失效

从殷墟甲骨卜辞所反映的内容来看，殷商时期宗教色彩非常浓厚。“帝”“既具有超自然的力量，可以令风令雨，支配自然界，而且还可以控制人类社会，为害或福佑人间”[①]：

令风令雨令雷者：

帝令雨弗其正年。/帝令雨正年。(《甲骨文合集》10139、前1、50、11)

贞：帝其及今十三月令雷。/贞：帝其于生一月令雷。(《甲骨文合集》14127)

贞：翌癸卯帝其令风。/翌癸卯帝不令风，夕雾。(《甲骨文合集》672正)

降灾为害者：

庚戌卜，争贞：雨，帝不我堇。(《甲骨文合集》10165正)

□辰卜，宾贞：隹帝令害。(《甲骨文合集》14159)

……不雨，帝受我年。二月。(《掇》一、4六十四天24、南师1、16)

---

① 陈咏明：《儒学与中国宗教传统》，宗教文化出版社2003年版，第22页。

戊申卜，争贞，帝其降我黑，一月。（《甲骨文合集》10171 正）

帝降其摧（摧，原指鸟害，引申为灾害之义）。（《甲骨文合集》14173 正）

帝唯其终兹邑（终绝此城邑）。（《甲骨文合集》14209 正）

贞，帝其作我孽。（《甲骨文合集》14184）

福佑人间者：

贞，唯帝肇（肇，疏导义）王疾。（《甲骨文合集》14222 正丙）

王作邑，帝若（佑）我。（《甲骨文合集》14200 正）

来岁帝降其永（引申有美善之义），在祖乙宗，十月卜。（《小屯南地甲骨》723）

帝受（授）我佑。（《甲骨文合集》14671）

由此来看，卜辞中的“帝”是全能而非全善，其无所不能的能力不以殷人的意志与主观愿望为转移的，而且是兼具宗教神性与自然属性的神灵。① 与帝的这种双重属性相关，殷人对帝所持的态度也是复杂的：既畏惧又深怀希求。畏惧的是帝的非全善的自然属性，希求的是其全能的宗教神性。殷人将帝视为信仰系统中的至上神，这在《诗经·商颂》中有着集中反映：

天命玄鸟，降而生商。宅殷土茫茫。古帝命武汤，正域彼四方。（《商颂·玄鸟》）

有娀方将，帝立子生商。（《商颂·长发》）

帝命不违，至于汤齐。汤降不迟，圣敬日跻。昭假迟迟，上帝是祗，帝命式于九围。（《商颂·长发》）

---

① 参李友广《先秦儒家人性论的演变——以郭店儒简为考察重点》，陕西人民出版社 2014 年版，第 17—19 页。夏商时期是中国古代国家形成的初级阶段，对应着松散方国联盟的王权并非至高无上的，这样的王权需要借助宗教神权来抬升自己，同时宗教神权也需要依凭王权来对人们的社会生活和精神世界产生切实影响。

这些诗歌反映了殷人将商王与帝命相联系，认为商王权的诞生与国祚长盛都承帝命而来。后世学者一般认为，殷人的天命思想可以用“天命不易”来概括。《史记·殷本纪》所载纣王之言“我生不有命在天乎”，便是殷人基于帝神信仰的天命观的具体表现。但是，既然天命不易，那大邑商为何会被小邦周所取代？“天命不易”观念随着殷政权的覆灭而宣告破产，难以承担起论证政权正当性的理论功能，改造殷人天命观念就成为周人急需回答的重大理论问题，因为这一理论问题关系到辩护其政权正当性的现实问题。

而且，既然深信天命与上帝鬼神的商王朝会灭亡，那么继商而起的周人又该如何把握国祚与自己的命运呢？探寻永葆江山社稷的密码，成为周人另一紧迫任务。众所周知，殷人重祭祀，诸事好依卜问来决断。祭祀、占卜等活动实际上是一种致福行为。由于人文理性主义精神在这一时期尚未萌芽，殷人在致福时并未将道德的因素考虑在内，当然，这也与殷人心目中帝全能而非全善的特点有关。但是，祭祀求福未必定能获得与心里祈求相应的福报。[①] 然而，殷人并未找到真正掌握自身前途与命运的钥匙，除了以祭祀、占卜的方式向上帝鬼神献媚，几乎没有什么更好的办法来面对这个充满未知而又神秘的世界。

代商之后，周人该如何面对殷人的“天命不易”思想？又如何辩护新生政权的正当性呢？对此，周人经过理性思考以后，提出了“天命靡常”（《诗经·大雅·文王》）的新型天命观，并强调道德因素在致福行为中的重要性，希望以“德”为中介加强天人之间的联系，从而试图将自身命运与国祚长盛的决定权转移到自己的手里。

---

① “福报”一语虽多见于佛教典籍，但早在《史记·张仪列传》即已出现：“夫造祸而求福报，计浅而怨深，逆秦而顺楚，虽欲毋亡，不可得也。”而《荀子·正论》虽未直接用“福报”一语，但其内容却已含有报应的思想因素了：“凡爵列、官职、赏庆、刑罚，皆报也，以类相从者也。”对此，杨倞注曰：“报，谓报其善恶。各以类相从，谓善者得其善，恶者得其恶也。”见（清）王先谦《荀子集解》，中华书局 1988 年版，第 328 页。

二 《周易》变易思想与新型天命观的确立

关于《周易》，向来有“三易”之说，《易纬·乾凿度》云：“易一名而含三义，所谓易也，变易也，不易也。”孔颖达将“易”视为“变化之总名，改换之殊称”，并言：“自天地开辟，阴阳运行，寒暑迭来，日月更出，孚萌庶类，亭毒群品，新新不停，生生相续，莫非资变化之力，换代之功。……谓之为‘易’，取变化之义。”[①]可见，变易是《周易》的基本法则与规律。[②]《易传》及后世学者（如程颢、朱熹等）都特别重视《周易》的变易思想，《易传·系辞》更是集中阐述了变易思想，诸如动静刚柔，吉凶变化，相摩相荡，鼓之润之，运行成物，忧虞进退，范围曲成，显仁藏用，日新生生，成象效法，知来通变，阴阳不测，法象物宜，观其会通等等，实难遍举。

与《周易》的“不易”义相比，“变易”说更能彰显殷周之际政治社会剧变的时代特点。殷人所信奉的“天命不易”观念与《周易》的“不易”精神在某种程度上确有相合之处，但“武王克商”让“天命不易”观念在实践上宣告失效，此时再大谈“不易”无疑已不合时宜，难为情势所允许。

在时人看来，“武王克商”不单单是小邦周对大邑商的胜利，更是逼死商王帝辛、以下犯上的严重行为[③]，周人不得不重新思考政权的正当性及其价值依据等问题。但“天命不易”观念的失效，让周人不可能继续沿着殷人的精神信仰与思维方式前行。另外，由于商王朝的统治时间较长，其精神信仰与统治理念影响深远，周人也不可能完全罔

---

① 李学勤主编：《周易正义》卷首，北京大学出版社 1999 年版，第 4 页。

② 顺此理路，陈来进一步作了发挥：“‘易’的基本意义就是变易，易经的基本思想就是整个世界处于永恒的变易之中，而人必须顺应这个永久变易的世界，建立起变易的世界观。”（陈来：《〈周易〉中的变革思想》，《社会科学研究》2019 年第 2 期。）

③ 对此，董琳利也说：“作为中国古代史上的重大政治事件，‘武王克商’引发了严重的政治问题，对周人的天命观和政治观形成了直接挑战。作为回应，周人提出了‘天命靡常’、‘以德配天’、‘天从民意’的政治解释。”诚是。董琳利：《简论“武王克商”的政治正当性问题》，《中国人民大学学报》2012 年第 5 期。

顾殷人的天命信仰而另辟蹊径去论证权力的正当性问题。可以说，周人对于殷人的精神信仰与思维方式既有“因”也有“革”，“因”的是殷人对于天命问题的重视，“革”的是扬弃了殷人对天命问题的旧式理解，而对天命作出了创造性解释：将“天命不易”成功转换为“天命靡常”（《诗经·大雅·文王》）和“惟命不于常”（《尚书·康诰》）。《诗经·大雅·文王》唱道：“文王在上，于昭于天。周虽旧邦，其命维新。”虽是古老的邦国，使命却是革新。周人认为自己取代殷商，是“顺乎天而应乎人”（《革卦·彖辞》），既继承了上天所赋予的革新使命，又合乎民意。产生于殷周之际的《周易》经文，也反映了当时天命观的变化。

商朝晚期，商周势力此消彼长，殷的统治力在下降，而周人在西岐历经数代苦心经营势力已有渐长，但还不足以抗衡殷人，时常面临殷人的威胁。在这种情况下，周人常怀忧患意识。西伯侯被帝辛囚于羑里（《史记·周本纪》）则使这种忧患意识发展到极致。后人多将此与文王演易联系起来看待［长沙马王堆汉墓帛书《要》篇即云：“文王作而《易》始兴”；《衷》篇也说：“《易》之用也，段（殷）之无道，周之盛德也。”与传世本《易传·系辞下》及《史记》所载内容相合］，不无道理。被囚于羑里、有性命之忧的文王在强烈忧患意识的激发下，将伏羲八卦推演为六十四卦及三百八十四爻。一方面可以借此来迷惑殷人监管者，掩饰自己的灭商之志；另一方面，则可以在“讳而避咎”①的同时，集中考虑灭商的策略问题。是故后来的《系辞》将卦爻象与卦爻辞及吉凶悔吝相联系，并屡言吉凶悔吝、得失进退，多少与此事有关。

① 长沙马王堆汉墓帛书《要》篇即云：“文王仁，不得其志以成其虑。纣乃无道，文王作。讳而避咎，然后《易》始兴也。”（此处文字隶定，据郭沂：《帛书〈要〉篇考释》，《周易研究》2004 年第 4 期）可见，在马王堆帛书《要》篇看来，产生于殷周之际的《易经》，是周人对付商纣之有关策略。这个策略的中心是变易。同时，一起出土的帛书《易之义》里面有“《易》之用也，殷之无道，周之盛德也”这样的话语，这也清楚地说明了《易经》是和周克殷政治策略的分析有关。详见谢宝笙《读马王堆帛书〈要〉篇谈〈易经〉的若干问题》，《船山学刊》1997 年第 2 期。

革卦，䷰，离下兑上，泽中有火之象。卦辞说："已日乃孚[①]，元亨，利贞，悔亡。"意思是讲，时机成熟之时，才能真正取信于人，取信于人方可亨通守正，没有悔意。文王推演八卦，思考灭商大业，在革卦上的表现便是强调时机（"已日"）和诚信（"有孚"）。可见处于忧患意识之中的文王，已经洞悉到灭商大业的实现必须依赖诚信之德，既可以团结前来依附的部族，又可以感化观望不前的其他部族。除此之外，什么时候应该暗暗积蓄力量，什么时候可以试探商人的反应与实力，什么时候果断兴兵伐纣，对时机的把握显得非常重要。

革卦六爻体系地阐述了如何成功革除旧命的问题。初九，为阳爻居阳位，虽为当位，但与九四无法相应，不可妄动冒进。这说明初九之时，时机尚不成熟，只能修德而不能对外有所作为。发展到六二，居中得正，又与九五相应，预示着伐纣终将吉利，没有灾祸，其辞曰："已日乃革之，征吉，无咎。"《易说》："俟上之唱，革而往应，柔中之德，所之乃吉。"《尚氏学》："二征则遇阳，遇阳故吉。"[②]这就是说，经历了初九的修德与积蓄，到了六二便有诸多力量与九五相应，大事可成。九三，阳居阳位，虽居正，又与上六相应，但爻辞却为"征凶，贞厉。革言三就，有孚。"[③]"征凶，贞厉"，说明征伐绝非毫不费力、手到擒来。"就"，杨庆中解释为"顺应"（《周易解读》，第 338 页），即顺应成熟的时机和变革的呼声。《彖辞》说："天地革而四时成，汤武革命，顺乎天而应乎人。革之时大矣哉！"这是配合革卦爻位、阴

---

① 高亨将之读作"祀日乃浮"，意思是"祀社之日乃行罚也"，认为这是"举行大享之祭"。[高亨：《周易古经今注》，《高亨著作集林》（第一卷），清华大学出版社 2004 年版，第 364 页] 邢文读作"巳日乃孚"，他根据上海博物馆藏战国楚简《周易》"改日乃孚"认为，当以"巳"字古义读之。"巳"即是"改"，不必读作"已""己"。《革》卦中的"巳日"，即是改革之日。可以备为一说。（邢文：《〈诗论〉之"改"与〈周易〉之〈革〉》，《中国哲学史》2011 年第 1 期）李镜池将其中的"孚"释为"俘虏"（李镜池：《周易通义》，中华书局 1988 年版，第 97—99 页）。杨庆中则读作"已日乃孚"，意为"成熟之日才能取信于人"。（杨庆中：《周易解读》，中国人民大学出版社 2010 年版，第 336 页）考虑到殷周之际的社会变化，以及文王囚羑里而演易的遭遇，本文采信杨庆中的观点。下同，不再一一注明。

② 杨庆中：《周易解读》，中国人民大学出版社 2010 年版，第 338 页。

③ 关于九三爻辞中的"革言三就"一语，历代注家对此歧见颇多，莫衷一是，此处不赘述。相关论述，可参张蝶《各家注〈周易·革〉卦新释——论革命的策略、道德价值观与合理性》，《现代哲学》2016 年第 6 期。

阳的变化来谈天时与时机，而这在六二和九三之间的阴阳变化上表现得尤为明显。

九四“处水火之际，居会变之始”，有了九三时机成熟的基础，到了九四，“见信以改命，则物安而无违”。《正义》曰：“九四与初，同处卦下。初九处下卦之下，革道未成，故未能变。九四处上卦之下，所以能变也。”（《周易正义》，第 204 页）交代了九四与初九的不同之处，即在于其爻位不同。进至九五，则是居中正之尊位，此时不需占卜便可灭商成功，赢得天下与人心。上六，辞曰：“君子豹变，小人革面。”是说，革命功成，天下焕然一新，这是君子助成，小人顺从的结果。革命成功以后，不可妄动激进，应该“安居守静”，“以稳定为第一要务（居贞），巩固成果，培植新生。”（《周易解读》，第 340、341 页）

从革卦六爻爻位与阴阳变化来看，最为要紧的是要立于诚信（“有孚”），以取信于周围部族，团结更多可以团结的力量，这是从初九上升到六二，进而居中得正，化险为夷、转危为安的关键因素。除了要立于诚信以外，革卦还一再强调时机的重要性。从初九的隐忍修德，到六二的居中得正（周围部族力量不断归附），从九三顺应变革之声而动（“革言三就”），到九四的“有孚改命”、九五的“大人虎变”，最后是灭商以后的上六“征凶，居贞吉”。可见，从初九到上六，整个过程很直观地反映了文王在思考灭商大业时的策略与智慧。

与经文不同，传文则更为生动、形象地阐释了革卦六爻爻位阴阳变化，并将殷周之际的特点的革命转化为一般意义上的社会变革。这充分说明了，战国时期的思想家们对待《易经》不仅仅是“观象玩辞”“观变玩占”（《易传·系辞上》），还试图通过具有普遍意义的理论诠释而使其进一步理论化与普遍化，进而为战国时期的君子存世与政治变革提供理论指导。

如上所述，周人新型天命观的确立与殷商政权覆灭的历史现实密切相关。周人天命观之新，新在以“德”来提升人在天人结构当中的地位，同时将决定自身命运和国祚长盛的主动权转移到人的手里。周人天命观的这种变化在《尚书》中有比较充分的反映，诸如：“疾敬德”，“王其德之用，祈天永命”（《尚书·召诰》）。“皇天无亲，惟德是辅。民心无常，惟惠之怀”（《尚书·蔡仲之命》）、“弘于天，若德裕乃身，不废在王命”（《尚书·康诰》）等。在周人看来，上天虽具有无上威严，并以天命、天罚、天佑等形式影响人世间，但天命不再像殷人所认为的那般神秘无常，而是与王的德行修为密切相关。君临天下的天子务必要敬德、修德，行德政，否则，“惟不敬厥德，乃早坠厥命”（《尚书·召诰》）。和夏殷一样过早失去福命。[①]可见在德福关系问题上，与殷人一味祭祀、占卜以献媚上帝不同，周人是以修德、敬德的方式获取福佑。周人不否定天命，也不完全依赖于天命，在传统宗教神学与人文理性精神之间寻求一种平衡，既要继承传统（即儒家所说的“因”），又要变革创新以适应新的时代与形势（即儒家所说的“损益”）。

三 周人新型德福观与《易传》的诠释特色

周人“天命靡常”的新型天命观不仅与《易经》对变易的重视有关，它所彰显出的新型德福观——以德致福——的思维方式与理论特点，还深刻影响了战国思想家们对《易经》的诠释。

夏商时期，人们以祭祀、占卜等方式来揣摩上帝鬼神的意志，希望得到世俗福报。当然，这种方式并不可靠，什么时候降福、降福的多少并无必然之规，完全看上帝鬼神的意志。故而殷商时期“天命不易”天命观念的出现，一方面意味着上帝鬼神力量的强大，人在其面前并无任何决定权和自主权；另一方面则说明人们尚未找到与上帝鬼神有效沟通的手段与方式，两者也没有真正建立起稳定而牢固的联系。可以说，殷商时期的人们对于命与天命的态度整体上是畏的。

周代殷而起，即已宣告了“天命不易”观念在政治领域内的破产。在这种情况下，周人试图通过“德”来掌握自己的未来与命运。这一时期的德多是“王德”“政治德”，即通过对周天子（广义上也可以包

① 李友广：《先秦儒家王道理想的应然指向与现实困境——以〈孟子〉为探讨中心》，《现代哲学》2019 年第 1 期。

括诸侯王）行为的规范与约束，来加强天人之间的沟通，以影响甚至左右天命对人类社会所施加的作用，从而使得这种作用朝向有利于人类社会的方向发展。《尚书》在强调保民、养民、惠民的同时，也非常重视天子与侯王以修德、敬德的方式来敬天。这个时候的人再也不是完全处于被动地位了，反而彰显出一定的人文理性精神。故而，对于命的态度，周人并不完全是畏惧，也有诚敬。

《易经》的卦爻辞大量出现了包括“悔”“吝”“厉”“咎”“凶”“利”“吉”等断占术语。这些断占术语，一方面体现了《周易》作为筮占之书的显著特点①；另一方面则体现了周人对殷人祭祀、占卜求福传统的继承。可见周人在深思殷周之际社会剧变与国祚如何长盛的问题上，并没有对前朝的传统一概加以否定，而是有所保留，并加以损益与变革，以使之适应复杂多变的政治形势与社会变化。但是，这种因革、损益兼重的立场与做法，更多地发生于周人建国初期。随着局势的稳定，理论建设的深入以及周人新型天命观的完全确立，“因”的方面在“损益”的过程中一再被弱化，与“德”有关的思想与理论则不断被深化（其主要内容是基于政治目的的关于天子侯王的行为规范，故可以称之为“政治德”②），甚至被视为天子沟通天人关系的有效手段，从而被赋予浓厚的政治意蕴。可以说，《易经》中既体现出了占卜求福的特点，也流露出以德致福的新内容与新特点③，尽管后者尚未占据主导

---

① 概因为《周易》本身具有筮占的显著特点，高亨根据《周易》卦辞爻辞中所出现的为数甚多的元、亨、利、贞四字，进而认为“亨”之初义即享祀之享，“凡《周易》中单言‘亨’者，举行享祭也；言‘元亨’者，举行大享之祭也；言‘小亨’者，举行小享之祭也”。此说虽或有武断之嫌，但如从《周易》经文筮占的特点而言，颇有道理。引文见高亨著，王大庆整理：《高亨〈周易〉九讲》，中华书局 2011 年版，第 29、30 页。

② 郑开称之为“政德”。他认为与天命相比，周人更为关注现实政治中德的展开。（见郑开《德礼之间》，三联书店 2009 年版，第 272 页）晁福林则称其为“制度之德”。他认为当时人们所理解的“德”，在很大程度上是源自制度与礼的规范。（晁福林：《先秦时期“德”观念的起源及其发展》，载《中国社会科学》2005 年第 4 期）两者叫法虽略有差异，实则本质相同。林佩儒也认为，周初德字大多体现政治领域，当与政治事务有密切关联。对君王而言，“德”不是指高超的品德，而是处理国家社会事务的政治能力。详见林佩儒《先秦德福观研究》，花木兰出版社 2012 年版，第 9—10 页。

③ 对此，杨庆中也说：“在《易经》有关祭祀的卦爻辞中，祭祀主体的‘德’与祭祀对象的‘福’是密切联系在一起的。”诚是。杨庆中：《周易经传研究》，商务印书馆 2005 年版，第 100 页。

性地位。

《易经》中以德致福的新思想和周人对于“德”的不断重视与发掘，深深地影响了儒家学派。战国时期儒家学者对《易经》的理论诠释显著地表现出儒家对“德”思想的接受与创造性发展。具体而言，儒家对“德”思想的接受，主要包括德与政治的关系（政治德是集中表现）、德与个体行为的关系（修养德[①]是集中表现）两个方面。儒家对周人“德”思想的创造性发展在《易传》中的表现主要包括：弱化了《易经》中的占筮色彩，强调个体主体性（即“迁善改过”的修养德）；其中的政治意蕴则被化约为德位关系。儒家对“德”的强调，使得《周易》不再被仅仅视为占筮之书，而是被看作涵载的德性之学和圣王之道的德义之书，进而才有了《易传》这一系列的解《易》作品[②]。

对比《易经》和《易传》，我们可以发现，《易经》中《革卦》卦爻辞主要谈的是兴周灭商的问题，而《易传》作者们在诠释《易经》的时候，便将“革”兴周灭商的现实指向改造成具有普遍意义的“去故”(《杂卦传》:“革，去故也。”)。概言之，关于《革卦》,《易传》将《易经》中现实而具体的“革命”问题诠释成了普遍性的“变革”问题。

尽管在《易传》对于《革卦》的诠释中出现“水火相息”“二女同居”(《彖辞》),“泽中有火”(《象辞》)等颇具生活常识、经验化的事物与意象，但这只是言说的手段与方式，其目的还是要指向具有普遍意义的思想理论：解决周人革命成功的经验智慧在礼乐崩坏的战国时期有无借鉴必要的问题；如果答案是肯定的话，那又在何种层面上是可以有效借鉴的问题。孔门后学在对《革卦》卦爻象和卦爻辞研究的基础上，在《易传·彖辞》中给出了自己明确的答案：“天地革而四时

① 牛嗣修称之为“修身之德”，并将周公之德与孔子之德区分为政治之德（工具理性）与修身之德（价值理性）。这种划分方法虽然未必完全符合思想发展的实际情况，但大体上还是可以看出“德”观念在两周时期的发展与变化的。参牛嗣修《孔子论周公之德——从孔子对周公“使骄且吝”的评价谈起》,《孔子研究》2016 年第 5 期。

② 参见张克宾《由占筮到德义的创造性诠释——帛书〈要〉篇“夫子老而好〈易〉”章发微》,《社会科学战线》2008 年第 3 期。

成，汤武革命，顺乎天而应乎人，革之时大矣哉！”儒家认为，汤武革命的成功，是顺乎天意合乎民心的结果。这实际上是说，汤武革命成功给后人的启示是，国祚的长盛取决于天意和民心。在这里，天意大体上等同于天地阴阳四时的规律性运转与变化，在时人看来这是一种必然性的存在，变革与否以及是否成功都有赖于是否因循这种必然性而行，而最终的决定权则转移到了民心这里。这种思想变化与特点，正与战国时期孟子对于民心的重视及其仁政王道政治理论的构建相一致。当然，两周时期在《周易》经传思想上发生的这种变化，首先是与周人新型天命观的逐渐确立关系甚大；其次是民众力量在不断崛起，在政治权力结构中所起的作用也越来越大，并日益受到思想家们的重视。故而《益卦·彖辞》有言：“益，损上益下，民说无疆，自上下下，其道大光。”即是教导在上者如何处理与在下者关系的问题，这也说明民众需求与民众力量已引起了注易者的重视。说，读为“悦”，喜悦。意思是说，减损上而增益下，则百姓喜悦无限。实际上是强调，在上者要自损（也就是克己[①]），自损需要其“永贞”（六二爻辞：“永贞吉”）、“有孚”和“中行”（六三爻辞：“有孚中行”；六四爻辞：“中行告公从”；九五爻辞：“有孚惠我德”）、“惠心”（九五爻辞：“有孚，惠心，勿问元吉”），在下者则受益且心悦诚服，如此在上者终受国祚长盛之大利、长利。

在上者如果不自损，无“永贞”“有孚”“中行”和“惠心”，只一味向下索取的话，就会陷入《益卦》上九所言“莫益之，或击之”的凶险境地。对此，杨庆中解释说：“上九处《益》卦损上益下之时，不知损益之理，心无定念，但求索取，招人怨，招人恨，所以凶险。”（《周易解读》，第 297 页）诚是。与《益》相应，《损》则强调“损下益上”的问题，损益之时要“有孚”，便可“元吉，无咎，可贞，利有攸往。”（见《损》卦辞）正因为损益之道对于在上者处理上下关系、国家治理如此重要，故而《益卦·彖辞》将其与“天施地生，其益无方”相提并论，在杨庆中看来，这是“将增益之功与生生之理相联系，

---

① 参见杨庆中《周易解读》，第 287 页。

把损益之道上升为宇宙法则”(《周易解读》，第293页)，从而将《易经》中生活化、经验性的道理升华为一种具有普遍意义的、原理性质的哲学理论，借以更好地指引现实政治与社会生活。

不仅如此，《象辞》还将《革卦》上六中的“君子豹面”和“小人革面”分别解释成“其文蔚也”和“顺以从君也”(《周易正义》，第205页)。基于九五的“大人虎变”，也就是居中处尊的大人“损益前王，创制立法”，《正义》认为到了上六则是“居变之终，变道已成”，不可再妄动激进，宜安静守正，是故上六接着说：“征凶，居贞吉”(《周易正义》，第204—205页)。在此，《易传》的作者强调，经历了巨大的变革与革命以后，意味着天下秩序的重新确立。天下新秩序确立以后，无论是君子还是小人都不可再妄动作为，君子只能润色不可大变，小人也只能顺而从君。这种“变而后静”思想的产生，除了与《周易》先《革》而后《鼎》的卦序有关：“井道不可不革，故受之以《革》。革物者莫若鼎，故受之以《鼎》(《序卦传》)”；“《革》去故也，《鼎》取新也”，强调除旧立新的思想，还与孔门弟子的“尊王”立场相一致。[①] 在经历了《革卦》的革命、变革与除旧以后，便是《鼎卦》的立新与亨通(《鼎卦》卦辞说：“元吉，亨。”)。这种立新与亨通在《鼎卦》中的表现，诚如《集解》引干宝所言：“君臣相临，刚柔得节”(《周易解读》，第347页)，这是对《鼎卦》上九及其《象辞》(“‘玉铉’在上，刚柔节也。”)的解释，呈现出尊卑有序、各得其宜的和谐秩序。可以说，《象辞》对《鼎卦》上九的解释，与《礼记·礼运》中的立场并不相悖，都有力地彰显了儒家在礼乐崩坏的战国时期对和谐政治秩序的诉求。

概而言之，天命观念在先秦时期的演变与发展，与人们对于德福关系有着不同的理解与认知息息相关。与殷商时期的人们只知畏惧天命，一味通过祭祀、占卜等方式献媚上帝鬼神致福的思维方式不同，西周时期的人们充分发掘出“德”观念，并以修德、敬德的方式致

---

① 关于孔子及门弟子的尊王立场，笔者曾另撰文研究，此处不赘述。李友广：《经学视野下的〈论语〉及孔子尊王立场研究》，《中国思想史研究·2019卷》，中国社会科学出版社2019年版。

福，从而将人事决定权逐渐转移到了自己的手里。与此相应，周人对于天命的态度除了畏惧以外，还有诚敬。以儒家思想诠释《易经》的《易传》进一步凸显了“德”的因素，弱化了《周易》的占筮色彩，还力图从《易经》所反映的具体史实中引申出更具普遍性的政治与人生智慧。

“三赐不及车马”辨析

李江辉
（西北大学 中国思想文化研究所）

摘　要： 关于“夫为人子者，三赐不及车马”的解读，从汉唐到当代的各种不同观点各有其文献依据和历史背景。以“命”解“赐”，还是以“予”解“赐”；“不及”是“不受”，还是“不与”等，这些分歧背后不仅仅是学派分歧或门户之见，本质上是中国传统社会体制变革，以及道德伦理关系演进的反映。

关键词： 为人子者；三赐；不及车马；孝

《礼记·曲礼》中有“夫为人子者，三赐不及车马”一句，自东汉郑玄以来的解释分歧较大，至今尚无定论，本文力图通过辨析此句含义和历代不同解释，对经学史上的今古之争、汉宋之争加以反思，这种所谓学派分歧不仅是门户之争，还是不同学术阶段在理论与方法上的差异。西汉今文经学与东汉古文经学、两汉经学与宋明理学矛盾正是儒家经学发展到一定程度后自觉的反思或者说转向。

关于“为人子者”的理解没有争议，这是理解下句的前提，即其父尚在世，孝子如何事亲。《礼记·冠义》指出，士冠礼为成人礼，为人父者通过举行冠礼教育其子成人之道，“责成人礼焉者，将责为人子、为人弟、为人臣、为人少者之礼行焉。责四者之行于人，其礼可不重与？”首先就是如何“为人子”，践行孝道。通过四者之行立孝悌忠顺之德，方可为人，方能治人。《论语·为政》“今之孝者，是谓能养。至于犬马，皆能有养，不敬，何以别乎？”《孟子·离娄下》“舜尽事亲之道，此之谓大孝”，《荀子·王制》“能以事亲谓之孝”。孝的基本含义就是“事亲”，“事亲”不仅仅是“能养”，还须诚敬。《礼记·曲礼》开篇就是“子曰：毋不敬”，本句与前后文一起，都是从强调为人子者的孝行角度说明“毋不敬”。所以要正确解读就必须从孝道和“毋不敬”两个方面展开。

历来分歧集中在“三赐不及车马”一句。需要澄清这几个问题：一是“三”，实指三次，还是强调多次；二是“赐”为赐命封赏，还是馈献赠予；三是“不及”是不接受，还是受而不用，还是不涉及、不包含的意思；四是“车马”，仅仅指交通工具，还是作为爵位官职身份地位的象征物。这四个具体问题相互关联，理论结合历史事实来看，各种观点可以归纳为三种：一是汉唐间以郑玄、孔颖达为代表；二是宋明以朱熹、胡铨、吕大临、吴澄为代表；三是清代以王引之、郭嵩焘等为代表。

一　汉唐学者的“赐命”说

郑玄《礼记注》到孔颖达《礼记正义》对“三赐不及车马”的解释是经学史上的主流观点，其他观点主要都围绕《周礼》和郑、孔意见发挥。

郑玄注云：“三赐，三命也。凡仕者，一命而受爵，再命而受衣服，三命而受车马。（受）[①] 车马而身所以尊者备矣。卿、大夫、士之子不受，不敢以成尊比逾于父。天子、诸侯之子不受，自卑远于君。”郑

---

① 据阮元:《十三经注疏校勘记·礼记》（北京大学出版社，第2346页），此处无“受”字，“闽、监、毛本同。岳本同。嘉靖本同。《考文》引古本、足利本‘车马’上有‘受’字，卫氏《集说》同”。但据北京大学出版社首次影印的足利学校藏越刊八行本《礼记正义》并无“受”字，该书出版说明也指出，“阮元等撰《校勘记》，以惠栋校本并《七经孟子考文》为主要依据，未能亲见八行本，故多缺憾”。阮氏未亲见足利学校八行本，他所见惠栋校越刊八行本，即现存董康所印珂罗版潘氏藏本，本句所在页已缺失。“《考文》引古本”即日本山井鼎撰《七经孟子考文》校记中所引的足利学校藏《礼记》古写本，“足利本”即足利学校藏越刊八行本《礼记正义》。《考文》完成于雍正年间，乾隆时收入《四库全书》。今卫湜《礼记集说》有康熙年间通志堂经解本，早于《考文》，此处补“受”字未知何据。

玄认为这里的赐是册封官职爵位的“命”，主要依据来自《周礼》。《周礼·春官·大宗伯》：“以九仪之命正邦国之位：一命受职，再命受服，三命受位，四命受器，五命赐则，六命赐官，七命赐国，八命作牧，九命作伯。”这是天子赐命臣子，“三命受位”则赐以车马以示尊荣。另外在《周礼·春官》有“典命”：“掌诸侯之五仪，诸臣之五等之命。上公九命为伯，其国家、宫室、车旗、衣服、礼仪，皆以九为节。侯伯七命，其国家、宫室、车旗、衣服、礼仪，皆以七为节。子男五命，其国家、宫室、车旗、衣服、礼仪，皆以五为节。王之三公八命，其卿六命，其大夫四命，及其出封，皆加一等，其国家、宫室、车旗、衣服、礼仪，亦如之。”册封公、侯伯、子男五等爵位分三个等级，每一等的第三项均为“车旗”。《礼记正义》引郑众说法，以为《含文嘉》中所说“九赐”，“一曰车马，二曰衣服，三曰乐则，四曰朱户，五曰纳陛，六曰虎贲，七曰斧钺，八曰弓矢，九曰秬鬯”，与《周礼》“九命”一致的。《公羊传》中也说到九赐，只是次序与《含文嘉》不同。郑玄和孔颖达对此均有驳斥，指出《含文嘉》以及《公羊传》中的九赐，是《周礼》九命中“八命作牧，九命作伯”之后的九赐，即对公侯才有的礼制，与《周礼》不同。“若是九赐之三赐，即是身八命九命之尊，礼绝凡庶，何得下文云州闾、乡党、僚友、交游也？故康成以为诸侯及卿大夫之子三命者。”自此以后，九赐即九命这一说法就少有提及者。

孔颖达、陈澔等均在郑玄“三赐三命”说基础上，从孝心角度解读“不及车马”。《正义》：“‘三赐’，三命也。言为人子，虽受三命之尊，终不敢受车马，车马则身有成尊，便比逾於父，故不受。所以许受三命，而不许受车马者，命是荣美，光显祖父，故受也；车马是安身，身安不关先祖，故不受也。”孔颖达以心论孝。陈澔《礼记集说》：“言为人子者，谓父在时也。古之仕者，一命而受爵，再命而受衣服，三命而受车马。有车马则尊贵之体貌备矣。今但受三赐之命，而不与车马同受，故言不及车马也。君之有赐，所以礼其臣，子之不受，不敢并于亲也。”[①]

---

① （元）陈澔注，万久富整理：《礼记集说》，凤凰出版传媒集团2010年版，第5页。

二 宋明学者的“赐赠不受”说

宋代之后部分学者认为本句中的“赐”是相互赠予的意思，这种观点以胡铨、吕大临、吴澄为代表，依据主要来自《礼记·坊记》。《坊记》云：“父母在，馈献不及车马，示民不敢专也。”意思是为人子者不专有财产，不私自作主与人赠送车马。为人子的不敢受，即是不敢有其身、不敢有私财，其实就是不忘亲的“家无二尊”之义，宋明以来学者由此又进一步引申出民的不敢自专、臣的不敢有其室，就是不敢贰其君的“国无二主”之意。

卫湜《礼记集说》所引，“庆陵胡氏曰：赐，与也。三赐，货财、衣服、车马也”①。胡铨对郑玄、孔颖达提出质疑，认为《周礼·大宗伯》“三命受位”，《含文嘉》九赐“一曰车马”，《公羊传》中九赐“四曰车马”，这些要么不是“三”，更要么没有说“三命受车马”；再者，“车马赐由君命，君子辞位不辞禄，车马安可辞哉。郑误矣”（《礼记集说·曲礼上》卷三，第69页）。又引蓝田吕氏，认为“车马，家之重器也。亲之所无，子不敢以受于人，亲之所有，子不敢以予人，辟亲而不敢加，奉亲而不敢专，其义一也”（《礼记集说·曲礼上》卷三，第68页）。其中的义便是事亲须“毋不敬”。吴澄《礼记纂言》与吕大临观点一致，认为为人子者无私财，车马更为重器。家中有车马，属于父亲所有，为人子者不当将车马赠予他人；若家中没有车马，为人子者也不敢接受他人赠予。那么父亲在世的大夫是不是不乘车马，有人认为只是不接受赏赐赠予，可以自行备置车马代步。对此，吴澄表示反对，“是已为则可，君赐之则不可，理无是也”。他认为，“为人子者已仕有禄，而欲以物与人，其轻者如货财衣服，犹可白之父而称尊者之命以与之，然所与之物仅可至衣服而止，就三者之中不及于车马。盖车马重物，有父在则人子不敢以之与人也，三赐不及车马与《坊记》‘馈献不及车马’同意”（《礼记纂言》卷一上）。

① （宋）卫湜：《礼记集说·曲礼上》卷三，吉林出版集团2005年版，第69页。

郑玄说“不及”即是“不受”，那为何不说“不受”而说“不及”？孔颖达认为，“受是已到之日[①]，明人子非唯外迹不受，抑亦心所不及于此赐也。”车马是重赐，为人子者因为孝心而不敢接受如此重赐，用“不及”突出为人子者事亲的诚意。朱熹则认为，“不及”是接受而不使用的意思。《仪礼经传通解·家礼》“内则”：“今按《左氏传》，鲁叔孙豹聘于王，王赐之路。豹以上卿无路而不敢乘。疑此‘不及车马’亦谓受之而不敢用耳，若天子之赐，又爵秩所当得，岂容独辞而不受耶？”人子这种谦卑的孝行表现了“毋不敬”的孝心，所以州闾乡党称其孝，兄弟亲戚称其慈，僚友称其弟，执友称其仁，交游称其信。[②]

王锷认为《曲礼》中出现的职官名号属于殷商制度，“《曲礼》下记载官职，与《周礼》所载多不相同”，《曲礼》成篇较早，《周礼》参考了《曲礼》，更加详尽细密。[③]那么郑玄完全采用《周礼》中的制度来解释《曲礼》就有些牵强，会通今古固然是汉末通儒的长处，成就了所谓的“礼学即郑学”，对经学的传承发展来说居功至伟。但这种理论上的创新其实也是“我注六经”，并不一定符合《曲礼》本意和历史。

三　清代学者的“赐予”说及“阙失窜乱”说

清代学者认为“三赐”是多次予人的意思，以万斯大、王引之等为代表。其依据就出自《礼记·曲礼》：“长者赐，少者贱者不敢辞。”汉代以前的“赐”并不是天子、君主专有的概念，只是长者、尊者赐予少者、卑者的一个表达方式。《说文解字》：“赐，予也。”段玉裁《说文解字注》认为赐、锡可以转注，“凡经传云锡者、赐之假借也。《公羊传》曰：‘锡者何？赐也。’赐者、与之通称。《禹贡》：纳锡大龟。

① ［日］山井鼎撰，物观补遗：《七经孟子考文补遗》，引宋版以为“日”当作“目”，国家图书馆出版社 2016 年版，第 428 页。

② 王锷：《读〈礼记·曲礼〉札记》（《南京师范大学文学院学报》2012 年第 2 期）第 5 条解读前人众说，也赞同朱子之说。

③ 王锷：《〈礼记〉成书考》，中华书局 2007 年版，第 109 页。

乃下与上之词。又《玉藻》言赐君子、与小人者，别言之。统言则不别也。”

万斯大《礼记偶笺》卷一“曲礼”之“夫为人子者，三赐不及车马”条：“赐是上与之下之义，前人误解为天子所赐予之锡命。应是亲在，则以父之名行礼事，以示将物不敢私与他人；子虽显贵，以父命赐物于人，虽至再三，亦不可及于车马。”① 与宋明学者的不同是即便以父之名，也不能以车马予人。王引之《经义述文・礼记上》“三赐不及车马”条也是这种看法，“经言‘三赐’，不言‘三命’。郑谓三命不受车马之赐，非也。长者赐，少者、贱者不敢辞，况君赐乎？今案：赐，犹予也。谓为人子者不敢以车马予人也。《尔雅》曰：‘予，赐也。’是‘赐’与‘予’同义。言‘三赐’者，多予之辞，约言之为三耳。犹《论语》言‘三仕三已’、‘三以天下让’。赐予虽多，不及车马，不敢自专也。”② 朱彬《礼记训纂》引王引之说，也是以“赐”为“予”。与上稍有不同，郭嵩焘认为，“不及车马”，指虽屡受车服之赐，但不敢施之于乡党州闾，故得亲友之称誉。③

为人子者，不能将车马赠予他人，这是孝子事亲的诚敬之义。《礼记》最终成书于西汉，提出“资于事父以事君而敬同”，“资于事父以事母而爱同”。《仪礼》《礼记》均崇尚孝道，孝为血缘社会纲常伦理的出发点，与《论语》中孝的思想一脉相承。王锷通过比较相似文句，认为《孟子》《荀子》《韩诗外传》《新书》等征引了《曲礼》，《大戴礼记》中曾子相关章节、《孝经》的思想观点与《曲礼》一致，“所以说，《礼记・曲礼》成篇于春秋末期战国前期是比较符合实际的，整理编辑者可能是曾子或其弟子”④。综合各家观点来看，清代学者从《礼记・曲礼》“长者赐，少者贱者不敢辞”出发，结合《说文》对此句的解释，从文字本意和《曲礼》中孝道思想两方面来看，可能更加符合

---

① （清）万斯大撰，温显贵校注：《经学五书》之《礼记偶笺》，华东师范大学出版社 2012 年版，第 94—95 页。

② （清）王引之撰，虞思徵、马涛、徐炜君校点：《经义述闻》，上海古籍出版社 2016 年版，第 771 页。

③ 郭嵩焘：《郭嵩焘全集》经部三《礼记质疑》卷一，岳麓书社 2012 年版，第 15 页。

④ 王锷：《〈礼记〉成书考》，第 110 页。

经典本意。

此外万斯大、姚际恒、杭世骏、郭嵩焘还曾怀疑此处文字有阙失窜乱[①]，细读前后文，的确有些不太通顺。但比对现存如越刊八行本早期版本，考查卫湜《礼记集说》、阮元《十三经注疏校勘记》等均未见提及有窜乱遗漏之说，故本是聊备一说。《曲礼》原文：

> 大夫七十而致事。若不得谢，则必赐之几杖，行役以妇人。适四方，乘安车。自称曰老夫，于其国则称名；越国而问焉，必告之以其制。
>
> 谋于长者，必操几杖以从之。长者问，不辞让而对，非礼也。凡为人子之礼：冬温而夏凊，昏定而晨省，在丑夷不争。
>
> 夫为人子者，三赐不及车马。故州闾乡党称其孝也，兄弟亲戚称其慈也，僚友称其弟也，执友称其仁也，交游称其信也。见父之执，不谓之进不敢进，不谓之退不敢退，不问不敢对。此孝子之行也。

但今人王梦鸥在《礼记今注今译》本句注中却明确指出，“夫为人子者，三赐不及车马”一句当在前文“必告之以其制”后[②]，还认为是郭嵩焘的看法，这就纯属误读了。郭嵩焘《礼记质疑》中有“为人子者，三赐不及车马”条，这一条目最后一句，“此条宜在‘越国而问焉，必告之以其制’后”。显然这句话应该是其本人修订或后来刊印时所加，是说此条质疑按经文顺序，本应在前面“越国而问焉，必告之以其制”条后，并不是说这一句经文应当前移。所以文句阙失或窜乱，目前都是查无实证，即便调整后文句含义更通畅，也仅仅只能作为解

① 可参阅杭世骏《续礼记集说》卷二，清光绪三十年浙江书局刻本。

② 参见王梦鸥注译《礼记今注今译》“曲礼”本句注1，新世界出版社2011年版，第6页。“万斯大疑此句之下有脱漏；郭嵩焘说此句应在前面‘必告以其国之制’之下，二人的见解都很对。这一句像是由别处窜出来的句子。自‘州闾乡党称其孝也’以下五句，当接上文‘在丑夷不争’之下，因为这是总说为人子之礼，能时刻孝敬父母，和睦同辈，这就是‘孝’‘弟’，故能使州闾乡党称孝，兄弟亲戚称慈，僚友称弟，执友称仁，交游称信的地步。并不是说三赐不及车马便能得到这样多的称誉。”

读的一种参考思路。

结　语

关于“三赐不及车马”的解释，为何郑玄不从《礼记》自身出发，而要采信《周礼》？这与他对经礼、《曲礼》的认知有关。从郑玄到陆德明、孔颖达，都认为《礼记·礼器》云“经礼三百，曲礼三千”，《周礼》是“经礼”，那么对《仪礼》《礼记》的解读围绕《周礼》展开便似乎是顺理成章了。但《礼记》即《小戴礼记》各章撰写时代不一，由西汉初年戴圣编辑。《曲礼》为首篇，其得名与含义自汉以来，众说纷纭，可以概括为三种观点：第一种以郑玄、孔颖达为代表。郑氏注说，“曲犹事也，曲礼谓今礼也”。孔颖达《礼记正义》引郑玄《目录》，“名曰《曲礼》者，以其篇记五礼之事”。《正义》引陆德明《音义》也认为，“《曲礼》者，是《仪礼》之旧名，委曲说礼之事”。他们都认为《曲礼》篇所记主要是吉、凶、宾、军、嘉五礼之事，与委曲说礼的《仪礼》性质相同，《曲礼》是《仪礼》旧名，故本篇以“曲礼”题名。宋明学者以朱熹为代表，更重视《礼记》，特别是《中庸》。《礼记·中庸》云“礼仪三百，威仪三千”。威仪即曲礼，所谓曲礼，就是礼中的微文小节，这些委婉曲折的细微末节，虽不是全体大用，却更能体现人伦世道，看似细微琐碎，其实泛应而曲当，一理浑然，正是“曲成万物”。还有一种观点认为，本篇首句“曲礼曰”，只是遵循了古文献常以篇首作为章节题目的惯例。任铭善《礼记目录后案》中提及此处的“曲礼”有可能是“后仓曲台记”，只是“其书既不传，无可考验”。汉代经学师说家法严明，如传《仪礼》者三家皆出自后仓，《汉书·艺文志》曰：“汉兴，鲁高堂生传《士礼》十七篇。讫孝宣世，后仓最明。戴德、戴圣、庆普皆其弟子，三家立于学官。”后仓礼学上承孟卿，下传戴德、戴圣、庆普，三家皆得位今文诸博士之列。《汉书·儒林传》曰：“孟卿，东海人也。事萧奋，以授后仓、鲁闾丘卿。仓说《礼》数万言，号曰《曲台记》，授沛闻人通汉子方、梁戴德延君、戴圣次君、沛庆普孝公。孝公为东平太傅。德号大戴，为信都太傅。圣号小戴，以博士论石渠，至九江太守。由是《礼》有大戴、小戴、庆氏之学。”也就是说，后仓礼学有经有记，经为自高堂生、萧奋、孟卿所传《士礼》十七篇，记为后仓于曲台说礼数万言之《曲台记》九篇。小戴所编《礼记》首列师说似乎更符合汉代经学家法。总之，无论经、曲，从原书语境和思想背景出发，才能更准确把握经典大义。

礼仪制度的形成演变，要合乎情理的基本原则，其人文教化的目的也是要调节平衡人伦日用中情理的矛盾。父子之间是血缘亲情，赐、予之间体现诚敬；君臣之间赐、予是尊荣、关爱。先秦礼学将纲常秩序从父慈子孝的伦理中引申出来，构架家国一体的宗法社会及其伦理。到汉代以后，天下大一统，虽号称“以孝治国”，当汉代经学体系建立后，父慈子孝的伦理关系向为日益严格的孝道转变，更加强调子对父的孝而忽略父对子的慈。而且郡县制的国家体制与分封制的家国天下大相径庭，家与国、私与公的矛盾在这句话的理解中就表现为，为人子者的孝行最终落脚点从经文父子一伦，转向传注中君臣一伦，经宋明理学性情之道修正后，清代学者又回到了经文原意中。

方苞礼学研究回顾与展望*

王云云

（安徽医科大学 马克思主义学院）

摘　要：礼学是方苞人生和学术关注的中心之一。学界关于方苞礼学的研究取得了一定进展，集中体现在对其礼学形成与发展研究、礼经学研究、礼治思想与实践研究。反思方苞礼学研究现状，从社会史、文化史、思想史和学术史相结合的角度，可以进一步推进方苞礼学研究的空间：全面系统地说明方苞礼学形成的时代因缘、礼学构成的丰富内涵及其内在关联、礼学与其他经史子学研究的关系、客观评价其礼学的历史地位。

关键词：方苞；礼学；礼经；礼治

礼是中华文明特色和人文精神的重要表征。在中国古代社会的长期演变中，礼学因自身包含着礼制、礼经、礼义等要素，其发展不仅与传统社会秩序的建构紧密相关，与时代思潮的迭起相互交织，更与传统儒家思想的发展相得益彰。有清一代是礼学大发展的时期，上有皇权统治者倡导礼制，开设三礼馆的政治文化措施，下有民间社会积极响应以礼为教、敦风化俗的宗族组织建设，从而使中国传统社会的礼学又一次在社会现实和思想学说的互动中焕发新貌。方苞（1668—

* 基金项目：安徽省哲学社会科学规划项目“朱熹对儒家传统礼学的继承与创新”（AHSKQ2015D08）阶段性成果。

1749）即是清初到中叶桐城派的一位重要礼学家。目前学界对方苞礼学的研究虽取得了一定的成果，但尚未能全面展示方苞礼学的丰富内涵及其在礼学发展史上的重要地位。有鉴于此，本文在回顾学界同仁研究成果的基础上，反思进一步推进方苞礼学研究的可能空间，以期对方苞礼学乃至桐城派礼学研究有所裨益。

一 方苞礼学概览

方苞历经康熙、雍正、乾隆三朝，终其一生穷究经史，以文载道。《清史稿·方苞传》有言："苞为学宗程、朱，尤究心春秋、三礼。笃于伦纪，既家居，建宗祠，定祭礼，设义田。其为文自唐、宋诸大家上通太史公书，务以扶道教、裨风化为任，尤严于义法，为古文正宗，号'桐城派'。"由此可见，方苞既是一位深谙传统礼经学且热心于礼仪制度践履的礼学家，又是一位继承唐宋以来传统文道观的古文大家。不过，据全祖望所说，方苞虽不愧于"经术文章之兼"且"其用之足为斯世斯民"，但同时代的人对方苞的认识却具有一定的片面性："然世称公之文章，万口无异辞，而于经术已不过皮相之，若其惓惓为斯世斯民之故，而不得一遂其志者，则非惟不足以知之，且从而掊击之，其亦悕矣。"[①] 时至今日，尽管方苞的经学、文章、经世之学已经分别引起学界同仁的一定重视，但仍然需要对学术研究和文学创作兼顾的方苞进行专门系统的综合研究，才不负全先生的评断。方苞的礼学，正是立足于传统的"三礼"经典研究，一方面呼应了清廷的礼治文化取向；另一方面又推动了方氏宗族的礼制规范建设，这是综合考量方苞的历史地位和学术成就的有效切入点之一。

方苞自幼在父兄的教导下接受儒家传统经典教育，曾自述："五岁课章句，稍长治经书、古文，吾父口授指画焉。"[②] 据苏惇元在《望溪先

① （清）全祖望：《前侍郎桐城方公神道碑铭》，彭林、严佐之主编：《方苞全集·附录·碑铭》（第十三册），复旦大学出版社 2018 年版，第 56 页。

② （清）方苞：《方望溪文集全编·台拱冈墓碣》卷 27，《方苞全集》（第九册），复旦大学出版社 2018 年版，第 926 页。

生年谱》中记载：方苞10岁时，“从兄百川读经书、古文……其兄为讲《经书注疏》《大全》，择其是，辨其疑，相与博究经、史、百氏之书，更相勖以孝弟”。“先生未成童，《易》《诗》《书》《礼记》《左传》皆已能倍诵。”[①] 幼年时期对儒家经典的熟读背诵，为方苞后来的礼经学研究奠定了最初的基础。成年以后，方苞在研习儒家传统“五经”时，一方面对唐宋以来前人的注解训释了然于胸；另一方面又具有较强的会通意识，追求经典中蕴涵的“义理”：“循览《五经注疏》《大全》，以诸色笔别之，用功少者亦三四周。其后昆山刻《通志堂宋元经解》出，先生句节字画，凡三次芟薙，取其萃言而会通之，二十余年始毕。唐、宋以来诂经之书，未有闻而不求、得而不观者。偶举一节，前儒训释，一一了然于心，然后究极经文所以云之意，而以义理折中焉。”（《望溪先生年谱》,《方苞全集·附录》第十三册，第22页）从孩提时代经典章句的记诵到成年以后穷究经典注疏的义理会通，方苞以扎实的礼经学功底为其毕生的礼学发展提供了丰厚滋养。

在方苞的人生历程中，礼经学研究潜移默化地影响着他的思想方式和行为方式。对于礼经记载中的各种礼仪制度的躬行践履和热心探讨，彰显了方苞“为人敦厚，生平言动，必准礼法”（《望溪先生年谱》,《方苞全集·附录》第十三册，第45页）的儒者风范。马其昶在强调方苞的治经特色时也特别指出方苞以“礼”为准的立身行事风格：“自少以至笃老，无一日不读经。其治经，不为苛细小辨，详诵本经及传注，而求其义理于空曲交会之中。笃于伦纪，其立身一依礼经，遇忌日，必废食；遭期功丧，必准古礼宿外寝。”[②] 丧礼是方苞尤为看重的一种人生礼仪。他曾告诫登门受教的沈廷芳要以“治经为务”，并以自著《丧礼或问》教授：“丧、祭二礼，事亲根本，世罕习者。生其研于斯。”（《望溪先生年谱》,《方苞全集·附录》第十三册，第35页）每当方苞遭遇至亲过世，他都自觉遵守丧礼，甚至因为服丧过于

① （清）苏惇元：《望溪先生年谱》,《方苞全集·附录》（第十三册），复旦大学出版社2018年版，第21页。

② （清）马其昶：《方望溪先生传》,《方苞全集·附录》（第十三册），复旦大学出版社2018年版，第88页。

严苛而引起亲朋议论和仿效："先是，先生以弟椒涂卒，服未终，不娶妻；父母趣之，始娶。《礼》齐衰期，三月不御内。时七阅月，计已过时，先生犹不忍成婚入室，而异寝者旬余。族姻大骇，物议纷然。先生乃勉成婚，毕生恨之。"(《望溪先生年谱》,《方苞全集·附录》第十三册，第23页）在父母劝说和众亲非议的情形下，方苞虽然坚持为其胞弟守丧礼，终究勉为其难完成婚姻大事，不过这也使其终身心存遗憾。"及兄卒，执丧过礼，过期犹不复寝。父曰：'亲亲有杀，与父在为母无别矣。'先生自是殚心于所以制礼之义，有得则以教诸子。"(《望溪先生年谱》,《方苞全集·附录》第十三册，第27页）儒家主张"孝弟也者，其为仁之本与"，为至亲手足兄弟守丧，足见方氏兄弟情深；而孝事父母，为母侍疾，方苞也参考礼经："先生以母老疾，酌《礼经》，筑室宅之西偏以奉事焉，而不入中门。"(《望溪先生年谱》,《方苞全集·附录》第十三册，第29页）日常生活中，方苞根据礼经记载，适用相应的礼仪制度，其实质是凸显了人伦道德规范在家庭伦理关系中的重要性。

对于方氏家族，方苞同样以礼为教，推进宗族组织制度化建设。52岁时，方苞"作书示兄子道希兄弟：定祭礼，拟置祭田，定教家之法"(《望溪先生年谱》,《方苞全集·附录》第十三册，第33页)。75岁时，"始营建教忠祠于清凉山麓，并将己所置田尽捐为祭田，祀迁桐五世祖端事公，以公殉节故，祠名教忠，其侧又建太仆公小宗祠，岁时率族人致祭。其祭田经费盈余，则以周子孙婺艰、嫁娶、丧葬不能自举者。定祭礼，作祠规、祠禁及祭田条目，以示后人"(《望溪先生年谱》,《方苞全集·附录》第十三册，第42—43页)。建立"教忠祠"，统率族人祭祀先祖，撰写祠规、祠禁，设置祭田维持祭祖活动开支以及周济族人等，这一系列举措有利于增强宗族成员的情感认同与集体认同，既能够凝聚方氏宗族成员，也能确保方氏宗族绵延。方苞的宗法思想也由此而代代相传。

然而，相对于宗族范围内礼制建设的易于推行来说，方苞有关国家层面的礼制设想则受到了一定的阻力："时高宗方欲追践古礼，议行三年之丧，特下诏命群臣详稽典礼。王大臣令礼部尚书景州魏公廷珍偕先生拟议。魏公与先生为金石交，以咨先生。先生因欲复古人以次变除之制，随时降杀，定为程式，乃作《丧礼议》……魏公上其议，大臣有不便者，遂格不行。”（《望溪先生年谱》，《方苞全集·附录》第十三册，第38页）乾隆即位后，专门下诏要求群臣议定如何为雍正实行“三年之丧”。方苞因其好友礼部尚书魏廷珍的咨询，根据《周礼》《礼记》《仪礼》中的相关篇章，详考古礼而又参酌今制，作《丧礼议》，希望能在乾隆朝定为典法。《丧礼议》不仅涉及天子守丧期间祭天地社稷、宗庙时祭由诸臣摄祭以及小祥、大祥、禫祭之后天子冠带服饰变化等诸多具体礼仪，还特别指明为人臣者在为君服丧期间约束行为、遵循礼制。（《方望溪先生文集全编·丧礼议》卷6，《方苞全集》第八册，第181—183页）虽然方苞的提议遭到了朝中大臣的阻隔，未能实行，但他自己当时在武英殿修书，“请于亲王，就直庐持服，未再期，先生不出焉。先生所教习庶吉士，二十七日内，斋宿馆舍，无敢饮食酒肉者，他部院未尝有也”（《望溪先生年谱》，《方苞全集·附录》第十三册，第38页）。

如果说方苞的日常生活中烙下了深深的礼学印迹，那么，在学术研究中，方苞的“三礼”学成果足以使其在清代礼学史乃至中国古代礼学史上都留下浓墨重彩的一笔，值得后人多加审视。方苞29岁时，作《读周官》一文。姜西溟对其评论：“余近四十，始游诸经之樊。方子未三十，而所学造此，读之眼明心开，已而汗下。”（《望溪先生年谱》，《方苞全集·附录》第十三册，第25页）康熙五十年（1711），方苞44岁，“是年以后，潜心三礼，因以贯彻诸经”（《望溪先生年谱》，《方苞全集·附录》第十三册，第29页）。但也正是在这一年，方苞因受《南山集》案牵连，被逮下狱。即使在狱中，方苞仍然“阅礼经自若”，先后撰成《礼记析疑》《丧礼或问》：“在狱中切究陈氏《礼记集说》，著《礼记析疑》。”（《望溪先生年谱》，《方苞全集·附录》第十三册，第29页）刘古塘后来为《丧礼或问》作序，“称其于先王制礼之意，有灼知曲尽，而非传、注所能及者，拨人心昏蔽而起善端，莫近于是书。初，先生居丧准礼，里中戚友有感而相仿效者。古塘刊是书示朋友生徒，而江介服行者又渐多也”（《望溪先生年谱》，《方苞全集·附录》第十三册，第30页）。康熙五十二年（1713），方苞蒙恩出狱，被召入南书房，同年完成《周官辨》，苏惇元说明了其撰作缘由："先生在馆中，徐公蝶园及混同顾公用方时就问《周官》疑义，先生详为辨析。遇馆中后生，则为讲《丧服》，闻而持行者数人。顾公与河间王振声谓：'笔之书，然后可久存。'先生乃出其在狱中所作《丧礼或问》，又为《周官辨》，浃月而成。"（《望溪先生年谱》，《方苞全集·附录》第十三册，第31页）此后，方苞53岁作成《周官集注》。第二年，又完成《周官析疑》。（《望溪先生年谱》，《方苞全集·附录》第十三册，第33页）乾隆元年（1736），方苞69岁，担任三礼义疏馆副总裁，所上《拟定纂修条例疏》表明了其编修《三礼义疏》的指导思想。《三礼义疏》中的《周官义疏》由方苞在乾隆六年（1741）亲自纂成，进献以后，"上留览兼旬，命发刻，一无所更"（《望溪先生年谱》，《方苞全集·附录》第十三册，第42页）。乾隆十四年（1749），方苞82岁，在生命的最后时刻著成《仪礼析疑》。据苏惇元说："先生以此经少苦难读，未经倍诵，恐不能比类以尽其义。又世所传，惟《注疏》及敖继公《集说》二书。其《永乐大典》中宋、元人解说十余种，皆肤浅无足观。国朝惟张稷若、李耜卿各有删定《注疏》，间附己意，发明甚少。先生大惧是经精蕴未尽开阐，而闭晦以终古，故七十以后，晨兴必端坐诵经文，设为身履其地，即其事，而求昔圣人所以制为此礼、设为此仪之意。虽卧病，犹仰而思焉。有心得，乃稍稍笔记，十余年来已九治，犹自谓积疑未祛，乃十治，早夜勤劬，迄今始成。"（《望溪先生年谱》，《方苞全集·附录》第十三册，第44页）《仪礼》因涉及众多的具体礼仪事项，随着历史发展的变迁，古礼难考，导致历来有众多学者苦于此经。方苞也曾有类似感慨，但终因《仪礼》包含着礼仪精义，使其晚年倍加重视，身体力行，体会礼制意义。一定意义上说，《仪礼析疑》正是方苞毕生礼学研究的结晶之作。

二　方苞礼学研究回顾

礼学是方苞人生和学术关注的中心之一，随其年岁增长和学术积累加深，礼经研习贯穿一生。无论是幼时诵读，还是青年时期会通前人注疏，都为方苞中年以后致力于“三礼”研究奠定了必要的经学基础。而从方苞研习礼经之初，知行结合、躬行践履就是其礼学的基本特色。方苞是一位有着浓烈的家国情怀的礼学家。无论是在其个人的思想和行为方式上，还是在家族的群体认同方面，乃至在对国家的政治影响层面，方苞都竭力强调礼仪制度的规范意识和价值的重要性。在学术研究生涯中，方苞的礼学著述丰厚，是继郑玄、朱熹等礼学家之后又一位涉猎“三礼”学，在《周礼》《仪礼》《礼记》方面皆有著述的礼学家。由此可见，方苞礼学是值得关注并需要加强研究的。目前，学界对方苞礼学的研究已经取得了一定的进展。

（一）方苞礼学形成与发展研究

方苞礼学发展与其人生经历紧密相关。冯峰认为受与其交友的“史志派”和儒学名臣影响，方苞学术的形成代表了转型时期知识分子的主要形态，即以宗奉程朱理学迎合清朝的意识形态。方苞撰写的《周官辨》表现了他在学术转向过程中所经历的心理斗争，即隐约地表达了他在《南山集》案前后对皇权与官僚制度的批判意识。方苞在主持编订《钦定三礼义疏》时，明确体现了宋学宗旨，并以在馆内学术领袖的角色压制汉学家的解释、确立宋学经解的独尊地位。① 值得留意的是，在阐述桐城派与徽州朴学的渊源乃至二者之间相互影响及其密切关系时，冯峰再一次特别提到：方苞和江永都精于礼学，二人在乾隆初年曾有学术上的交往。方苞幼时由章句之学入手，后攻读《五经大全》《通志堂经解》，而逐渐确立其学术规模，又曾与浙东史学大家万斯同交会，遂治“经学”以“明道”，而钻研“三礼”。方苞礼学虽综合唐宋以来诸家义解，但皆以程朱“义理”为裁断标准，谨守程朱理学之宗旨，其礼学目的在改变现实，而非恢复“古礼”等，都与江永的礼学实有相同的旨趣。尽管方苞和江永大体在朱子礼学范围内探讨相关礼学议题，但二人的治学方法毕竟不同，尤其体现在对《周官》

① 冯峰：《方苞礼学的形成及其特点》，《历史档案》2010 年第 3 期。

的研究①。

（二）方苞礼经学研究

方苞重视礼经学，其“三礼”学研究成果丰富，已引起诸多学人关注。杨向奎从整体上论述方苞经学与理学的关系时，曾特别指出方苞治《周礼》尤勤。杨先生认为：方苞由理学及经学，醉心程朱理学，维护朱子权威；其《周官》原书虽出自圣王，但其中有刘歆作伪的看法影响到了近现代的今文学派，成为康有为攻击古文经学的重要来源；方氏的这一看法于中国古代史无所知，未免武断，但“刘歆窜入”说影响甚大，成为后世今文学派乃至顾颉刚、童书业等人“刘歆造经造史”说之滥觞。②其实，1955年，顾颉刚在校点方苞的《周官辨》所作之“序”中强调方苞无疑是一位礼学专家，《周官辨》虽是一部研究《周官》的小书，却全是方苞的心得。顾先生在文中列出了方苞所疑刘歆窜乱或伪造的九条经文，并与万斯大的《周官辨非》作比较。但顾先生认为方苞所举出的《周官》中他所认定的伪窜文字，是用了后代的思想来判别古代文籍的真伪，从现在看来，理由实在不充足，很少是可信的。另外，顾先生也提到方苞的刘歆改窜说对康有为、崔适等产生了影响，却不见二人提及方苞，足见汉学对宋学的门户之见③。

吴孟复在《桐城文派述论》中说：“清之通治‘三礼’者当以方苞为最早，遂开乾嘉之先河。”④林存阳在《清初三礼学》中充分肯定方苞历事康、雍、乾三朝，于“三礼”皆有考究，卓然自成一家言，对于三礼学之演进，甚为有力，值得称道。他还指出方苞治礼有两个特色：一则长于以义理说礼，而不专究于名物制度之考辨（当然，其所考辨亦有精到者）；二则说礼意在贯通，于“三礼”参互印证，且能引他书证己见。同时，他也强调方苞不仅于“三礼”学有所发挥，且能以

---

① 冯峰：《桐城派与徽州朴学》，《安徽史学》2012年第5期。

② 杨向奎：《论方苞的经学与理学》，《孔子研究》1988年第3期。杨先生此文中心思想又见其所编《清儒学案新编·方苞〈望溪学案〉》（第三卷），齐鲁书社1994年版，第29—40页。

③ 顾颉刚主编，王煦华整理：《古籍考辨丛刊》（第二集），《周官辨·序》，社会科学文献出版社2009年版。

④ 吴孟复：《桐城文派述论》，安徽教育出版社2001年版，第59页。

礼持身，运之实事。不过限于全书体例和篇幅，林氏只是概述了方苞三礼学的相关成就。[①]

丁亚杰综合考察方苞的经学，认为方苞的学问规模从文学、理学到经学，是有一定的逻辑推导而成。方苞在康熙三十年（1691）之前究心词章，康熙三十年（1691）折入朱学，康熙五十年（1711）潜研三礼，是融合文学、理学与经学的过程，他选择朱子之学，是从晚明诸遗老心性之学的内在世界返回到经世之外的外在世界，这一关键就借礼以重建合理的社会。在《生活世界与经典解释：方苞经学研究》中，丁氏辟有专章《方苞周礼学的女官系统与女教思想》《方苞礼学中的女性角色与地位：以冠、婚、丧、祭为核心》，分别从官制论究方苞对《周礼》女官的解释，从方苞对女性的解释来考量方氏对两性地位的认识，认为方苞并没有贬低女性、将女性置于配属地位[②]。与丁亚杰的相关看法不同，暴鸿昌早在《论方苞与康雍时期的理学》中就明确认为方苞推崇的理学属礼教理学，他笃守紫阳，对理学无甚发明和贡献，却以理学礼教绳人；在妇道问题上，方苞以道统自任，其妇女礼教观代表着一种腐朽没落的思想意识。[③]

田丰的博士论文《论方苞经学及其与古文创作的关联》力图探讨方苞的经学与其古文创作的关联，以期对方苞在清代学术文化史上固有地位的认知有所推进。在论文第三章，作者以方苞为学历程为序，分别评述其“三礼”学，认为：《礼记析疑》在方法上以文法切究经文，阐发义理之精微；注重以经证经，探求周世礼制仪节之详；在内容上则期于正本清源的礼制甄别。方苞《周礼》学的主要特色是以理解礼。《周官辨》旨在辨伪与释惑，以经为本；《周官集注》则寄托着方苞传承先圣之学、经术经世的深衷。对于《仪礼》的价值认知，方苞有一个逐渐深化的过程，即原先认为弘扬周代礼制既非急务，效用也有限，因而寄希望于倡导忠孝、化民成俗，但现实驱使方苞重新审

---

① 林存阳：《清初三礼学》，社会科学文献出版社 2002 年版，第 253—270 页。

② 丁亚杰：《生活世界与经典解释：方苞经学研究》，学生书局 2010 年版，第 219—304 页。

③ 暴鸿昌：《论方苞与康雍时期的理学》，《中国史研究》1997 年第 2 期。

视自己的学术思想，重新评价古礼的教化功能，晚年遂专注于《仪礼》研究。田博士最后指出方苞以自己的研究实绩证明，礼学与理学在精神实质上是可以融通的。方苞虽然对“三礼”以校改为名而行删经之实，从文献学研究的纯学术层面看失之武断，但却突出地体现出方苞经世致用、干预现实的意向。[①]

除了上述总体研究方苞的“三礼”学，也有针对方苞的礼经学著述作出专门探讨的。周启荣简要提及康熙朝的学者们在礼教研究领域明显带有一定的怀疑主义思想，而方苞的《读周官》流露出一种要捍卫古代经典著作整体权威性的态度。但在后来的《周官辨》乃至《周官集注》中，方苞则对《周礼》中的部分内容是否具有正当性持保留态度。[②]刘康威聚焦方苞的《周礼》学，从方苞的生平与著作、方苞与《三礼义疏》的纂修、方苞的《周礼》观、方苞的《周礼》解经方法、方苞的《周礼》辨伪方法等方面较为系统全面地探讨了方苞《周礼》学的成就。他指出方苞的《周礼》学虽未扬名于后世，以刘歆增窜《周礼》也不可信，但其解经方法、对本文的校勘、辨伪方法等亦有一定价值。[③]蓝渝坚以方苞的《礼记析疑》为中心，专门考察了此书对郑玄注的评议，以期了解方苞的礼学思想及《礼记析疑》的价值。作者首先探讨了方苞之传略与时代背景，然后分别探讨《礼记析疑》著书之原委、书评议郑注之条目、误驳郑注之条目、佐证郑注之条目，并在此基础上探求《礼记析疑》的价值。[④]陈士银指出方苞在《礼记析疑》中质疑《礼记》部分内容为刘歆增窜，尤其是“周公践阼”部分旨在为王莽篡汉服务，但《四库全书总目提要》《新学伪经考》《刘向歆父子年谱》对方苞的质疑与评价有失公允。他认为学界对《礼记析疑》一书重视不足，方苞作为一代经师，所著《礼记析疑》多有发明，揭开了刘歆窜经的内幕，诱发后来经学史上新学伪经的大讨论，且方

---

① 田丰：《论方苞经学及其与古文创作的关联》，南京大学博士学位论文 2014 年。

② ［美］周启荣：《清代儒家礼教主义的兴起：以伦理道德、儒学经典和宗族为切入点的考察》，毛立坤译，天津人民出版社 2017 年版，第 265 页。

③ 刘康威：《方苞的〈周礼〉学研究》，花木兰文化出版社 2011 年版。

④ 蓝渝坚：《方苞〈礼记析疑〉评议郑〈注〉考辨》，铭传大学应用中国文学系硕士论文，2008 年。

苞论证能破能立，既有臆测之举，又多服人之处，发覆之功，不容遮蔽。①

（三）方苞礼治思想与实践研究

方苞不仅注重“三礼”经典研究，而且强调在日常生活和家族管理乃至国家治理方面要充分发挥“礼”的规范意识和价值，倡导“礼治”。江爱华认为方苞推崇礼的“扶道教，裨风化”的教化和规范作用，强调礼的实质就是社会秩序，要以礼的秩序和规范来对统治者、官吏和下层百姓加以约束和教化：为民者要安贫乐道，奉礼守法；为官者要“已民之疾”，要廉政和有所作为；为君者治理天下要有敬畏之心，要加强自律。整个社会各阶层都能做到奉礼守法，天下也就各安其分，达到大治、大同和和谐了。② 宋豪飞指出方苞尊崇程朱理学，笃嗜经学，不仅着力于探究礼学的经典著作，在“三礼”中对《丧礼》研究精微，更是一位礼学的践行者。方苞在现实生活中，身体力行，严格遵循古礼法，而在其“家训”中也告诫子孙必须严格依礼行事。营建“教忠祠”，制定祠规、祠禁等，反映了方苞笃守礼法、恪守宗法，以期敬宗收族，建立人伦秩序，永保家族绵延久远的根本目的。因此，方苞是封建礼法和宗法制度的坚定维护者和忠实践行者。③

三　方苞礼学研究未来展望

如上所述，方苞是一位在清代礼学史乃至中国礼学史上都占有一席之地的重要礼学家。目前学界对于方苞礼学的研究已经有所关注，并取得了一定的成果，主要体现在：首先，对方苞礼学的形成与发展的探讨，尤其是在方苞一生的仕宦交友经历中来考察其礼学发展受到的影响。其次，对方苞礼经学成就的肯定，尤其是“三礼”学中的《周礼》学、《礼记》学研究的意义及影响，得到学者不同层面的多

---

① 陈士银：《方苞对刘歆窜经的质疑——以〈礼记析疑〉为主要讨论范围》，《中国典籍与文化》2016年第4期。

② 江爱华：《约之以“礼”——方苞的礼治思想》，《池州学院学报》2017年第1期。

③ 宋豪飞：《方苞家训：笃守礼法 恪守宗法》，《池州学院学报》2018年第1期。

角度说明。第三，方苞礼治思想及其实践，特别是其礼教思想在宗族组织建设中的作用及意义，引起学者的注意。这些研究和成果使人们进一步认识到方苞诗文以外的礼学成就，为后来的研究提供了重要的参考价值。但不可否认，现有的研究尚存在一些可以继续深入研究的空间。

首先，从清初至清中叶思想学术发展的社会历史大环境着手，可以进一步说明方苞礼学形成与发展的时代因缘。明清更迭，清初统治者意识到为使统治合法性得到满汉民众的普遍认同，需要对政治、文化政策加以调整。因此，康雍乾时期，官方统治者崇儒尊道，一方面试图建立起巩固皇权政治体制的思想准则，倡导“以礼为教”的伦理道德；另一方面想借助儒家传统的礼制规范来重建社会秩序，提倡“以礼为治”的社会理想。这种以“礼”为核心的社会治理观也在清廷主导的礼制修定和礼经编纂中得到充分体现。方苞曾深受康雍乾三朝最高统治者的信任，无论是参与相关礼制讨论，还是担任三礼馆副总裁，抑或晚年落职后注重方氏宗族组织建设，他的一举一动都处于清初到清中叶这一政治统治策略调整的关键时期，因而，对方苞礼学的历史考察绝不能就事论事，而是要从社会史和文化史的视野来整体观照方苞礼学发生与发展的时代背景。这不仅能凸显方苞礼学所要关注的社会现实问题，也能更加全面细致地展现方苞礼学发展的内在价值和意义。

其次，从儒家传统礼学的构成来看，可以运用思想史的方法综合考察方苞对“礼”的理解、礼经学研究以及礼制的践行。思想史是一门高度综合的学科，以“礼学思想”[①]深入解剖方苞礼学，可以弥补学界目前对方苞礼学仅做单一分类研究的不足，从而更加全面系统地反

① 笔者认为，“礼学思想”是以对“礼”的本质及其价值的理性认识为核心，并在此基础上又将礼学结构中礼仪制度、礼学经典所蕴含的思想观念作为重要组成部分的学术研究。也就是说，“礼学思想”既要包含思想家对“礼”的理论思考，也要包括思想家对礼学经典的理解认识，甚至还要涵盖思想家制礼活动的价值追求，因此，从根本上说，其实质就是思想家在思想学说与社会制度二者互动过程中的一种学术实践活动，它所要解决的核心问题是为理想的社会秩序的有效运行和维护提供一套合理依据、合法证明和操作模式。参见拙著《朱熹礼学思想渊源研究》，花木兰文化出版社 2015 年版，第 5 页。

映方苞礼论、礼经学、礼制研究之间相互关联、有机融合的全貌及其学术成就。方苞学宗程朱，究心于宋元经解，以程朱理学来矫正晚明以来阳明后学之弊，其礼论强调“礼”的教化和规范意义，实际上与朱子以理学诠释礼仪文明传统具有一定的相似性，但是目前学界对方苞礼学与其义理学的内在关联关注不够，这在一定程度上影响到对清初理学复兴与清中叶以后礼学蓬勃发展二者之间关系的探讨。在礼经学研究中，方苞的《周礼》学研究成果众多，而且有学者明确指出其《周礼》学的特色在于“以理解礼”，但方苞的其他礼学著述研究，如《仪礼析疑》《丧礼或问》尚未被涉及。方苞对丧礼格外重视，《丧礼或问》不仅被当时学者认为是“粹然同于七十子之文”，而且在他看来学者研治经典时可以首先从《丧礼或问》入手。《仪礼析疑》更是方苞“十治”而成的最后一部礼学著述，重要性不言而喻。对于这两种《仪礼》学成果，学界不够重视，不能不说是一个缺憾。因此，从思想史和学术史相结合的角度对方苞的礼经学成果进行综合全面考察，不仅有助于科学评估其礼学成就及学术地位，还能深入理解方苞的经典研究中所蕴含的经世济民的思想观念和价值追求，更能详细说明方苞在参与礼制讨论以及加强宗族组织建设中赖以订立礼制规范的经典文本依据。

再次，从方苞学术思想发展的总体视角来看，可以深入考量方苞礼学与其《春秋》学等其他经史研究的联系。方苞自幼熟读儒家经典，其治学讲究“通经致用”，“尤究心春秋、三礼”。《庄子・天下》说：“《诗》以道志，《书》以道事，《礼》以道行，《乐》以道和，《易》以道阴阳，《春秋》以道名分。”《春秋》是正名分、讲尊卑的，与礼学兼重外在礼仪制度和内在礼义精神具有相通性。方苞明确提出：“凡义理必载于文字，惟《春秋》、《周官》则文字所不载，而义理寓焉。盖二书乃圣人一心所营度，故其条理精密如此也。”（《方望溪文集全编・周官析疑序》卷 7，《方苞全集》第八册，第 197 页）“《春秋》之法，常事不书。然必尽合于礼而后得为常。”（《春秋通论・王使至鲁君臣朝聘于王》卷 1，《方苞全集》第六册，第 19 页）可见，方苞强调要在文字以外体会圣人作《春秋》《周官》的义理，其实质是要探求礼制背后的原理。在理解《春秋》大义时，方苞主张从历史发展的脉络来评断人物事件的是非标准是“礼”。因此，在方苞的学术思想体系中，《春秋》学与其礼学有着紧密的内在关联。从经典解释的角度来看，方苞对《春秋》《周官》等的解经方法大致相同，但如何借助于《春秋》来说明礼制发展，乃至解读《周官》以表明“以礼治国”的礼治理想，还需要作出进一步的具体研究。此外，方苞的《诗经》学著述《朱子诗义补正》与他的礼学研究也有密切关联。与朱子看法相同，方苞也认为“礼义彰明、太和翔洽、四民乐业、万物熙熙”的社会才有优美的诗作呈现，通过优美的诗作也能推知古人的政教理想。在说明《诗经》中的一些史实时，方苞也通过一些相应的礼制、具体礼仪的解释来反省周王室由盛转衰的原因。因此，方苞礼学的深入研究也不能忽略其《诗经》学研究的相关内容。方苞学术思想体系中，礼学固然是重中之重，但需要特别注意的是，对其他经史子学研究的广泛涉猎在一定程度上使其礼学更加丰满。

最后，以方苞礼学的时代反响为切入点，可以在具体说明清代不同思想学术派别之间的交互争鸣中客观评价方苞礼学的历史地位。方苞礼学成果丰硕，既有对前人如郑玄、王安石、朱熹、敖继公、陈澔等人礼学的批判、继承和发扬，又有对同时代学人诸如万斯大、李光地、李光坡、龚缨、顾琮等人礼学的吸收、反思和批驳。然而，值得注意和深究的是，虽有李光地和顾琮等人对方苞的礼经学研究成果较为推崇，但四库馆臣和清中后期的一些礼学家对方苞礼学著述的评价总体并不高。比如四库馆臣将方苞的《周官集注》列为正目并认为其“训诂简明，持论醇正，于初学颇为有裨”时，却顺带评价《周官辨》“持论太高，颇难依据”而将其列入存目。《周官析疑》也被列入存目，且与《礼记析疑》一样遭到四库馆臣的大力批判。此外，阮元和王先谦分别主持编纂《皇清经解》和《皇清经解续编》时，基本上涵盖了清代经学研究的主要成果，却没有收入方苞礼学著述。因此，究竟该如何看待时人在评价方苞礼学成就时表现出的巨大反差，或者说方苞礼学在清代礼学史乃至中国古代礼学发展长河中究竟处于什么样的地位，是一个值得深入思考的问题。如前所述，方苞学宗程朱，究心于宋元经解，长于义理说礼，而乾嘉以后的清学发展以汉学为盛，四库馆臣乃至阮元等都力主汉学。正因为如此，在汉宋门户之见的视野下，方苞礼学不仅未受到应有的重视，也没得到客观公正的评价。学界最新研究已关注到方苞和江永京师之会论学三礼的后世书写与汉宋之争的关系。[①] 应该说，这对具体考察清学不同思想学派争鸣背景下方苞礼学的历史地位颇有启发意义。

---

① 任雪山:《江永、方苞京师之会的书写与汉宋之争》,《北京社会科学》2020 年第 7 期。

元代《礼记》学研究述评与展望 *

朱　军
（西北大学　中国思想文化研究所）

摘　要： 元代《礼记》学是个饱受争议的研究对象。“兔园册子”“抱残守贵”“简陋”“僭圣之讥”“默守朱学”等标签产生，以及皮锡瑞等学者对元代经学“积衰”时代的判断，致使元代《礼记》学研究学界鲜有论及。近年来随着《礼记》学研究深入，以陈澔《礼记集说》、吴澄《礼记纂言》的版本、编撰体例、思想内涵方面为代表的元代《礼记》学研究，取得了丰硕的成果。相关研究基本勾勒出元代《礼记》学的特点。但是在元代《礼记》注疏的整理、存世文献对比以及在其整个《礼记》学发展史的地位方面研究有待进一步丰富。

关键词： 元代；《礼记》学；《礼记集说》；《礼记纂言》

“三礼”之学是中国传统文化的重要组成部分，也是礼乐文化的重要理论支撑。《礼记》原为“仪礼”之名，其中包括《礼古经》56篇及各种述礼之记。如《史记·孔子世家》记载：“《书传》《礼记》自孔氏。”《汉书·景十三王传》云：“献王所得书皆古文先秦旧书，《周官》《尚书》《礼》《礼记》（颜师古又云：《礼》者，礼经也，《礼记》者，诸儒之记礼之说也）。”自孔颖达撰述《五经正义》将85篇的《大戴礼

---

*　项目基金：教育部人文社会科学研究青年基金“吴澄《礼记纂言》整理与研究”（20YJC770047）阶段成果。

记》废弃不用之后，独尊《小戴礼记》，并简称《礼记》，《礼记》之名自此定。

其中《礼记》49篇有别于《仪礼》《周礼》，是先秦至秦汉时期礼学文献的汇编，记录的主体内容是现实生活中的礼仪、礼节以及各种典章制度的存在意义和内在精神。它是儒家礼制文化的代表，在规范世人思想和生活、维护封建社会秩序方面发挥着重要作用。历史上注解《礼记》的学者层出不穷，汉唐、清代注疏尤为丰富，王锷先生曾言："自郑玄撰《礼记注》以后，《礼记》备受历代学者和政府关注，注疏刊刻，代不乏人，对中国古代社会和传统文化的发展，产生了巨大的影响。"①可见《礼记》正是因其重要社会价值，受到历代统治者和学者的重视。

改革开放以来，《礼记》学研究一改之前的颓势，呈现出复兴趋势，元代《礼记》学研究也随之受到重视。本文尝试归纳近些年来元代《礼记》学的研究概况，为学界提供参考借鉴。

一　元代《礼记》学的通论性研究

《礼记》在稳定社会、维护礼制文明的方面意义重大，故而《礼记》成为后世学者青睐的研究对象。清代焦循有言："以余论之，《周官》《仪礼》，一代之书也。《礼记》，万世之书也。必先明乎《礼记》，而后可学《周官》《仪礼》。《记》之言曰：'礼以时为大。'此一言也，以蔽千万世制礼之法可矣。"②此言虽有夸大之嫌，却足以证明对《礼记》的研究逐渐增加并受到重视。汉唐经学注解大盛，时至宋代，义理解经盛行，且科举范式改变，致使经学路径也发生了变革。这一变化引起了后世经学大师们的抨击，朱彝尊、皮锡瑞对宋以后经学颇有微词。皮锡瑞认为经学"科举取士之文而用经义，则必务求新异，以歆动试官；用科举经义之法而成说经之书，则必创为新奇，以煽惑后

① 王锷：《东汉以来〈礼记〉的流传》（上），《井冈山大学学报》2010年第5期。
② （清）焦循：《礼记补疏序》，《清经解续编》，凤凰出版社2005年版，第8778页。

学。经学宜述古而不宜标新；以经学文字取人，人必标新以别异古”[①]，而对宋代义理解经则评论“且宋以后，非独科举文字蹈空而已，说经之书，亦多空衍义理，横发议论，与汉、唐注疏全异”（《经学历史》，第274页）。而众多大儒都认为元代学术因循宋代，故而有评论“论宋、元、明三朝之经学，元不及宋，明又不及元。……宋儒学有根柢，故虽拨弃古义，犹能自成一家。若元人则株守宋儒之书，而于注疏所的甚浅。如熊朋来《五经说》，于古义古音多所抵牾，是元不及宋也。”（《经学历史》，第283页）故而元代《礼记》学也未受到褒扬，如对陈澔《礼记集说》，皮锡瑞也是直承朱彝尊《经义考》“兔园册子”的蔑视评价。

虽说评价不高，但是并未影响元代《礼记》学的研究。明确元代《礼记》注疏的存世情况是元代《礼记》学研究的基础。根据王锷先生《三礼研究论著提要》记载，宋代《礼记》注疏有一百二十三种之多，且存世颇多。[②]然而相较宋代的储量充足，元代《礼记》注疏可谓相形见绌。据王锷先生的考证，元代《礼记》注疏共34种，且明确可考的存世著作仅有吴澄的《礼记纂言》《月令七十二侯集解》、陈澔的《礼记集说》三部。元代《礼记》注疏的缺失亦是对其研究较少的重要原因。虽然存世较少，但是《三礼研究论著提要》并未弃之不顾，王锷先生仍详细地考证了元代《礼记》注疏的存世情况，并对现存吴澄《礼记纂言》的8个版本，陈澔《礼记集说》的16卷本、10卷本、30卷本共计75种版本进行了细致的考证。不仅就版籍、行款、钤印、卷帙等方面进行详细的介绍，同时也简单的比对了版本的优劣。此外，他还在三礼综论部分对吴澄《三礼考注》《三礼叙录》为代表的著作进行比对划分，清晰地介绍了元代《礼记》注疏卷帙大小、存世情况，为后世学者研究元代《礼记》学奠定了坚实的基础。

魏慈德的《元代之〈礼记〉学》可谓研究元代《礼记》注疏较早

① （清）皮锡瑞著，周予同注释：《经学历史》，中华书局1959年版，第277页。
② 王锷：《三礼研究论著提要》（增订本），甘肃教育出版社2001年版，第279—292页。

的典范之作。[①] 该文利用朱彝尊的《经义考》《四库全书总目》、纳兰性德的《通志堂经解》等书较完整地勾勒出元代《礼记》学著作的留存状况，可谓简论版的“《三礼研究论著提要·元代〈礼记〉篇》”。魏文更是参考徐玉梅《元人疑经改经考》[②] 的部分观点，从“疑改作者”“疑改篇章”“疑改经简文字”三部分，对元代《礼记》学著述疑经改经问题进行细致归纳，并总结出元人《礼记》学的特色：一方面是继承了宋人疑经改经的学术指向；另一方面是在理学的大背景下，传承了朱熹的礼学观。魏慈德认为元代为《礼记》作注的学者不是走向卫湜《礼记集说》卷帙浩大、阅读不易之弊，就是完全循着朱熹之意删并割裂《礼记》经文用以解释《仪礼》。进而得出《礼记》学在元代实是一门没落的学问。[③] 这也代表了大部分学者的观点。

历史上的书厄致使元代仅有吴澄与陈澔的《礼记》注疏存世，加之历代学者对吴澄的《礼记纂言》与陈澔的《礼记集说》评价褒贬不一，元代《礼记》学通论性著述并不多见，更多的研究体现在对吴、陈著作的专门研究中。

二　位列学官却褒贬不一——陈澔《礼记集说》

《礼记集说》之名并非陈澔著作独得，宋代卫湜的《礼记集说》鸿篇巨著，但因文辞烦琐，并未能得到学者认可，也未能列于学官。陈澔《礼记集说》是现存完整的元代《礼记》学著作之一，其突出特点是它曾位列学官，胡广奉敕修订《四书五经大学》沿用其内容撰述《礼记大全》，影响了明清两代科举考试，垄断科考三百余年，直至乾隆元年《礼记义疏》的颁行才算结束。该书是宋元明清《礼记》学的纽带，但是有关它的流传却褒贬不一。

正如其自序所言：

---

① 魏慈德：《元代之〈礼记〉学》，彭林主编：《经学研究论文选》，上海书店出版社2002年版，第237—252页。

② 徐玉梅：《元人疑经改经考》，台湾东吴大学硕士学位论文，1988年。

③ 魏慈德：《元代之〈礼记〉学》，彭林主编：《经学研究论文选》，第251页。

《仪礼》十七篇，《戴记》四十九篇，先儒表彰学庸，遂为千万世道学之渊源。其四十七篇之文虽纯驳不同，然义之浅深同异，诚未易言也。郑氏祖谶纬，孔疏惟郑之从，虽有他说，不复收载，固为可恨。然其灼然可据者，不可易也。近世应氏《集解》于杂记、大小记等篇，皆阙而不释，噫慎终追远。其关于人伦世道非细故而可略哉！先君子师事双峰先生十有四年，以是经三领乡书，为开庆名进士，所得于师门讲论甚多，中罹煨烬，只字不遗，不肖孤僭不自量，会萃衍绎而附以臆见之言，名曰《礼记集说》，盖欲以坦明之说，使初学读之即了其义，庶几章句通则蕴奥自见，正不必高为议论而卑视训诂之辞也。

陈澔将其定位为研读《礼记》的初学读物，危素对其评价甚高，认为“其（《礼记集说》）说理可谓无暇矣”，但是并未改变《礼记集说》被讥讽的境遇。

《礼记集说》因其位列学官之位，早在清代注疏评议之文中就存在颇多非议。

朱彝尊《经义考》对其评价甚低，直言：“自汉以来，治小戴之记者，不为不多矣；以公论揆之，自当用卫氏《集说》取士；而学者厌其文繁，全不寓目。若云庄《集说》直兔园册子，独得颁于学官，三百余年不改。其于度数品节，择焉不精，语焉不详；礼云礼云，如斯而已乎？”（《经义考》卷一四三）

纳兰性德专门撰述《礼记集说补正》修订其文，《四库全书总目提要》评价此书：是书“因陈澔《礼记集说》外陋太甚，乃为条析而辨之。凡澔所遗者谓之补，澔所误者谓之正。皆先列经文，次列澔说，而援引考证以著其失。其无所谓补正者，则经文与澔说并不载焉”[①]。

方苞则于狱中著《礼记析疑》针对陈澔疏漏一一辨析，其序言：

① （清）纪昀等：《四库全书总目提要》卷二一《陈氏礼记集说补正提要》，中华书局1965年版，第173页。

> 自明以来，传注列于学官者，于礼则陈氏《集说》，学者弗心餍也……然其事多略举一端而始末不具，无可稽寻其言，或本不当义，或简脱而字遗，解者于千百载后意测而悬衡焉，其焉能以无失乎？……用此知古书之蕴非一士之智，一代之学所能尽也。然惟前之人既辟其径涂而言有端绪，然后继事者得由其间而入焉。乃或以己所得，瑕疵前人，而忘其用力之艰，过矣。①

方苞的评价相对公允，虽言及陈澔《集说》之疏漏，但并未完全否定其价值。

晚清李调元、陈鳣分别撰述《礼记补注》《礼记集说参订》攻击陈澔《集说》漏洞，但由于二人笃守汉学家法，囿于门户之见，并未能公允地评价陈澔的优缺点。此后的皮锡瑞、周予同等人也未能逃脱藩篱。皮氏延续了朱彝尊“兔园册子”的评价，而周予同则在为《经学历史》作序中直言：“元明以来，归纳派的朱学，因为朝廷的提倡，系幸地取得正统的地位。”（《经学历史》，第 3 页）甚至否定了元代经学。

清代学者的观点影响深远，刘师培《经学教科书》中言：“陈澔作《集说》，立说亦趋浅显。明代《大全》本之，而古义遂亡。”② 即便到了现在批评之声也未停止，秦学颀援引四库馆臣之语，认为《礼记集说》“抱残守柜，执一乡塾课册以锢天下之耳目”。③ 曾军则认为：“陈澔立足于教学，不以经学家而以教育家的身份解释《礼记》，目标定位于初学者，将解读经文义旨作为解释的重点。删其繁难，取其浅近……所以朱彝尊认为它只适合于童蒙课读，非为治经之正途。”④

尽管如此，近年来随着《礼记集说》的研究深入，也有不同的评

① （清）方苞：《礼记析疑》卷首《自序》，《文渊阁四库全书》第 128 册，台湾商务印书馆 1983 年影印版，第 3 页。

② 刘师培著，陈居渊注：《经学教科书》，上海古籍出版社 2006 年版，第 109 页。

③ 秦学颀：《从〈五经正义〉到〈五经大全〉》，《孔子研究》2002 年第 1 期。

④ 曾军：《从民间著述到官方教材》，《华中师范大学学报》2007 年第 4 期。

价声音出现。沈乃文先生与王锷先生的观点相同，在研究古籍时最重视的当属版本校勘问题。早在1998年，沈乃文先生在《国学研究》发表《〈礼记集说〉版本考》一文[①]，沈先生首先阐释了陈澔与饶鲁的关系，进而判断陈澔重视义理解经是出于朱熹再传的原因，也正因如此受到清代汉学家的批评；其次，沈乃文从现存《礼记集说》十六卷本、三十卷本、十卷本的流源入手，指出后人将三十卷本误作是该书的初刻本的观点源于《四库全书总目提要》，他采纳了咸丰年间瞿镛的观点，在对比元刻十六卷本，明刻三十卷本和明刻巾箱十卷本之后，认为天历刻十六卷本是元代初刻本。[②]这也为王锷的《三礼研究论著提要》等后续著作奠定了研究的基础。刘千惠认为沈乃文的文章谈论焦点集中在三十卷出现的年代，以及十卷本与三十卷本的关系等问题，并未论及明清学者对三个版本出现的先后顺序的论述和评价。[③]刘千惠文结合《艺风藏书记》《嘉业堂藏书志》《著砚楼藏书志》等文献的考证，认为十六卷本最早见于元天历元年（1328）建安郑明德宅刻本，是初刻本，三十卷本是明成化年间刊本；十卷本为明弘治十七年（1504）刻本。按流行程度来说，十卷本最流行，三十卷本次之，十六卷元本最末，而从版本内容看，则十六卷本最佳，文字讹误少，三十卷次之，十卷本讹误最多。[④]

在《礼记集说》版本的研究基础上，上海古籍出版社早在1987年就将1936年世界书局翻印武英殿本影印出版，此本为十卷本，但因字迹偏小不便阅读。时至2009年，在更广泛的版本考证下，《儒藏》精华编第55册收录了虎维铎点校整理的《礼记集说》。此次点校所据版本为明正统十二年（1447）司礼监刻十六卷本，并以元天历元

① 沈乃文：《〈礼记集说〉版本考》，《国学研究》第五卷，北京大学出版社1998年版，第289—300页。

② 缪荃孙《艺风藏书记》卷一记载：“天历刻十六卷本是原本，三十卷本次之，十卷本则最后矣。”

③ 刘千惠：《陈澔〈礼记集说〉之版本析论》，《儒家典籍与思想研究》2010年，第127页。

④ 刘千惠：《陈澔〈礼记集说〉之版本析论》，《儒家典籍与思想研究》2010年，第131页。

年（1328）郑明德宅刻本为校本，辅之以四库本、武英殿本，校勘精良，即便是后出的万久富整理《礼记集说》[①]也无法超越，成为较通行的《礼记集说》整理本。

在《礼记集说》版本考证方面愈发清晰且出现完备的整理本后，陈澔《礼记》学的思想内涵及特点也受到学术界广泛关注。首先，从思想的渊源上，曾令巍、曾军、戴雅萍、苏成爱都将陈澔的师承关系追溯到饶鲁，进而得出陈澔是朱熹四传弟子的结论，这也为研究其思想中的程朱理学成分奠定了基础。[②]

就陈澔《礼记集说》的思想内涵方面，当下学界基本的共识是“陈澔《礼记集说》是朱熹礼学观的继承和发展”。魏慈德研究《礼记集说》后，在总结元人《礼记》学特点中重要的一点就是认为“他们（陈澔、吴澄）对宋人疑经改经思想的继承……是朱子礼学观的再现”[③]。曾军认为“陈澔是在程朱理学的背景下，运用理学的思想方法来阐释《礼记》”[④]。曾令巍则从陈澔总结的《礼记》和《仪礼》之间关系入手，认为“陈澔在撰述《礼记集说》的时候延续了朱子的礼学观，认可朱熹《礼记》是《仪礼》的注解这一观点”[⑤]。

宋儒不满汉唐“师法”“家法”的束缚，在训诂文字之外提出弃传求经的要求，通过对文本的深入分析，向圣人“本义”去索求[⑥]。但是过度地探析义理以及质疑经典，导致宋代经学流于空疏、烦琐之境。故而魏慈德认为元代《礼记》学一味地继承朱子，在一定程度上导致元代理学的没落。但随着研究的深入，更多的学者认为陈澔在编

① （元）陈澔著，万久富点校：《礼记集说》，凤凰传媒出版社 2010 年版。

② 曾令巍：《陈澔对〈礼记〉的诠释特色》，《湖南大学学报》（社会科学版）2017 年第 2 期；《宋明理学语境下看元儒陈澔的经学思想》，《宁夏大学学报》（人文社会科学版），2015 年第 5 期；曾军：《从民间著述到官方教材》，《华中师范大学学报》2007 年第 4 期；苏成爱：《〈陈氏礼记集说〉研究》，南京师范大学硕士学位论文 2007 年；戴雅萍：《陈澔〈礼记集说〉平议》，南京师范大学硕士学位论文 2012 年。

③ 魏慈德：《元代之〈礼记〉学》，彭林主编，《经学研究论文选》，第 237—252 页。

④ 曾军：《从民间著述到官方教材》，《华中师范大学学报》2007 年第 4 期。

⑤ 曾令巍：《陈澔论先王立教以礼为重》，陈明、朱汉民主编：《原道》第三十四辑，湖南大学出版社 2018 年版，第 92—102 页。

⑥ 杨世文：《走出汉学——宋代经典辨疑思潮研究》，四川大学出版社 2008 年版，第 115 页。

撰《礼记集说》时纠正了朱子的部分缺陷。陈澔曾在“自序”中有言：“盖欲以坦明之说，使初学读之即了其义，庶几章句通，则蕴奥自见，正不必高为议论而鄙视训诂之辞也。”[①]结合这一点，戴雅萍认为陈澔《礼记集说》并未固守门户之见，他的引说、评论是对宋学的全面继承，是朱子礼学观的延展，但是他并未抛弃训诂，而是在义理的辅佐下有新的突破。[②]曾令巍则直接在文中指出“朱子后学陈澔的《礼记集说》延续了朱子训诂与义理相结合的诠释路径”[③]。陈澔在理学（尤其是朱子学）的大背景下注解《礼记》，在阐发义理内涵之时不忘注解名物，延续章句之学，形成有元一代独特的经学范式，是一种训诂与义理兼而有之的解经方法，弥补了朱子经学的烦琐与空疏，也延续了章句名物之学的传播，形成了所谓的“经学哲学”。[④]

在对《礼记集说》版本以及思想内涵的充分研究后，更多学者开始重新评价和审视该书的价值。结合其思想内涵，学者们对清代学者诸如“兔园册子”“蒙训有余、经术不足”等评价逐一进行辩解。针对指责其过“简”这一问题，林庆彰先生根据学术发展的趋势指出，古代注经方式在简繁不断交替中发展，虽然陈澔《礼记集说》继承宋学，宋元之际卫湜的“繁”到陈澔的“简”，也正体现了繁简交替的趋势。[⑤]而戴雅萍则认为陈澔的“简”是“言简意赅”，是“深入浅出”。[⑥]同时从学术史的角度论证，在清代学术发展尤其是乾隆时期，汉宋分立且偏向汉学的情况下，将陈澔《礼记集说》归为宋代理学经学的附庸，这也是其备受非议的重要原因。[⑦]

---

① （元）陈澔：《陈氏礼记集说》卷首自序，《文渊阁四库全书》第121册，台湾商务印书馆1983年影印本，第680页。

② 戴雅萍：《陈澔〈礼记集说〉评议》，《文教资料》2012年第1期；《陈澔〈礼记集说〉平议》，南京师范大学硕士学位论文2012年。

③ 曾令巍：《陈澔对〈礼记〉的诠释特色》，《湖南大学学报》（社会科学版）2017年第2期，第29页。

④ ［日］安井小太郎等：《经学史——附录三种》，万卷楼图书有限公司1996年版，连清吉、林庆彰合译，第143页；向世陵：《宋代经学哲学研究》，上海科学技术出版社2015年版；曾令巍：《陈澔对〈礼记〉的诠释特色》，《湖南大学学报》（社会科学版）2017年第2期。

⑤ 林庆彰：《我研究经学史的一点心得》，《中国思想史通讯》2006年第1期。

⑥ 戴雅萍：《陈澔〈礼记集说〉平议》，南京师范大学硕士学位论文2012年。

⑦ 同上书；苏成爱：《〈陈氏礼记集说〉研究》，南京师范大学硕士学位论文2007年。

此外，曾令巍、曾军、戴雅萍等也将《礼记集说》与明清著作诸如朱彬《礼记训纂》、方苞《礼记参订》进行比较研究。在深入研究后，学界也逐渐增加了对陈澔《礼记集说》的认识，认可了它在元代《礼记》学甚至是整个中国古代《礼记》学史上的重要价值。

三　绍述朱子重塑《礼记》——吴澄《礼记纂言》

吴澄《礼记纂言》是元代《礼记》学重要代表著作之一。根据虞集的《行状》以及正史的记载，吴澄在咸淳年间科举落第后开始著书立说，咸淳十九年（1283）校订《易》《书》《诗》《春秋》，并修订《仪礼》《小戴礼记》《大戴礼记》。吴澄在晚年开始《五经纂言》的撰写工作，至顺年间成书。但吴澄并未能亲自校订便去世，其孙吴当校订后于元统年间刊行。[①] 吴澄的自序有言：

> 秦火之余，区区掇拾，所存什一于千百，虽不能以皆醇，然先王之遗制，圣贤之格言，往往赖之而存，第其诸篇，出于先儒著作之全书者无几，多是记者旁搜博采，剿取残篇断简，会稡成书，无复铨次。读者每病其杂乱而无章，唐魏郑公为是作《类礼》二十篇，不知其书果何如也，而不可得见。朱子尝与东莱先生吕氏商订三《礼》篇次，欲取《戴记》中有关于《仪礼》者附之经，其不系于《仪礼》者仍别为记，吕氏既不及答，而朱子亦不及为，幸其大纲存于文集，犹可考也。[②]

据此序言可知，吴澄言及《礼记》多为“旁搜博采”且“残篇断简”，魏征曾有意重新类编，但在朝代更迭之际遗失不存，朱熹就曾感

① 危素《年谱》记载为“至顺三年”，虞集《行状》则记载为“至顺四年”其余无考，可知《礼记纂言》必成书于至顺年间，也就是吴澄晚年。陆心源《仪顾堂续跋·元稿〈礼记纂言〉跋》记载“余篇先生之孙当对同考订，始于至顺癸酉之春，毕于元统甲戌之夏”。可知吴澄去世后其孙将《礼记纂言》校订刊行。

② （元）吴澄：《礼记纂言》卷首《原序》，《文渊阁四库全书》第121册，台湾商务印书馆1983年影印本，第3页。

慨“《类礼》二十篇，数年而成。太宗美其书，录置内府。今此书不复见，甚可惜也”[①]。吴澄遗憾朱熹并未能将重新类编《礼记》的计划付诸实践，故而吴澄因其“大纲”犹存的基础上，以朱子道统传承者的身份,“因朱子所分《礼》章，重加伦纪”[②]。吴澄延续了朱熹“以《仪礼》为经，而取《礼记》及诸经史杂书所载有及于礼者，皆以附于本经之下，具列注疏诸儒之说，略有端绪”(《四库全书总目提要》卷二二《仪礼经传通解提要》，第179页）的观点，将《礼记》割裂，按照“通礼”“丧礼”“祭礼”“通论”四部分以此来配合解释《礼经》。姜广辉认为“吴澄将《礼记纂言》与《仪礼》《仪礼逸经》《仪礼传》相结合，构成了一个完整的礼学体系”[③]。

有关吴澄《礼记纂言》与陈澔《礼记集说》的评价反差极大，自其产生之初，好评占主导地位。虞集作为吴澄的弟子，肯定师说，有言：“其始终先后最为精密，先王之遗制，圣贤之格言，其仅存可考者，既表而存之，各有所附，而其纠纷固泥于专门名家之手者，一旦各有条理，无复余蕴。”(《四库全书总目提要》卷二一《礼记纂言提要》，第169页）

王阳明亦认为：“宋儒朱仲晦氏慨礼经之芜乱，尝欲考正而删定之，以《仪礼》为之经，《礼记》为之传，而其志竟亦弗就。其后吴幼清氏因而为《纂言》亦不数数于朱说……如《纂言》者，固学礼者之箕裘筌蹄，而可以少之乎？”[④]此后魏校、高梯在“序言”中都对《礼记纂言》有较高的评价。黄宗羲在《宋元学案》中甚至说：“朱子门人多习成说，深通经术者甚少。草庐《五经纂言》有功经术，接武建

① （宋）朱熹：《晦庵先生朱文公文集》卷七一《偶读漫记》，朱杰人、严佐之等主编：《朱子全书》第24册，上海古籍出版社、安徽教育出版社2002年版，第3412页。

② （元）吴澄：《吴文正公集》卷一《三礼叙录》，《文渊阁四库全书》第1197册，台湾商务印书馆1983年影印本，第8页。

③ 姜广辉：《评元代吴澄对〈礼记〉的改编》，杨晋龙主编：《元代经学国际研讨会论文集》(下)，“中央研究院”中国文哲研究所筹备处2000年版，第574页。该文收人姜广辉主编：《中国经学思想史》第三卷下，中国社会科学出版社2010年版。

④ （明）王阳明：《王阳明全集》卷七《礼记纂言序》，上海古籍出版社1992年版，第244页。

阳，非北溪诸人可及也”[①]，直接将吴澄接续朱熹。否定之声在清代稍有出现，四库馆臣有言“澄复改并旧文，俨然删述，恐亦不免僭圣之讥，以其排比贯串，颇有伦次，所解亦时有发明，较诸王柏删改《诗经》，尚为有间，故录存之，而附论其失如右”（《四库全书总目提要》卷二一《礼记纂言提要》，第169页）。由此我们可以看出四库馆臣对吴澄较大幅度改编《礼记》，致使其凌乱错杂略有不满，但是相较对王柏删改《诗经》的批评而言，还是认可其价值。

当今学界对《礼记纂言》的研究可追溯到高明先生的《礼学新探》，他对《礼记纂言》评价甚高，他批评四库馆臣“不免有点迂腐”，认为“继魏征、元行冲之后，将《礼记》分类编纂的，以元吴澄的《礼记纂言》为最著名……他的分类，较之刘向，眉目清楚得多”[②]。大陆地区较早对吴澄《礼记纂言》有所研究的当属侯外庐、邱汉生、张岂之诸先生，《宋明理学史》一书认为“吴澄把汉以来流传的《礼记》等肢解，核定异同，重新编纂，使之成为《仪礼》的传注。这不仅完成朱熹生前的夙愿，而且经过这样的整理，是流传千百年来难读的一部《仪礼》，得见崖略，诚是经学史上的一大贡献”[③]。《礼记纂言》不但是《礼记》学研究的重要代表作品，同时也为读懂《仪礼》提供了重要的参考文献。然而这一方面并未引起学界的重视，在吴澄相关研究中，其理学思想、文学思想等占据了研究的主流，直到2000年前后《礼记纂言》的研究才逐渐增加。

与《礼记集说》相同，在文本研究中王锷先生居功至伟，在《三礼研究论著提要》中，他对《礼记纂言》现存的八个版本进行细致考证，为学界研究奠定了坚实的基础，此后其弟子朱娜娜延续了王锷对其版本的考证，结合《年谱》《行状》等考证了《纂言》的成书时间在至顺年间，并阐述了改编后四部分的内容以及编撰体例，可谓目前为

① （清）黄宗羲著、全祖望补修，陈金生、梁运华点校：《宋元学案》卷九二《草庐学案》，中华书局1986年版，第3037页。

② 高明：《礼学新探》，台湾学生书局1978年版，第73—74页。

③ 侯外庐、邱汉生、张岂之主编，张岂之修订：《宋明理学史》（中），西北大学出版社2018年版，第694页。

止对《礼记纂言》相对全面的研究。[①] 相对于《礼记集说》的文本研究而言，《礼记纂言》的缺憾是至今尚未有一部完备的整理本问世。

《礼记纂言》的编撰体例是学界关注的重点，魏慈德根据吴澄分割《礼记》，"通礼""丧礼""祭礼""通论"的重新编排，是延续宋学疑经改经的重要表现。[②] 王启发先生则从小处着眼，从吴澄对《丧服小记》《王制》《少仪》的改编来看吴澄《礼记纂言》的特点和重要价值。[③] 王启发认为吴澄所作《礼记纂言》收录了《礼记》中的36篇，并对其中19篇的内容进行了不同程度的调整和改变。《礼记》原本多篇中存在不同程度的错简、脱讹等现象，这是历来研究《礼记》注疏的学者所公认的问题。多数学者以经学"师法""家法"来要求，恪守"宜述古不宜标新"的祖训注解经典，但吴澄根据自己的认识和解读，通过对内在逻辑和合理性的分析对《礼记》重新编排。其中《少仪》篇吴澄以"见遗之礼""饮食之礼""通用之礼""臣下之礼"为归类标准，以类相从，对相关内容的段落文句做大幅调整，并认为通过文意和语序的重新编排，是在寻找一个合乎《礼记》竹简原本的样子[④]；而对《王制》篇而言，除了第一段并未有变化以外，吴澄以"记制爵""记制禄""记度地居民""记教士官人""记制刑明禁""记质成制用""记养老恤穷""记巡守朝聘""记田""记丧""记祭"的内容将此篇重新规划，实现了内容整体上的贯通和逻辑有序[⑤]。结合目前的研究，王启发先生认为吴澄对《礼记》的改编程度之大是毋庸置疑的，它是对"汉唐以至宋代传统经学的经典章句之学的另一种形式的推进"[⑥]，吴澄对不同的

---

① 朱娜娜：《吴澄〈礼记纂言〉的价值》，《文学教育》2013年第2期；《吴澄〈礼记纂言〉研究》，南京师范大学硕士学位论文2013年。

② 魏慈德：《元代之〈礼记〉学》，彭林主编：《经学研究论文选》，第237—252页。

③ 王启发：《元代吴澄对〈礼记〉篇章整合重缀的价值探析——以〈丧服小记〉为例》，《湖南大学学报》（社会科学版）2019年第2期；《吴澄对〈礼记·王制〉篇的改变及其意义解析》，《学海》2020年第3期；《元代吴澄〈礼记纂言〉对〈少仪〉篇改变的价值与意义解析》，《湖南大学学报》（社会科学版）2020年第4期。

④ 王启发：《元代吴澄〈礼记纂言〉对〈少仪〉篇改变的价值与意义解析》，《湖南大学学报》（社会科学版）2020年第4期。

⑤ 王启发：《吴澄对〈礼记·王制〉篇的改变及其意义解析》，《学海》2020年第3期。

⑥ 王启发：《吴澄对〈礼记·王制〉篇的改变及其意义解析》，《学海》2020年第3期。

篇章，运用不同的方式进行分类，如语音语义、同类事项等诸多标准重新划分，实现其“止就其本篇之中，科分栉剔，以类相从，俾其上下章，文义联属”①的原意，实现《礼记》内容的贯通，方便后世的解读。正是在这样的考量下，王启发先生认为吴澄的改编“绝非肆意而为和无的放矢”，从更高的层面看到对经学文献的褒贬，实际是上“一种面对传世经典应该如何如何的经学态度”②。

除了关于《礼记纂言》改编方式的研究外，从其思想内涵的视角看《礼记纂言》的特点也是学界研究的重点。方旭东、孙美贞皆认为吴澄的经学属于理学经学，是延续宋代经学思想，尤其是朱子经学观的产物，它突破了汉唐训诂经学的藩篱，以义理解经的方式著书立说。③吴澄站在理学的立场上疏解“六经”，其中《礼记纂言》中的“澄按”正是吴澄“以己意解经”的重要证据。而朱娜娜则在其基础上进一步论证，指出吴澄虽以完成朱子未竟事业，但是并非绝对盲从，她从《礼记纂言》的编排内容中总结出吴澄对郑玄、孔颖达数百处的引论，以此证明吴澄对郑《注》、孔《疏》的吸收和借鉴，而在内容对比中看到吴澄亦有大量名物训诂，由此论定吴澄的《礼记纂言》并未囿于朱子门户，而是博采众家，不拘汉宋，在此基础上形成自己独到的见解，奠定他在经学史上以及《礼记》学史上的重要地位。④

四　元代《礼记》学研究展望

重新审视“三礼”在中国传统文化中的重要地位后，《礼记》学研究也逐渐成为学界研究的热点，对元代经学与《礼记》学的认知也逐渐摆脱了皮锡瑞所谓“积衰时代”的定位，研究逐渐升温。就目前的研究来说，元代《礼记》学著作的存佚情况在王锷等诸位先生的努力

① （元）吴澄：《礼记纂言》卷首《原序》，文渊阁四库全书本。

② 王启发：《元代吴澄对〈礼记〉篇章整合重缀的价值探析——以〈丧服小记〉为例》，《湖南大学学报》（社会科学版）2019年第2期。

③ 方旭东：《尊德性与道问学——吴澄哲学思想研究》，人民出版社2005年版，第181页；孙美贞：《吴澄理学思想研究》，中国社会科学院研究生院博士学位论文，2000年。

④ 朱娜娜：《吴澄〈礼记纂言〉研究》，南京师范大学硕士学位论文，2013年。

下已经非常明晰，为学界研究元代《礼记》学奠定了坚实的基础。而就存世的两部《礼记》学著作：陈澔《礼记集说》以及吴澄《礼记纂言》而言[①]，无论是对其内容、编撰体例以及思想内涵，相较之前都有了长足的进步。然而与宋明《礼记》学研究相比，元代《礼记》学仍有可探索的空间。

首先，相对于宋代文献典籍的整理数量来言，元代更多的典籍未受到足够的重视。就元代《礼记》学存世的两部来说，《礼记集说》相对较好，已经有两部成型的整理本问世，《儒藏》精华编第55册收录了虎维铎点校本，无论是版本选取还是校勘程度都较后出的万久富整理本精良，但是由于受限于《儒藏》整体安排的原因，也有不足之处。与之相对的《礼记纂言》却遭到忽视，至今未有精良的整理本问世。在版本得到清晰考证、存世书籍可查阅的情况下，元代《礼记》学最基础的研究工作应该围绕两本存世著作的整理工作展开，精良完备的整理本出现，能够进一步推进元代《礼记》学的研究步伐。

其次，《礼记集说》与《礼记纂言》为同一时代的作品，而目前学界的研究多数将其分开单列，仅有朱娜娜在其文章中将两书做以对比，但也仅从两书的“繁”“简”对比中推断吴澄阐述经文的烦琐方式是其门庭冷落的重要原因，对其他层面却较少论及。以致诸如《礼记集说》非议颇多却能位列学官，而《礼记纂言》评价较高却门庭冷落；为何二人都继承宋代疑经改经以及朱子礼学观，编纂内容一人固守经文、一人大力发挥己意，内涵千差万别？这些元代礼学的基本问题都未能得到圆满解决。仅存的两部元代《礼记》学作品的横向对比研究，是目前研究的重点之一，结合人物生平、社会背景等方面，对两者注疏方式、编撰体例、受众群体、评价等诸多层面的异同深入研究，更完备地总结出元代《礼记》学的特点。

再次，关于元代《礼记》学的定位，学界认为其是在理学发展的大背景下开展的，承袭了宋人疑经改经的精神，是朱子礼学观的延续，

---

① 王锷：《三礼研究论著提要》中存吴澄《月令七十二候集解》一卷，王启发结合四库馆臣对其考证认为此书为托名吴澄而得以流传。参见王启发《吴澄的礼学著述及相关问题》，《湖南大学学报》（社会科学版）2017年第2期。

并成为研究的主流内容。但是作为经学史上的一个环节，元代《礼记》学必定有着承上启下的作用，目前的研究中也仅有少数文章结合明清以后《礼记训纂》（朱彬）等著作做对比，来阐述元代《礼记》注疏的重要价值。《礼记集说》被封为科举圭臬数百年，影响不可谓不深远，它对胡广修订《五经大全》的影响，对乾隆修订《礼记义疏》的影响，甚至是对乾嘉之学的影响都是非常大的。所以元代《礼记》学的研究中不仅要重视其对汉唐章句之学、宋明仪礼之学的吸收和改造，同时也要延展研究其对后世经学发展的影响和价值所在。探究元代《礼记》学在整个《礼记》学发展史及其在经学史上的地位和价值。

孟子动物伦理探析

——从“以羊易牛”事件说起

刘　怡

（西北大学　中国思想文化研究所）

摘　要：“以羊易牛”事件充分反映出感觉、生命、仁心在儒家动物伦理中的作用。先秦儒家注重感觉的催化作用，但并没有像动物解放论者一样将感觉作功利主义的计算，注重珍爱动物的生命，不同于敬畏生命伦理学将生命置于至上的地位，也不同于动物权利论者将生命意识视为动物权利的源泉。孟子仁民爱物的思想注重从仁心的角度，感知动物的情感变化，从而重视动物的生命，以培养和扩充仁心，这类似于“残酷—仁慈”论。“爱物”思想正是将此仁心扩展至动物世界的逻辑推演。“仁民爱物”既拓展了伦理关怀的范围，又为利用动物提供了理论基础，成为“忍得”的依据。如何妥善处理好人与动物的关系，既强调动物的天赋价值，又发挥儒家“爱物”的思想，是儒家生态伦理应当着力解决的问题之一。

关键词：以羊易牛；仁心；动物解放；动物权利；仁民爱物

如何妥善处理人与动物的关系，是当今生态文明建设的重要议题。儒家思想中蕴藏着丰富的动物伦理思想，探讨儒家文明中的动物问题，对于思考人与动物的关系具有重要的借鉴意义。其中，孟子“仁民爱物”的道德伦理是儒家动物伦理的重要内容。众多学者对孟子“仁民爱物”的思想予以了极高的评价。如史怀泽曾说：“在中国和印度思想中，人对动物的责任具有比在欧洲哲学中大得多的地位。属于孔子学派的中国哲学家孟子，就以感人的语言谈到了对动物的同情。”① 罗泰勒在《儒家视野中的动物与人》一文中认为孟子仁爱他人与关爱动物的原则是一致的，都是人类拥有一颗无法承受他人痛苦的仁心，这种同情心与边沁所呼吁的承认他人的苦难相对应，其伦理关怀的范围不仅包括人类，而且还包括其他有情众生的生命。② 乔清举认为儒家仁及禽兽的观念促进了儒家道德共同体的形成。③ 白彤东认为儒家出于同情心而主张人类对动物负有道德义务。④ 王丽梅认为君子不忍杀生体现出对动物生命权利的尊重和保护，这是孟子王道政治的理论基石，也是“动物权利论”的最早萌芽。⑤ 也有不少学者指出“仁民爱物”的道德差异，这种有差等的爱是一种“贵人贱畜”的道德阶梯论⑥。方旭东充分讨论了孟子有关“以羊易牛”的辩护过程，并认为孟子以“仁术”开启了儒家有关杀生的辩护。⑦ 众多学者对孟子的动物伦理做了详细考察，特别是对“仁民爱物”的思想进行了较为全面的分析，既指出“仁民爱物”对动物关怀的道德地位，也指出这种差等性伦理的实质。但是，这种动物关怀的依据和地位是怎样确立的，仍然有待进一步论述。本文试图从“以羊易牛”事件出发，着重探索感觉、生命、仁心

---

① ［法］史怀泽著，［德］贝尔编：《敬畏生命》，陈泽环译，上海社会科学院出版社1995年版，第72页。

② Rodney L. Taylor, *Of Animals and Men: The Confucian Perspective, Tom Regan: Animal Sacrifices: Religious Perspectives on the Use of Animal Science*, Philadelphia: Temple University Press, 1986.

③ 乔清举：《儒家生态思想通论》，北京大学出版社2013年版，第17—20页。

④ 白彤东：《儒家的动物权观念》，白彤东：《旧邦新命——古今中西参照下的古典儒家政治哲学》，北京大学出版社2009年版，第85—94页。

⑤ 王丽梅、贾福闯：《“君子远庖厨”的生态社会意蕴》，《自然辩证法研究》2017年第3期。

⑥ 张云飞：《中国儒道哲学的生态伦理学阐述》，徐嵩龄主编：《环境伦理学进展——评论与阐释》，社会科学文献出版社1999年版，第260—265页。

⑦ 方旭东：《为何儒家不禁止杀生——从孟子的辩护谈起》，《哲学动态》2011年第10期。

在仁民爱物思想中的作用，解析动物伦理奠定的理论基础，以进一步明确动物伦理在孟子思想体系中的地位与重要作用。

一 “以羊易牛”的伦理困境

毫无疑问，动物在中国古代社会中占据着重要的地位。它们是满足人类社会生活的重要物资来源，是推动人类进步的重要动力资源，是实现贸易交流的重要商品，还是实现礼仪生活的重要载体。[①]同时，动物和人类一样都是“血气之属”，都是有血有肉、有知觉、有情感、有意识的生命体。动物并非无知觉的物体，更不是没有感觉的机器。郭店楚简《语丛一》有云：“凡有血气者，皆有喜有怒，有慎有庄。其体有容，有色有声，有嗅有味，有气有志。”“血气之属”既具有体容身色味的感知器官，又具备喜、怒、慎、庄的感情因素，是集生理与心理特征于一体的物种。先秦儒家不仅将动物视为一种自然资源，而且也视其为活泼泼的生命。正是这种生命特征，使儒家在用物与爱物之际，面临着诸多伦理困境。在“以羊易牛”的事件中，孟子就谈到如何化解这样的道德困境，既要充分利用动物资源，同时又要珍爱动物生命。《孟子·梁惠王上》载：

> 王坐于堂上，有牵牛而过堂下者，王见之曰：“牛何之？”对曰：“将以衅钟。”王曰：“舍之！吾不忍其觳觫，若无罪而就死地。”对曰：“然则废衅钟与？”曰：“何可废也？以羊易之！”

在这次“以羊易牛”的事件中，本来是作为祭祀牺牲的牛因其觳觫之情而受到齐宣王的怜爱，最终被齐宣王解救，但与之相反的是，羊替代牛成为献祭的牺牲。牛得到了解救，羊却成了牺牲。这样就产生了一个重大的伦理悖论：儒家的仁心能够解救牛，使其免于成为祭

① 有关动物使用价值的情况，参见乔清举《儒家生态思想通论》，北京大学出版社2013年版，第59—64页。

祀的牺牲，却为何不能继续拯救羊，使其避免成为无辜的牺牲品？这似乎造成了一种假象，既是仁心的萌动造成了牛的解救，也是仁心的缺失造成了羊的牺牲。这种悖论是否能够成立？换言之，仁心在处理这种事件中，具有什么样的作用？仁心是如何处理人与动物、祭祀伦理与社会伦理的矛盾？我们也可以将儒家面临的困境进一步归约为仁爱的道德机制在孟子动物伦理中具有什么样的作用和影响？

详细考察“以羊易牛”事件，我们可以发现，有三个因素是值得注意的：一是感觉，二是生命，三是仁心。牛具有感知痛苦的能力，特别是在面临死亡时，能够流露出惊恐的表情。这种感觉能力，是牛能够表达自己内心恐惧之情的重要条件，也是展现它作为生命个体的重要条件。正是这种惊恐的表情使齐宣王意识到牛是有感知痛苦能力的“血气之属”，是一个活泼泼的生命个体。齐宣王因感受到生命的力量，才会仁心萌动，解救了此牛。可见，感觉是传递生命的信息，生命是促进仁心萌动的条件，仁心是解救牛的根本动因，三者环环相扣，缺一不可。不过，反过来，我们又能看到相反的情况，羊也是能够感受痛苦的生命体，但齐宣王似乎没有预见到羊的痛苦，而是直接将其作为了献祭的牺牲。儒家的仁爱机制何以能够造成两种不同的结局？为解决这样的困境，我们需要详细考察感觉、生命、仁心在这次事件中，具体起到了什么样的作用？

二　感觉：解救还是解放？

既然牛面临死亡时的惊恐感觉是触动齐宣王仁心的钥匙，那么，我们不妨来考察一下，感觉在“以羊易牛”事件中所起的具体作用，考察儒家的动物伦理是否以感知痛苦来作为评判动物价值的起点？

无论是从常识还是从现代生物学知识来看，动物都是能够感受到痛苦的生命体。正因为动物的这种生命特征，容易使人们相信毫无理由地伤害动物是不道德的行为。第一个正式将道德关怀推向非人类世界的哲学家当推边沁。他感叹地说道：人类终究有一天会承认“腿的数目、皮毛状况或骶骨下部的状况同样不足以将一种有感觉的存在物弃之于同样的命运？还有什么别的构成那不可逾越的界限？是理性思考能力？或者，也许是交谈能力？”[①] 理性与语言能力并不是区别对待人类与动物的根本依据，而感知痛苦的能力却是双方共通的基础。因此，边沁认为需要在道德上充分考虑动物的痛苦。在边沁功利主义哲学的影响下，辛格进一步提出了动物解放的理论。动物解放论将感受痛苦和享受快乐的能力作为生命个体具有利益的充分必要条件，也是获得道德关怀的充分必要条件。“在考虑生命个体的利益时，不管这些利益是什么，按平等原则必须把基本要素扩大到所有的生命个体，无论是黑人或白人，男人或女人，还是人或非人类动物。”[②] “如果一个生命感受到痛苦，道德上便没有理由拒绝考虑这个痛苦。不论这个生命的天性如何，只要大致可以作比较，平等的原则要求把他的痛苦与任何其他生命的相似的痛苦平等地加以考虑。”（《动物解放》，第 9 页）动物和人一样，具有感知痛苦和享受快乐的能力，因此我们也需要平等考虑（而非平等对待）动物的利益，将动物的感受能力作为道德计算的重要因素，那种认为动物的利益没有人类重要的想法，在道德上是错误的。

按照动物解放论的思路，牛与羊都能感受到痛苦，在道德地位上，与人一样都应当受到平等地考虑。人们为了祭祀的利益需要而将牛或羊视为祭祀的牺牲品，并没有平等地考虑牛羊的利益，无疑侵犯了它们的生命利益，毁灭了它们继续生活下去的愿望，这在道德上是不合理的。在“以羊易牛”的过程中，齐宣王看到了牛的痛苦之情，却忽视了羊的痛苦，没有将羊的痛苦考虑在内，这在道德上是不合理的。即使是在未见的情况下，我们也应当将羊的痛苦考虑在内。可以说，“以羊易牛”违背了平等对待的原则。当然，我们也可以从功利主义原则出发，将“以羊易牛”理解为牛的生命与羊的生命之间的抉择，事实上，这涉及对不同生命的价值对比。“一般而言，一种生命的知觉越发达，自我意识和理性程度越高，可能经验的范围越广，这种生命

① ［英］边沁：《道德与立法原理导论》，时殷弘译，商务印书馆 2000 年版，第 34—349 页。

② ［美］彼得·辛格：《动物解放》，祖述宪译，青岛出版社 2004 年版，第 6 页。

就越是可取（如果要在它与另一种较低层次意识的生命之间做选择的话）。”[①] 不过，辛格也承认对不同生命的价值进行高低顺序的排列比较困难，他也无意于对此序列进行量化。我们确实很难区分牛、羊生命价值的高低。但在百姓看来，牛的体型远远大于羊的体型，牛带来的经济效益应当高于羊，其重要性自然高于羊。按照这种思路，齐宣王“以羊易牛”正好体现出对牛的生命价值的爱惜，是故百姓才会讥笑他是“以小易大”。这当然不会得到齐宣王的认可。他当即反驳道：“齐国虽褊小，吾何爱一牛？”以齐国的物力来看，一头牛、一头羊根本微不足道。齐宣王没有必要从经济效用的角度计算牛与羊的利益大小。

如果说辛格是从感受性来谈论动物的道德地位，强调动物的感受性是它们具有道德地位的充要条件，并从功利主义的角度出发，将生命体感受到的痛苦和快乐作为计算利益的标准，那么，孟子同样从感受性出发，强调动物的感受性能激发人类的仁心，并从动机论的角度肯定人类应当按照仁心而关爱、同情动物。在仁心道德的领域内，牛、羊的实际价值并不具备可比性，“以羊易牛”或以彼牛易此牛，甚至于以牛易羊，均应构成同等的效果。孟子恰恰看出这种仁心的实质，故而评论道“王若隐其无罪而就死地，则牛羊何择焉？”（《孟子·梁惠王上》）无论此物是何等物，其利益大小不应考虑在内。牛与羊的区别不是利益的差异，不是生命价值的区别，仅仅是见其恐惧痛苦之情而不忍见其死的缘故。从仁心角度考虑动物的感受能力，这种动机论的道德伦理无疑与功利主义的计算方式有重要差别，也有利于克服功利主义的缺陷。可见，齐宣王的做法明显不符合动物解放的理论，甚至于齐宣王从吝“爱”的侧面否认了这种说法。孟子“牛羊何择”的解释更是直接否认了平等考虑的思路。毋宁说“以羊易牛”包含着对动物的解放，不如说是对此牛的解救。

动物解放以功利主义为计算标准，容易陷入偏好功利主义的陷阱。“牛羊何择”的反问，无异于是对功利主义计算方式的反讽。这也是在说明，无论动物是何种形式的动物，无论其是对人类的利益攸关的重

① ［美］彼得·辛格：《实践伦理学》，刘莘译，东方出版社 2005 年版，第 108 页。

要性如何，动物本身的利益价值并不具备有可比性。对于有感受性的动物而言，它们都是活生生的生命，都是“血气之属”。对于“血气之属”，儒家认为应当慎重对待，而不应当再分门别类，计算各自的利益大小。可以说，动物的感觉能力是触动人类仁心机制的诱因，但并不是人类计算和考量动物利益的决定性因素。

三　仁心与敬畏生命、动物权利的比照

儒家对“血气之属”的重视，内在地包含着对动物生命价值的重视。“君子远庖厨，凡有血气之类，弗身践也。”（《礼记·玉藻》）家禽家畜虽然是人们餐桌上的重要食材，但它们都属于“血气之属”，都是活生生的生命个体。宰杀生命于君子有所不忍心，因此君子应当回避这一过程，不亲身践行这一过程。君子之“远”的态度，从侧面表明了君子对生命的重视。这类似于一种敬畏生命的伦理学。无怪乎施韦泽会盛赞孟子对动物饱含深刻的同情心。其实两者确实有共通的理论基点，都是基于人类的同情心而逐步产生的对动物的关怀。

敬畏生命的伦理学以生命至上为原则，否定残忍对待动物的行为。施韦泽强调“真正伦理的人认为，一切生命都是神圣的，包括那些从人的立场来看显得低级的生命也是如此，只是在具体情况和必然性的强制下，他才会作出区别。即他处于这种境况，为了保存其他生命，他必须决定牺牲哪些生命。在这种具体决定中，他意识到自己行为的主观和随意性质，并承担起对被牺牲的生命的责任”[①]。敬畏生命的伦理学强调人类应当虔心地敬畏生命，生命对于人而言，其本身就是值得敬畏的。这种敬畏之情不会因生命的高低贵贱而有所区别。出于对生命的敬畏之情，施韦泽尽可能地避免对生命的伤害，不论这种生命是常人所认为的“益虫”还是“害虫”，是友善的动物还是凶狠的恶兽。他甚至对蚊虫、蚂蚁等都充满着敬重与关怀。他不随意采摘花朵，以

① ［法］施韦泽：《敬畏生命——五十年来的基本论述》，陈泽环译，上海社会科学院出版社 2003 年版，第 133 页。

避害踩死昆虫，他宁愿紧密窗户，也不愿意看到飞蛾扑向灯火。[①]无疑，这种敬畏生命的伦理学是一种生物中心论的观点。

但在孟子看来，这种生命至上的原则混淆了各种不同生命个体的存在价值，特别是混淆了人与动物的本质差异。孟子虽然肯定动物的生命特征，但同时，他又认为人类与动物是两种根本不同的生命体。孟子指出："人之异于禽兽者几稀，君子存之，庶民去之。"(《孟子·离娄下》)"几希"之意表明人与禽兽之间既有相通之处，更有迥异之处，这种根本差异就在于人有仁义礼智四端之心。孟子又强调仁义礼智根植于人心中，是人内在的、固有的本性。"仁义礼智，非由外铄我也，我固有之也。"(《孟子·告子上》)"仁也者，人也。"(《孟子·尽心下》)"仁，人心也。"(《孟子·告子上》)仁被定义为人心的实质内容，人人都有且唯独人才有的本质属性，失去此仁心就会失去为人的资格，最终沦落为禽兽。概言之，人有四端之心，而动物却是无仁无义只懂得依靠本能生活的物体。人与动物的差异既是一种物种上的差异，更是一种本质上的区别。这种物种和道德属性方面的差异，在一定程度上影响了人类与动物在道德上的联系程度，也使儒家不同于敬畏生命伦理学那种生物中心主义的观点。儒家虽然同情和珍惜生命，但并没有将此视为绝对性的原则，没有出于生命至上的原则而轻易地产生敬畏生命、爱惜生命的伦理，也不会因痛惜动物的生命价值而轻易地否定人类社会的必要需求，如食肉、动物献祭等，也没有因此而造成同情心泛滥，珍爱一切的动物，如苍蝇、蚊子之类。也许在孟子眼里，他无法"见"到蚊虫的痛苦，因而也就不存在仁心拓展的可能。在儒家眼中，人与动物道德地位的不同，决定了他（它）们所获得的道德待遇必然不同，即使是在不同动物之间，也会因其地位的不同而可能享有不同的待遇。

除了对生命的敬畏之外，我们还需要注意到一点，作为生命的个体，动物是有生活意愿的，它们也是生活的主体。无论是对人还是对

① ［法］阿尔贝特·施韦泽：《对生命的敬畏　阿尔贝特·施韦泽自述》，陈泽环译，上海人民出版社2007年版，第175页。

非人类生物而言，生活主体的意愿都有受到尊重的客观要求。牛的觳觫之情表明动物意识到死亡的降临，这不仅是痛苦的前兆，也预示着生活意愿的毁灭。曾子临死前感叹道："鸟之将死，其鸣也哀。人之将死，其言也善。"（《论语·泰伯》）这是说鸟类在临死之前也能意识到生命的可悲可叹。有基于此，动物权利论者主张每一个人都是生活的主体，都具有一种天赋价值（inherent value，或译固有价值）。非人类动物与我们人类相似，也是生活的主体，也拥有天赋价值。所有拥有天赋价值的人和所有拥有天赋价值的动物都拥有获得尊重对待的平等权利。人们不应当忽视动物的天赋价值，更不应当以人类利益为标准衡量动物的价值，而应当像对待人类一样尊重动物的天赋价值，尊重它们的平等权利。"从道德上说，我们永远都不能仅仅因为在总体上个人或社会能从动物身上获利，就剥夺任何动物的生命，侵犯和伤害它们的身体，或限制它们的自由。"① 如果按照动物权利的理论，牛和羊都是生活的主体，都拥有不可替代的和均一化的天赋价值，它们应当平等地分享相同的道德地位，都应当受到"不许入内"的标志牌保护，都应当视为一种目的本身，而不是被视为供人类驱使的工具，更不应该充当人类祭祀的牺牲。

先秦儒家强调人类能够合理地利用动物乃至屠宰动物，尤其是在祭祀仪式中，动物献祭具有无可替代的作用。先秦儒家相信动物祭品是人类向神灵表达敬畏之情的重要物品。如子贡欲将作为告朔之礼的羊撤除，但这一建议并没有得到孔子的认可："赐也，尔爱其羊，我爱其礼。"（《论语·八佾》）其实，告朔之礼在鲁文公时期就已经名存实亡，若去此羊，则此礼名实皆亡。② 孔子宁愿牺牲羊而保留一项名存实亡的礼仪，这可见，祭祀礼仪在儒家思想中的重要地位，也可见动物在祭祀中的作用从未被淘汰，其合理性似乎亦未受到质疑。孔子选择"我爱其礼"，继续维护着传统礼制的神圣性，齐宣王"何可废也"同样坚定地维系着礼制的要求。在"未见"齐宣王之前，无论是牛还

---

① ［美］汤姆·雷根，卡尔·科亨：《动物权利论争》，杨通进、江娅译，中国政法大学出版社 2005 年版，第 148 页。

② （宋）朱熹：《四书章句集注》，中华书局 2012 年版，第 66 页。

是羊或其他动物，都只是祭祀的工具。牛、羊的天赋价值并没有受到重视，甚至不在讨论的范围内。只有在牛被“见”的情况下，齐宣王仁心萌动，才意识到生命之于个体的重要性。如果我们就此认为动物的生命权利受到了保护，那无疑是只“见”到了牛的生命而忽略了羊的生命。在“以牛易羊”的过程中，牛、羊因“见”与“未见”的不同情况，一个仍然是鲜活的生命个体，一个却成了祭祀的牺牲。对于牛来说，这无疑是对生命的尊重，但对于羊来说，这非但不是正义的、仁爱的行为，反而是一种非正义的、残酷的行为。从这个角度看，动物的生命权并不占据主导地位，或者说动物的生命权让位于同情心，甚至让位于衅钟礼。儒家注重祭祀文化更甚于动物的生命，这一点即已体现出儒家对动物天赋价值的忽视。正因此，庄子才会从自然的角度，以养鸟的寓言方式，批判了儒家礼制文明的异化。如同养鸟的方式，不以鸟的方式养鸟，纵然是九韶之乐、太牢之食，也只是对其天性的毁灭。(《庄子·至乐》) 这非但不是对鸟的尊重，反而是对鸟的天赋价值的忽视。

动物权利论者从天赋价值推论出对动物生命权利的尊重，孟子从同情的角度引申出对动物的怜爱。一者侧重于动物本身具有的天赋价值，一者侧重于人内在的心性修养。两者在理论基石上已然出现了分野，其最终的走向也是南辕北辙。权利论者侧重于对动物权利的尊重，最终在实践上走向了素食主义、废除主义，孟子则侧重于对仁心的挖掘，在实践中最终走向了关怀动物的道路。

四　仁民爱物的道德修养机制

在“以羊易牛”的事件中，齐宣王既不是出于功利主义的角度平等考虑动物的利益，也没有从个体生命的角度产生生命至上的伦理学，更没有赋予动物以权利，他只是出于同情的角度，仁心萌动才释放了牛。我们不妨再详细考察仁心在处理人与动物关系时的作用，以探索孟子动物伦理的实质。

孟子强调人们应当出于仁心而善待万物，而善待万物又有利于人性的培养。孟子曰："万物皆备于我矣。反身而诚，乐莫大焉。强恕而行，求仁莫近焉。"(《孟子·尽心上》)所谓"万物皆备于我"，即是承认万物能够深入到人的道德视域内，正如齐宣王之"见"牛的觳觫之情。从心理学上讲，万物能够引起人心的触动；从伦理学上讲，动物能够进入人类社会道德的视域中；从宇宙论上讲，物与人作为天地化育的重要一极而具有相通性，尽物也是尽己，是尽己之仁心，爱物即是爱己，是拓宽自己的仁爱之心。孟子从宇宙论、心理学、伦理学将万物纳入人心中来。这实际上是从修养论的角度将动物纳入道德考虑的范围内。这类似于"残酷—仁慈"论的说法[①]。简单来说，"残酷—仁慈论认为，我们负有仁慈地对待动物的直接义务和不残酷对待它们的直接义务。"[②]齐宣王因不忍心见到牛的痛苦而释放此牛，这是从正面来讲我们应当仁慈地对待动物，"君子远庖厨"则是从反面来讲我们应当不残酷对待动物。孟子指出："苟得其养，无物不长；苟失其养，无物不消。"(《孟子·告子上》)从正面来讲，人们应当促进万物的有序生长，使万物各得其养，这是一种仁慈对待万物的原则；从反面来讲，人们应当避免损害万物生长的条件，切勿肆意践踏、虐待万物，以免造成万物人为的消亡，这是一种避免残酷虐待万物的原则。儒家从正反两方面规定了人类养育万物的职责。"残酷—仁慈"论的意义在于肯定人性修养与道德对待动物之间的密切关系，并强调人类对动物具有的道德义务。这种义务是直接指向动物本身的，而不是指向与动物有关的人类，因而是一种"直接的道德义务。"[③]这种直接的义务建立在人类仁心的基础上。

这种"残酷—仁慈"论在孟子的学说中最终发展成为"爱物"的基本原则。"君子之于物也，爱之而弗仁；于民也，仁之而弗亲。亲亲

---

① 杨通进：《儒家与当代西方环境伦理学：一个初步的比较》，《中国哲学史》2006年第1期；杨通进：《中西动物保护伦理比较论纲》，《道德与文明》2000年第4期。

② ［美］汤姆·雷根，卡尔·科亨：《动物权利论争》，杨通进、江娅译，中国政法大学出版社2005年版，第81页。

③ 杨通进：《儒家与当代西方环境伦理学：一个初步的比较》，《中国哲学史》2006年第1期。有关"直接义务"与"间接义务"的论述，参见［美］汤姆·雷根，卡尔·科亨《动物权利论争》，第51、80、81页。

而仁民，仁民而爱物。”（《孟子·尽心上》）孟子建立了亲、民、物三种不同的道德体系，三者分别是在处理血缘人伦关系、社会关系、人与万物的关系，实质上是处理人与人、人与自然关系的总原则，其中“爱物”思想侧重于探究人与万物之间的关系。从范围上讲，孟子“爱物”思想的提出，将动物纳入道德体系的框架内。伦理的关系不限于亲情人伦、社会关系，更进一步拓展到人与自然万物的关系，打破了人与自然万物之间的界限，更加密切了人与万物的直接关系。孔子积极倡导仁者“爱人”（《论语·颜渊》），大大提升了人的价值，孟子进一步高扬“爱物”，将“爱”的思想扩大到非人类世界，开启了怜爱非人类世界的路径。这是他对孔子仁爱思想的一大发展。“如果说孔子的‘爱有差等’观念尚限于在人伦之间分别亲疏，那么，孟子的仁爱等级论已经将讨论范围扩大到人之外的世界。”①从地位上讲，孟子虽然拓展了伦理道德的范围，但同时又对亲属、人民、万物提出了亲、仁、爱的不同伦理标准，三者并非一视同仁，而是依照血缘、社会、种属关系而呈现出由亲至疏、由近至远、由高至低的差等序列。范瑞平将这三种爱释为：对亲人的“亲爱”（devotional love to parents）、对民众的“仁爱”（benevolent love to people）和对动物的“惜爱”（sympathetic love to animals），他认为这三种爱代表了三种不同的情感态度，也代表了三种不同的德性：孝、仁、惜。这三种不同的爱并非只是程度上的差异，而是性质上的区别。尽管我们应该同情地惜爱动物，但这种爱不仅在分量上更需要在质量上，不同于我们对人类的爱。②这就是说，孟子所说的“爱”并非同等同质的爱，而是有差别、有分殊的“爱”。换言之，爱人与爱物是两种不同层次的爱，两种不同的德性，两者不可等同。

这种“仁民爱物”的思想，一方面扩展了伦理关怀的范围，使人与万物在仁心的关怀下得到和谐统一；另一方面又从现实的角度规定

---

① 方旭东：《为何儒家不禁止杀生——从孟子的辩护谈起》，《哲学动态》2011年第10期。

② Ruiping Fan, “*How Should We Treat Animals? A Confucian Reflection, Dao*”, 2010(9). 中译本参见范瑞平《当代儒家生命伦理学》，北京大学出版社2011年版，第340—357页。

了人与自然万物之间的不平等。正如郑家栋所言："无庸讳言，就人际关系与所谓'环境伦理'而言，儒家所注重者是人际关系；就亲情伦理与所谓'公共伦理'而言，儒家所注重者是亲情伦理。"①正是在这种差等原则下，孟子质问齐宣王"今恩足以及禽兽，而功不至于百姓者，独何与？"（《孟子·梁惠王上》）孟子虽然没有明确反对"恩及禽兽"的观念，但他强调"恩及百姓"先于"恩及禽兽"的顺序。在《孟子·滕文公下》中，孟子即引用公明仪的话，直指上层统治者的糜烂生活："庖有肥肉，廄有肥马，民有饥色，野有饿莩，此率兽而食人也。"统治者恩足以至禽兽，却不能恩及百姓的做法无异于率兽食人。在孟子看来，"爱物"甚于"仁民"，是一种混乱颠倒、黑白不分的统治，违背了仁民爱物的基本原则。再进一步，孟子甚至强调人们的正当需求应当胜于动物的需求，即使是动物的生命需求。齐宣王"不忍见其死"的仁心是释放此牛的合情做法，是"爱物"的表现，"何可废衅钟"则是处理祭祀伦理的必要措施。正是这种差序伦理，又成为"以羊易牛"的合理依据。对牛的仁慈与对羊的残酷不仅不冲突，反而在仁民爱物的差等原则下成为一种正当的、合情合理的做法。王阳明对此有独到见解："惟是道理，自有厚薄……禽兽与草木同是爱的，宰禽兽以养亲，与供祭祀，宴宾客，心又忍得。"②这种差等原则，一方面确实将非人类动物囊括到道德视野内；另一方面又恰恰成了人们"忍心"利用、杀害动物的合理依据。

动物虽然不是道德的主体，不能承担道德的责任，但它是道德的客体，也是道德关怀的对象。这种主客分离的方式，一方面将人与动物相区别，高扬人的仁义道德；另一方面，又强调人对动物负有直接的道德义务。动物虽然被排除在道德主体范围外，但并没有从道德领域内消失。儒家将人伦社会道德进一步向万物推进，这是儒家"推己"之道的必然趋势，也是其仁爱道德的必然走向。

---

① 杜维明、蒙培元、郑家栋等：《儒家与生态》，《中国哲学史》2003年第1期。

② 王阳明：《王阳明全集·传习录》，上海古籍出版社1992年版，第108页。

五 小结

动物的感知能力、心理因素、生命特征等，是触动仁心机制的重要条件，也是促使儒家重新思考人与动物关系的重要因素。孟子从培养和扩充仁心出发，提倡关怀动物，主张“爱物”的思想原则。从范围上讲，“爱物”的思想将禽兽草木等天地万物纳入到直接关怀的对象中，把关怀动物视为人的一种道德义务，拓宽了仁爱的界限，在仁心的关怀下，打破了人与动物之间的隔膜。这不仅有利于我们提升自己的人性修养，也有利于我们善待动物。从这方面来讲，孟子的动物观具有十分重要的生态意义。从依据上讲，儒家的“爱物”思想寄托于天道好生的原则。儒家强调天地生养万物，这既是人与天地万物得以生成的过程，也是天地展现其大德的价值过程，天地通过生成论而展现其重生崇德的价值观，此所谓“天地之大德曰生”(《周易·系辞下》)。作为天地化生的一员，人类应当效法天地之大德，以德配天，这既是对天道的遵循，也是合理实现人类自我价值的重要环节。以此为契机，儒家逐步提出仁爱天地万物的伦理体系，并最终发展出“民胞物与”“万物一体”的价值观。这种整体的价值观使儒家能够在天道的引导下，更加人性化的关注动物的生存状况，关心动物的生命。先秦儒家对动物的爱护，从根源上讲，是对天道好生之德的遵循，从人性上讲，则是一种仁爱之心的萌发，从物质利益上讲，则有一种“老有所依”的可持续利用的意图。

我们应当肯定先秦儒家“爱物”思想在伦理拓展方面的优越性，也应当注意到“爱物”思想往往局限于人类的视野，未能兼顾动物本身的天赋价值。先秦儒家虽然强调对生命的关注与重视，但他们并非从动物本身的利益和价值出发，更没有从生态学的角度出发，而是注重强调道德心性修养的作用。“以羊易牛”或是“君子远庖厨”，其重点都是在远离杀戮，培养仁心。对孟子而言，动物的生存状况并不是关注的焦点，仁心、仁政才是中心议题。牛的释放与羊的牺牲看似矛盾，实际上恰好证明动物的地位并没有受到特别关注。牛或羊只是引起主体怜悯之心的客观事物，孟子关注的并非客体的恐惧之情，而是客体所引起的主体的怜悯之心，这也是牛或羊是否能进入人类道德领域内的决定性因素。与其说是对牛的有意保护，倒不如说是对恻隐之心的发现、扩充。“以羊易牛”既反映出儒家关爱万物的一面，同时又显示出利用万物的一面，既强调仁慈的必要性，又肯定杀生的必然性。这种悖论反映出仁民与爱物之间的张力。“仁民爱物”的差等原则又使动物的地位往往受制于人类社会，致使动物伦理依附于社会伦理。如何既能够从动物的角度关注动物的天赋价值、珍爱动物的生命价值，又能从人的角度提升人性修养，进一步扩充仁心、关爱动物，既合理又合情地处理人与动物的关系，或许这是儒家在生态文明建设中需要进一步解决的问题。

试论春秋时期官吏制度的改革与突破

周晓敏
（西北大学 中国思想文化研究所）

摘　要： 春秋时期，为了有效地应对愈加复杂的社会分工以及社会发展所带来的问题，政府的职能随之增加，进而也对官吏提出了新的要求。西周以来所实行的以血缘亲属亲疏关系为基础的官吏制度的种种缺陷暴露出来，成为社会进一步发展的阻碍。在此背景下，春秋时期各国的官吏制度均有所革新，这主要表现在三个方面：地方官制的变化，选任官吏标准的变化——从血缘亲疏到能力的转变，以及家臣制度的完善与新型官僚的出现。春秋时期官吏制度的改革与突破对社会造成了巨大的影响，虽然没有推翻根深蒂固的宗法分封，世卿世禄仍然是春秋时期官吏选用的主流，但为战国时期郡县制的普遍确立、士人势力的崛起以及中央集权下新官僚体系的形成打下了坚实的基础。

关键词： 宗法；官员；制度；革新

春秋时期对西周以来官吏制度的改革与创新是春秋时期政治构成以及社会关系变化的重要体现，学术界在论述春秋史问题时对此多有涉及，也各有偏重。综合性学术专著都是在论述春秋时期社会结构、经济、政治、文化的变革过程中，简要地提到官吏体制改革的内容。[①]有关社会阶层、郡县制、土地制度等的专门著作和论文大多是在论述所关注的核心论题时，涉及春秋时期官吏制度改革的相关内容，或者其本身所论述的主题是官吏制度改革中的一部分。[②]可以看到，有关春秋时期官吏制度改革的创新性内容并没有得到完整的论述。本文试图从春秋时期社会的发展状况出发，分析当时官吏体制革新的经济、政治以及社会关系转变等因素，再通过与西周时期官员体制的对比，来说明春秋时期官吏制度的革新之处。

一　春秋时期官吏制度改革的背景

西周时期实行的是建立在宗法分封基础上的世卿世禄制，即“王者之制禄爵，公、侯、伯、子、男，凡五等；诸侯之上大夫卿、下大夫、上士、中士、下士，凡五等”（《礼记·王制》）。统治阶层等级的划分又与其权力、社会地位及职务保持一致，所谓“天子建德，因生以赐姓，胙之土而命之氏。诸侯以字为谥，因以为族。官有世功，则有官族，邑亦如之”（《左传·隐公八年》）。周王赐予诸侯姓氏，并分封土地又赐予其族氏，诸侯以字作为谥号，他的后人又以此作为族姓，先代做官而世代有功绩，则此官名就可作为他后人的族姓，封邑亦可作为姓氏。因此，姓氏与封土爵秩是一致的，“官有世功”与以官名为姓也证明了世卿世禄的存在。如虢季氏家族世代为“师”、微氏家族世代为“史”[③]。在考古资料中，彝铭之册命里多有“司乃祖考事”的记录，即命其承袭其父祖职事，这也为西周时期实行世官制提供了证

① 例如顾德融、朱顺龙所著《春秋史》（上海人民出版社 2001 年版）、李瑞兰所著的《春秋战国时代的历史变迁》（天津古籍出版社 1994 年版）、许倬云的《中国古代社会史论——春秋战国时期的社会流动》（广西师范大学出版社 2006 年版）以及晁福林的《春秋战国时代的社会变迁》（商务印书馆 2011 年版）等。

② 例如阎步克所著《士大夫政治演生史稿》（北京大学出版社 1996 年版）、刘泽华《先秦士人与社会》（天津人民出版社 2004 年版）、王燕：《“出奔”现象与春秋社会变动》（《燕山大学学报》2009 年第 3 期）、谢乃和：《试论春秋时期的家臣职官系统及其直司》（《史学集刊》2008 年第 4 期）等。

③ 杨宽：《西周史》，上海人民出版社 2003 年版，第 74 页。

据。[①] 所以童书业说"既有世族，必有世禄世官，无待多言矣"[②]。春秋时期，生产力的发展推动了生产方式的变化，社会分工日趋复杂，社会组织方式开始发生变化，社会阶层的固有模式被打破，西周以来的宗法分封再也无法满足当前社会的需要了。

1. 从经济发展引起上层建筑改变的角度来看

春秋时期生产力的发展使社会分工日益复杂，这造成了建立在生产方式之上的行政体系的变动。为了有效地应对愈加复杂的社会分工以及社会发展所带来的诸多问题，政府的职能也随之增加，进而对官吏提出了新的要求。首先，生产力的发展使得个体逐渐取代集体而成为农耕的主力，建立在井田制基础上的集体劳作的组织模式不再适应社会的发展，"前此之农民，直接被治于领主，纯属领主之私人臣仆，今则被治于国家之官府，渐有国家人民之性质矣"[③]，因此政府需要建立一个能够组织个体小农生产的行政体系。其次，生产力的发展在提高农业生产效率的同时，也造成了剩余劳动力的增加，因为同样大小的田地不再需要那么多的农民。再加上农业产量的提高与商品经济的发展引起了土地兼并现象，种种原因导致了快速增长的人口与有限的土地之间的矛盾。为了缓和矛盾，引导经济发展，合理分配劳动力以适应经济发展，革新行政体系、对官吏提出新的要求已是关键任务。

2. 从社会发展需要来看

春秋时期，血缘关系依然是社会阶层划分的重要依据，各诸侯国重要官吏的选拔多依托于大族，"内姓选于亲，外姓选于旧"(《左传·宣公十二年》)仍是春秋时期官吏选任的重要原则，即同姓中选择亲近的支系，异姓中选择世代旧臣。政治舞台上活跃的主角是如晋国的六卿、鲁国的三桓、郑国的七穆、齐国的国氏与陈氏等这样的世家大族，他们无不拥有大片的封地、大量的人口以及雄厚的实力。因此，想要国家安定，就必须先安抚好大族，即所谓"安定国家，必大焉先"(《左传·襄公三十一年》)。而大族要维持国中的影响力，就要以官位、封

---

① 陈汉平:《西周册命制度研究》，学林出版社 1986 年版，第 297—298 页。

② 童书业:《春秋左传研究》，中华书局 2006 年版，第 147 页。

③ 李剑农:《先秦两汉经济史稿》，生活·读书·新知三联书店 1957 年版，第 83 页。

邑为庇护，如子产曾说“官大邑，身之所庇也”（《左传·襄公三十年》），反之，“弃官则族无所庇”（《左传·文公十六年》），失去官爵就失去了庇护族人的能力。

但是，随着各国之间邦交往来的密切与战争的频繁，商品经济的发展，社会分工的多样化以及中央集权的必然趋势，以“亲亲”为主要原则的选拔任用官吏的制度日渐显露出弊端。首先，以血缘划定选拔官员不仅使人才来源范围狭隘，还阻塞了下层人才向上流动的道路。其次，造成世家大族把持朝政的局面，导致公室衰微，且“政出多门”也成为集中权力的阻碍。最后，使得官吏的组成良莠不齐，荀子曾对此提出批判：“先祖当贤，后世子孙必显，行虽如桀纣，列从必尊，此以世举贤也。虽欲无乱，得乎哉？”（《荀子·君子》）后世子孙如果仅仅是凭借祖上的功劳便能身居高位，则德行如桀纣，世人也必须尊敬屈服，这就必然会造成社会的混乱。

3. 从春秋时期社会关系的变化来看

各方势力对利益的争夺打乱了西周以来固化的社会阶层结构，表现之一就是“出奔”现象，即“少数贵族由于种种原因脱离本家族，出亡到其他国家或投入到私家的行为”①。对财产的争夺使得卿族之间、卿族与公室之间矛盾加剧，《左传》一书中就有许多“分其室”“取其室”“兼其室”的记载。譬如鲁成公七年（公元前584），楚共王即位后，“子重、子反杀巫臣之族子阎、子荡及清尹弗忌及襄老之子黑要，而分其室。子重取子阎之室，使沈尹与王子罢分子荡之室，子反取黑要与清尹之室”（《左传·成公七年》），子重夺得子阎的家产，并让沈尹和王子罢瓜分子荡的家产，子反则取得黑要和清尹弗忌的家产。落败的卿族丧失了立足的资本，族人也因失去庇佑不得不另寻出路。“出奔”的贵族们或是流亡其他国家，作为异姓士大夫重新入仕，比如孔子的祖辈均为宋国贵族，孔子父亲叔梁纥为躲避宋国战乱逃到鲁国而为陬邑大夫（《史记·孔子世家》）；或是以“委质为臣”的形式投奔到其他卿家出任家臣，“委质”即进献礼物以表臣服与忠心。

---

① 王燕：《“出奔”现象与春秋社会变动》，《燕山大学学报》2009年第3期。

在西周时期，家臣是指管理卿大夫家政的私家臣属，出任者为最底层的贵族——士。[1]在宗法等级制中，每一级的贵族都有其效忠的主要对象，即所谓“王臣公，公臣大夫，大夫臣士”（《左传·昭公七年》）。自西周以来就有“委质为臣，无有二心。委质而策死”（《国语·晋语九》）的家臣准则，只效命于所依附的主君，至死不渝。如鲁襄公二十五年（公元前548），齐庄公被大臣崔杼设计围困，向崔杼的甲士请求免死或在宗庙里自杀，崔氏的家臣则表示不会听从崔杼以外第二人的命令。又如《晋语》记载，晋国栾盈出奔到楚国，晋国的执政范宣子下令栾氏的家臣不得随从，否则一律杀戮且陈尸示众。栾氏的家臣辛俞追随栾氏时被抓，晋平公问他为何触犯禁令，辛俞回答说他家从祖父开始，世代皆属于栾氏，因此已把其作为国君看待，侍奉国君就当不惜以死殉职，事奉主人就当勤勉尽责。

需要处理的事务日渐繁杂，使得春秋时期卿大夫普遍设置了家朝，即卿大夫与家臣管理家政的地方。西周时，卿大夫“官事相兼”，家臣职务分工不明确，但职能分工与处事方式皆类似于国家机构。康子有云：“天子及诸侯合民事于外朝，合神事于内朝；自卿以下，合官职于外朝，合家事于内朝……上下同之”（《国语·鲁语下》），天子及诸侯外朝处理百姓之事，内朝处理祭祀之事；卿大夫治下也分内外朝，履行职能、处理国事是在外朝，而处理家族事务则在内朝。春秋以来，随着社会阶层的打乱以及卿族权力的膨胀，家臣制度也随之发生变化。

凡此种种，都使改革官吏的选拔及任用机制变得刻不容缓。春秋时期很多国家顺应潮流作出了改变，具体表现在三个方面：即地方官制的改革、选官标准的变化，以及家臣制度的革新与新型官僚的出现。

---

① 可参见许倬云《春秋战国间的社会变动》，选自《求古编》（商务印书馆2014年版）以及王长华《春秋战国士人与政治·绪论》（河北教育出版社2007年版，第3页）。

二　春秋时期官吏制度的革新

（一）地方官制的改革与军功爵禄的初现

频繁的吞并战争、大量荒地的开垦以及军事需要，使县、郡制——一种新的地方管理组织形式发展起来，与分封制截然不同的地方官员体系也随之建立。县、郡的设立以楚、晋两国为典型。楚国主要是灭国置县，县作为边境军事重镇，受楚王的直接管辖。晋国最初也是将边地置县，且多是对有功者的赏赐，如鲁僖公三十三年（公元前627），晋国在箕地击败狄军后，晋襄公将先茅之县赏给了胥臣（《左传·僖公三十三年》）。一方面，县、郡最初设置时被赋予的主要是军事职能，在防御敌国进犯及屯兵、扩充军队方面有重要的战略意义；另一方面，县、郡也被作为对投奔而来或是有军功之人的赏赐，说明军功爵禄的实行已初显征兆。史载，晋文公流亡归国之后，以封邑、爵禄作为对有功之臣的奖赏（《史记·晋世家》）。鲁僖公二十七年，晋文公"作执秩以正其官"（《左传·僖公二十七年》），即设立掌管爵位封赏的官员，可见以功劳来换取爵禄在晋国已然制度化。

关于地方官员名称，各国所称不一。楚国一县之长称作公，也称为尹；晋国一县之长则称作大夫，亦称作守，除此之外还有县师、舆尉等属官。作为坐镇一方的重要官员，县、郡的官长掌握着一县的军事力量，受执政者的直接领导，且兼管文武之政。担任一县之长的人，最初皆是出自卿贵，这是春秋时期血缘关系依然起着维系社会秩序的体现。但随着县、郡数量的增多、职能的增加以及作用的愈加重要，官吏的能力变得比血缘关系更为重要，尤其是晋国，"在任官上，已有尊贤尚功之风"[①]，这是选贤任能的体现。

除此之外，县郡的官员虽然也有世代相传的现象，但世袭已经不是通则，如春秋后期，魏献子在晋国执政时，"分祁氏之田以为七县，分羊舌氏之田以为三县"（《左传·昭公二十八年》）。把祁氏和羊舌氏

① 顾德融、朱顺龙：《春秋史》，上海人民出版社2001年版，第281页。

的土地分为十个县，并分派十人为县大夫管理各县，“这些县的大夫其所管理的‘县’，已经和原来贵族的封邑有了一定区别，较多地具有了地方官员的性质”[①]。且十人之中有两人是因为有功于王室，有四人虽为卿的庶子，但是不失职且能保守家业，另外四人则是由于贤能被提拔。可见，到春秋后期，不仅县的设置成为普遍现象，且功绩和才能逐渐取代血缘成为选任地方官吏的重要依据，叠层式的中央—地方官员体系已初见端倪。

（二）社会对官吏能力的偏重

社会分工的复杂化与专业化以及利益争夺的激烈化，使得执政者们对官吏才能的要求也随之提高。郑国子产在执政时，便“择能而使之”，他曾说：“侨闻学而后入政，未闻以政学者也。若果行此，必有所害。譬如田猎，射御贯则能获禽，若未尝登车射御，则败绩厌覆是惧，何暇思获？”（《左传·襄公三十一年》）他以熟悉射箭驾车才能打猎为例，指明只有通过学习，才能处理政事，可见，能力对于从政的重要性。长时间实行的世卿世禄制使社会的阶层固化，造成在位者不思进取，人才凋零的困境。曹刿曾言“肉食者鄙，未能远谋”（《左传·庄公十年》），在曹刿看来，贵族们多为目光短浅之人。

因而，执政者们为了自己的利益，脱离无人可用的窘境，开始大量地招揽人才，上文所提到的“出奔”者，成为春秋以来官吏的主要来源之一。声子曾言：“虽楚有材，晋实用之”（《左传·襄公二十六年》），即楚国虽有人才，但实际上被晋国所使用。执政者对人才的渴望也使举荐成为常事，所谓“外举不弃仇，内举不失亲”（《左传·襄公二十一年》），因为无论宗族外的仇人还是宗族内的亲人，只要是人才，祁大夫都会举荐，所以他才被为“觉者”，即正直的人。公元前627年，“晋侯败狄于箕，郤缺获白狄子”，晋国将领郤缺立下军功，因他为胥臣所荐，为奖励胥臣举荐之功，晋襄公将先茅之县赏封给胥臣，然后再升郤缺为卿，并授予冀地（《左传·僖

① 晁福林：《春秋战国的社会变迁》，商务印书馆2011年版，第646页。

公三十三年》)。由此观之,晋国不仅奖励军功,而且还鼓励举荐的行为。虽然“举荐制中,多是贵族间举荐”[①],但一些开明的执政者也不乏打破固有的社会阶层,不拘一格招揽人才之举。子谷曾以楚武王重用鄀国俘虏观丁父、楚文王选任申国俘虏彭仲爽为例,说明人才不分贵贱都应委以重任,两人后来的丰功伟业也证明了他们能够胜任(《左传·哀公十七年》)。鲁文公六年,赵盾在晋国推行“常法”(《左传·文公六年》),其中一条便是“出滞淹”,即招揽民间的贤能之人,授予官爵。

到了春秋、战国之际,有才之人不论社会地位高低、贵贱都应得到重用的观点已被大多数人所接受,正如《墨子·尚贤上》所说:“虽有农与工肆之人,有能则举之,高予之爵,重予之禄,任之以事,断予之令”,官员的任免是根据其才能而不是社会地位,有能力的人就应该委以重任,且被授予高官厚禄。

(三)家臣制度的革新与新型官僚的出现

随着春秋以来周王室与各国公室的衰落,卿族的崛起,效命于卿大夫的家臣组织也愈渐完备,不仅职官数量增多,分工也更加细化,因家事和私邑的不同而分为家朝和邑朝的两套管理体系,“除了掌管全部家政与采邑事务的家宰和邑宰外,还涵盖了掌管祭祀礼仪的宗、祝、卜、史等家臣;掌管军事的司马、车右、御驺、差车等家臣;掌管经济的委吏、乘田、虞人、贾正等家臣;掌管家主生活的竖、饔人、阍人、寺人等家臣”[②]。据考古文献考证,古代很多官职名称都是春秋时期才出现的,证明了家臣组织已发展到职事不用兼任的程度。

随着各国卿族掌握实权以及家臣的完备化和制度化,家朝的地位也重要起来,《左传·昭公五年》载“昭子即位,朝其家众”,叔孙昭子继位,便召见所属家臣,《论语·子路》载:“冉子退朝,子曰:‘何晏也?’对曰:‘有政。’”朱熹注:“朝,季氏之私朝也”,可见,卿大

① 白钢主编,王宇信、杨升南著:《中国政治制度通史·第二卷先秦》,人民出版社1996年版,第483页。

② 姚晓娟:《春秋家臣设置的转变与周代权力的下移——从孔子对管仲“官事不摄”的批评谈起》,《大庆师范学院学报》2017年第1期。

夫在家朝中召见家臣处理政务已与君主无异。春秋时期家臣制度的趋于完备，也表现在策名、委质——确立主从关系的政治形式——所蕴含的契约双方关系的变动、扩展上。

到了春秋中后期，随着社会形势的变化，以往家臣从一而终效忠主君的观念也被打破，“臣一主二”（《左传·昭公十三年》）的现象屡见不鲜，而且“臣”的来源开始变得复杂。史载，季氏家臣申丰因不满家主季武子废长立幼，故“趋退，归，尽室将行”（《左传·襄公二十三年》），欲举家出走，同为季氏家臣的公冶因对季武子欺瞒国君鲁襄公的行径不满，“致其邑于季氏，而终不焉”（《左传·襄公二十九年》），将禄邑归还季武子，且终其一生不再入季氏。

家臣制的改革还体现在谷禄制的实行及以此为基础的新官僚的出现。一方面，宗法分封的延续、利益之争的频繁以及军功爵禄的兴起使春秋中后期低级贵族增多、社会阶层变动频繁。而且，由于土地是不可再生的稀缺资源，执政者可以拿来用于封赏的土地越来越少，使得传统依靠禄田生存的士阶层陷入无以为生的困境。因此，固有的社会资源分配方式被打破，谷禄取代土田成为大多数家臣的收入来源。随着执政者对权力的争夺加剧，领土面积、权力统治范围的日渐变大，宗法分封制这种松散且分化权力的管理方式已不再适应春秋时期混乱、复杂的社会形势，于是中央集权制的政府组织形式发展起来。除此之外，家臣制度的革新也与当时各方势力对人才的需求有关，社会分工的复杂化与处理社会问题手段的专业化使限于血缘关系的家臣组织日益面临无人可用的窘境，为了改变现状，开明的卿大夫们开始大量招揽凭借才学而非血统的人担任家臣，如鲁襄公二十一年（公元前562年），晋国卿大夫栾盈“好施，士多归之”（《左传·襄公二十一年》），栾盈乐善好施，引得许多士人追随，赵简子也曾有言：“吾愿得范、中行之良臣。”（《国语·晋语九》）

最终，家臣制度的革新使得主、臣双方自由的选择成为可能，家臣逐渐摆脱出身与等级的限制，这也就为战国时期建立一种有别于世卿世禄制的新职官体系奠定了基础。

三　春秋时期官吏制度革新对当时中国社会所造成的影响

军功爵禄的出现、地方官制的改革、尚贤使能的兴起以及家臣制度的完善都是官吏制度在生产力发展推动下出现的变化，顺应了当时政治从血缘关系向地缘关系发展的需要。以宗法维系的世卿世禄制逐渐被职权明确的官僚体系所取代，也反过来对社会阶层结构的调整以及社会的发展带来极大的影响。

首先，虽然春秋时期县、郡的设立及地方官制的改革最初是以军事防御、增强军队实力以及提高作战指挥效率为目的，但随着兼并土地的增多，统治范围的扩大，县、郡的设置逐渐成为常态，且军事以外的其他职能也日益完善。尤其是到了春秋晚期，县郡取代封邑、职业官员取代分封贵族，成为政治发展趋势。这就一改分封制松散的政治架构，削弱了宗族势力对地方的影响，加强了中央对地方的控制。郡县制不仅在一定程度上打破了世卿世禄对地方的垄断，也刺激了人们追求利禄的欲望。加之社会斗争的激烈所造成的社会等级升降的变动、个人对宗族的依附性减弱、社会对人才的大量需求，促使士民的独立性与自由性增强、君臣关系不再有以前那么强烈的依附性，所谓“鸟则择木，木岂能择鸟？”（《左传·哀公十一年》），臣之于君，合则留，不合则去，正如童书业先生所说“至春秋时，臣与君未必属于一族或一‘家’，异国异族之君臣关系逐渐代替同国同族之君臣关系”[①]，春秋时期异姓异族的卿大夫或家臣在各国政治活动中屡见不鲜。

其次，春秋时期官吏制度的改革也促进了士阶层的活跃和私学的兴起。宗法制的衰落、社会形势的混乱以及统治阶层的求贤若渴，使具备丰富知识的士阶层迎来了属于自身的机遇和挑战，谷禄制的实行更是为有才之人开启了上升之阶。社会等级界限的打破也促进了私学的兴起，所谓“天子失官，学在四夷”（《左传·昭公十七年》），随

---

① 童书业：《春秋左传研究》，中华书局2006年版，第244页。

着王权的式微与社会形势的混乱，才学之士流落各地，官学颓废，私学兴起成为必然。春秋时期官吏制度的改革也促成了私学的繁荣，统治阶层在打破宗法限制大量招揽才识之人之时，也出现了越来越多渴望跻身仕途的人，孔子曾感叹“三年学，不致于谷，不易得也”（《论语·泰伯》），跟他学习的人不是为了俸禄的，实在是太少了。他的弟子们，根据史料所载，其中很多人更是成为卿大夫的家臣，甚至成为国君的老师，可见，这种凭借才学入仕以换取谷禄的方式业已日渐兴起。

最后，也因该看到“终春秋之世，血缘关系与地缘关系的擅替仍未完成”[①]，世卿世禄仍然是春秋时期官吏选用的主流，如鲁宣公十七年（公元前 592），晋景公时期的中军元帅范武子士会“将老”，便对其子范文子士燮说，“余将老……尔从二三子唯敬”（《左传·宣公十七年》），范武子卸任后，其子士燮则入朝为官。由此看来，所谓的选贤任能，大多是局限于宗法血缘——这个范围之内，“亲不在外，羁不在内”（《左传·昭公十一年》），“内姓选于亲，外姓选于旧”（《左传·宣公十二年》）依然作为选任官员的关键原则被不断强调，有违背此原则的执政者甚至会被强大的宗族势力当作异端。鲁昭公七年，“单献公弃亲用羁……襄、顷之族杀献公而立成公”（《左传·昭公七年》），单献公抛开亲族而任用投奔而来的人，引起了宗族的不满，遂而被襄公、顷公的人杀死。定公二年（公元前 508），因为“周巩简公弃其子弟而好用远人”（《左传·定公元年》），巩简公任用非宗族子弟的异族客卿，导致“巩氏之群子弟贼简公”（《左传·定公二年》），被巩氏子弟刺杀。总而言之，春秋时期官吏制度的发展虽然在一定程度上保留了“亲亲”“贵贵”的宗法制选用官吏的原则，但随着社会的发展，它为更广泛的社会阶层进入政治舞台打开了大门，也为日后官僚制度的形成奠定了良好的基础。

---

① 赵世超：《周代国野制度研究》，人民出版社 2003 年版，第 199 页。

结　语

综上所述，春秋时期生产力的发展推动了社会分工的复杂化以及社会阶层的变动，同时也促使政治结构发生变化，西周以来严格的宗法等级制度出现了松动。随之而来的社会事务的复杂化促使政府职能的增加，为了处理与日渐增的社会问题，官吏的能力得到了重视。此外，诸侯、贵族们所需解决的不仅有日益频繁的战争、外交等政治活动，还面临着如何更有效地兼并和管理日渐扩大的领土问题。以血缘作为基础的世卿世禄制“不但造成一个国家‘政出多门’，更阻塞了人才的出路”①，逐渐成为春秋时期社会发展的阻碍，原有的分封制下的政府管理模式也不再适应社会发展的需要。因而，新的土地管理制度以及官吏“能力专业化与职务专业化”配合“论功升上”②成为春秋时期官吏制度改革的主要内容。

当然，旧的宗法秩序尚未崩溃，新秩序尚未完全确立，世卿世禄的贵族官制虽然走了下坡路，但还占据着主要地位；从士、庶民阶层中出现了一些官吏，“还远没有形成一个系统的、固定的制度”③。但总体来说，春秋时期官吏制度中所包含的对地方官制的改革、能力取代血缘亲疏的趋势以及家臣向新型官僚的转型等改革内容，不仅在一定程度上使宗法身份与政治身份相分离，为士、民参与政治提供了机遇，而且为以后战国时期中央集权制以及官僚制度的推行奠定了基础。

---

① 白钢主编，王宇信、杨升南著：《中国政治制度通史·第二卷先秦》，人民出版社1996年版，第482页。

② 许倬云：《求古编》，商务印书馆2014年版，第309页。

③ 晁福林：《先秦社会形态研究》，北京师范大学出版社2003年版，第425页。

“一元”性与“品级”性的统一
——董仲舒“人性论”再探讨

杨 昭
（西北大学 中国思想文化研究所）

摘 要： 前辈学人在处理董仲舒人性论时，无法兼容董仲舒人性论的两个方面：“一元”性与“品级”性，故不免顾此失彼。如果我们立足“名”的考察，可以发现，一元性指天生的普遍人性；品级性指实践中不同人的具体人性，即人性的现实多样性。两说层次不同。董仲舒的人性学说，呈现出抽象的一元人性基础之上，具体人性的不同。抽象人性方面，元之天是世界的开始，为世界提供了向善的目的因，因此人性本质向善；但天同样是阴阳之天，人性呈现为善恶两存的朴性。具体人性方面，根据对元之善禀赋的多寡，他认为现实中人分为三个等级。这三等人只是理论上实践的可能性，具体现实中的呈现，则多与所处时代有关，圣王治世多圣人，乱世则多斗筲。

关键词： 董仲舒；人性论；品级性；同一性；名；元

前 言

学人讨论董仲舒的人性论，常有顾此失彼之难。传统的观点，如侯外庐、冯友兰等都认为董仲舒是性品级说的典型代表，是封建法典化思想的缔造者。改革开放以来，学界则多以性同一说解释董仲舒的人性学说，如周炽成性朴论、陈玉森性善论、林丽雪性情二元论等。[①] 可以发现，学界这一重大变化是随着对董仲舒评价变化而来的。性品级说即是典型命定论的观点，这种学说出现在封建思想权威的董仲舒身上再合适不过了；而作为承袭孔子思想的一代醇儒肯定是主张人生来无不同，每个人都可以为学向善。三品及性同一说在今人这里，似乎是难以融合的，人生来相同与人生而不同两个命题不能同时为真，是最简单的形式逻辑矛盾律规定。唯一不同的学者是黄开国，他认为董仲舒的确兼有性同一说及性三品说，理由为："从董仲舒的人性论处于儒学性同一说向性品级说转变的历史关节点上看，董仲舒人性论就既有性同一说的内容，也有性品级说的内容。"[②] 这种说法有循环论证之嫌，他用自己概括的人性论发展趋势来论证自己的观点，并未说出董仲舒人性学说品级性与同一性并在的实质。但黄开国至少向我们揭示了一个历来被学者忽视的问题：同一性和品级性是实实在在兼具于董仲舒人性论中的。我们无法仅简单地视二说为矛盾，而只能采一而舍一。出现这种局面，一个很重要的原因在于，前辈学者讨论范围略显窄小，仅就人性谈论人性，而忽略人性论与董仲舒其他思想之间的关系。因此也就无法分析，同一性与品级性在董仲舒的体系中各占什么位置？人性的来源在何处？为何同一的人性会产生品级之分？

一　基于"名"与"性"的考察

董仲舒谈论"人性"的内容主要集中在《春秋繁露》中的《深察名号》和《实性》两篇。《深察名号》开篇即言："治天下之端，在审辩大。辩大之端，在深察名号。名者，大理之首章也。"苏舆训诂"辨"为："辨，别也。审事物之所以别异与其大纲，故曰辩大。"释解

---

① 以上可参考侯外庐《中国思想通史》卷二，冯友兰《中国哲学史》，周炽成《董仲舒对荀子性朴论的继承与拓展》，陈玉森《董仲舒性三品说质疑》，林丽雪《董仲舒》等相关文章。

② 黄开国：《董仲舒的人性论是性朴论吗？》，《哲学研究》2014年第5期。

“理”为：“理者，分也。”（《春秋繁露·深察名号》卷十）别与分意义相近。名即是指能够区别我与他物，能准确描述我的内在主旨之物，也就是范畴。董仲舒认为讨论包括性在内的任何事物，都先要从其名出发，首先了解清楚此物别于他物之所在，然后才能对这一事物作细致分析解读。

董仲舒对人性的讨论，其实是涉及了两种“名”，一是“性”，一是“民”。从“名”而言，“性”的解释是清晰的，“今世闇于性，言之者不同，胡不试反性之名。性之名非生與？如其生之自然之资谓之性”（《春秋繁露·深察名号》卷十）。性与生联系，很明显指的是人天生之性，即作为类概念的人的抽象性。而对于“民”，历代注疏的解释大致可分为两类：一种是从数量而言，指民在所有人中的绝对多数，如王符所谓“上智与下愚之民少，而中庸之民多。”（《潜夫论·德化》卷八）另一种是从民的可变角度而言，指唯有民是可变动的，如苏舆言“此适合孔子之旨，所谓‘上智与下愚不移’也”（《春秋繁露义证·深察名号》卷十）；韩愈谓“性之品有上中下三，上焉者善焉而已矣，中焉者可导而上下也，下焉者恶焉而已矣”（《昌黎先生文集·原性》卷十一）。

第一种意义而言，上智下愚之人都是极少的，绝大部分的人都是民，民之性基本等同于普遍的人性。虽然严格意义而言，人之性与民之性是两个完全不同层次的概念，人性指的就是抽象的人性，而非具体某一个层次民众的共同性，即便这一层次的民众占绝对多数。但是董仲舒并没有厘清普遍意义与绝对多数的区别，绝对多数意义上的民在董仲舒看来就等于类概念的人。这个意义而言，虽然董仲舒用了“民”之名，但董仲舒所谓的性仍然只是抽象意义的普遍人性，民之外的其他类是不在考察范围中的，“圣人之性不可以名性，斗筲之性又不可以名性，名性者，中民之性”（《春秋繁露·实性》卷十）。

第二种意义则明显是从社会实践角度，区分现实当中可能出现的三种不同的人。圣人、斗筲以及中民都是社会修养和教化实践的产物，与普遍义的人性有别。其中，圣人及斗筲是实践的结果；而中民则即是实践可能出现的结果，又是实践的中间过程。中民的特征就是可变，可能变为圣人，亦可变为斗筲。因此在现实的呈现中就可能出现纯圣人、纯斗筲，抑或三种人俱存的局面，“或夭或寿，或仁或鄙，陶冶而成之，不能粹美，有治乱之所生，故不齐也。……故尧舜行德则民仁寿，桀纣行暴则民鄙夭”（《汉书·董仲舒传》卷五十六）。人与人的差别是因为治乱等社会环境造成的。圣人之世多良善，暴君之世多嚚顽。

综合而言，董仲舒讨论了两个不同层次的人性。人秉天地阴阳之气而生是相同的，在此基础上，人本原天命之性也是相同的。同时在具体落实中，人又有地位不同。由于教化、个体的差异，人之德性成就又有大小之别。董仲舒品级之性的贡献在于，他分析讨论了人性在修养和教化实践中，呈现的可能性。这种不同只是后天实践中可能出现的情况，人的品级之分并不具备先天必然性，因此说现实中之人可能出现上中下三种则可，谓理论上人性有上中下三品则不可。同一性指的是普遍意义的人性。品级性是董仲舒使用的概念，其实更确切的说法应该是品级之人，指的是普遍人性在现实当中呈现在具体人身上的不同。两说层次不同，不可混谈。

二　同一性：“元之天”下的向善性

单就同一性而言，学者们的认识也是存在分歧的。绝大多数学者以董仲舒为一元人性论者，如崔涛认为：“董仲舒德政理念的出发点更接近于孔子，而与孟荀不同。因为他和孔子一样都认同人性能够趋善的自然潜质，而没有把人性的本质绝对的设定为或善或恶。”[①] 这一类学者基本达成的一致观点，是像崔涛一样，认同董仲舒是性朴论的代表，并蕴含有向善的潜质。这其中有些学者会特别强调向善性，如金春峰认为：“董仲舒人性思想的精神是荀学，强调人心对恶的强制作用。”[②] 周炽成认为：“董仲舒继承了荀子的性朴论，并凸显了性中善的潜质，比较温和地批评了孟子的性善论。”[③] 而陈玉森进一步指出董仲舒即是性善论的代表，“我认为董仲舒的人性论不是有善、有恶、有中间的‘性

① 崔涛：《董仲舒政治哲学发微》，浙江大学博士学位论文，2004 年。

② 金春峰：《汉代思想史》，中国社会科学出版社 1987 年版，第 183 页。

③ 周炽成：《董仲舒对荀子性朴论的继承与拓展》，《哲学研究》2013 年第 9 期。

三品说’，而是接近于孟轲的性善论”[①]。此外也有部分学者并不赞成董仲舒的一元人性论者身份，而认为“董仲舒折衷孟荀二家而言性，以为天道有阴阳，人性亦有阴阳，性善性恶之说皆失之，故而提出性情二元论”[②]。这两种观点在董仲舒那里都能找到文献支持，但就像学界无法处理同一性与品级性的矛盾一样，同一层次看待董仲舒性朴与情性并存的问题，只能引起双方的对立。双方谁也不能彻底驳倒对方，只能指责对方忽视了与己相异的材料，却未发现自己与对方犯了相同的错误。甚至延伸同层次视野，一元人性学者之间也会出现对立，既言性朴，显然不可再言性善。[③]无法正确分析董仲舒性与情的关系，性中善的来源，性的第一义为何，第一义渊源何自这些问题，上述对立均无法得到解决，但是这些问题的答案却不在人性论中。天人同构，儒家的建构当中，人性都是来源于天，董仲舒也不例外。他看似矛盾的人性学说均与其复杂的天论有关，因此欲谈董仲舒的人性学说，需先分析清楚董仲舒关于“天”的思想。

关于“天”的思想，学界的解读基本集中在两个视角。一个是从天的地位出发，将天看作世界本原，如余治平认为“仲舒以天为至高本体，天是包容万物的，规律性的宇宙整体结构，也是人心信仰的源出”[④]。另一个是从天的概念出发，认为天是三重身份天的综合，如王永祥认为“董仲舒的天论，除了上述的自然物质性和封建人伦性之外，他的天还具有明显的神圣性”[⑤]。对于天的地位而言，董仲舒特意提出“元”这一概念来表现。“元”来自《公羊传》，《公羊传》开篇解释“元

① 陈玉森：《董仲舒性三品说质疑》，《哲学研究》1980年第2期。

② 林丽雪：《董仲舒》，王寿南：《中国历代思想家》卷二，台湾商务印书馆1978年版，第46页。

③ 《春秋繁露》中明文批判了孟子的性善学说，因此明确持董仲舒性善论的学者是极少数，也是最不被认同的。但这种依靠文献论证的方法，并不能从逻辑上批驳倒与己对立观点，如同一人性论者不能驳倒品级人性论者，性一元论者不能驳倒性二元论者。不能在理论上证明对方观点不合理，才造成学界董仲舒人性论研究和论断的混乱与争论。

④ 余治平：《论董仲舒的“天”本体哲学》，《上海交通大学学报》（社会科学版）2002年第2期。

⑤ 王永祥：《董仲舒评传》，匡亚明：《中国思想家评传丛书》，南京大学出版社1995年版，第122页。

年春王正月”即言“元年者何？君之始年也。春者何？岁之始也。王者孰谓？谓文王也。曷为先言王而后言正月？王正月也。何言乎王正月？大一统也。公何以不言即位？成公意也”[①]。元就是开始的意思，但这个开始并不是说“元是存在于天地之前的一种本原性的秩序”[②]。如果元按照本原理解，在董仲舒那里，作为世界最高本体的天该置于什么位置，世界能有两个本体吗？元所谓的开始，指的就是天。而之所以称始为元，董仲舒的解释很清楚，“臣谨案《春秋》谓一元之意：一者，万物之所从始也；元者，辞之所谓大也。谓一为元者，视大始而欲正本也。《春秋》深探其本，而自贵者始”（《汉书·董仲舒传》卷五十六）。一与元都是开始的意思，之所以称呼一为元，是要凸显开始的重要性，而开始之所以重要，是要强调本正之义。“终不及本所从来而承之，不能遂其功，是以《春秋》变一谓之元，元犹原也，其义以随天地终始也。”（《春秋繁露·玉英》卷三）这样元之正也就是先验的，是包括天在内世界万物必须遵守的原则，元的意义即在于给予世界一种向善的目的因。从这个意义出发，天的至上义与主宰义都是由元所蕴含的，而且这一主宰并不意味着天的为所欲为，而仅仅是惩恶扬善，倡导向善而已。从天的功能而言，天之义即在于生长万物，“天者，其道长万物”（《春秋繁露·如天之为》卷十七）。“生育养长，成而更生，终而复始，其事所以利治民者而已。天虽不言，其欲赡足之意可见也。”（《春秋繁露·诸侯》卷十）因此“天志仁”从天的概念出发，最基本的还是自然义。天就是阴阳自然之天。“天地之间，有阴阳之气。”（《春秋繁露·如天之为》卷十七）“天地之气，合而为一，分为阴阳，判为四时，列为五行。”（《春秋繁露·五行相生》卷十）气可视作构成世界的质料，按其性质又可分为阴阳、四时与五行之气，当然阴阳为基本。

董仲舒的人性论就是完全依照他有关“天”的思想而形成的。董仲舒的整个世界都是在元的规定之下的，人天然的有向善的目的性，

① 何休：《春秋公羊传注疏》，上海古籍出版社2014年版，第6—13页。
② 刘红卫：《董仲舒“元”概念新解》，《管子学刊》2005年第3期。

人性归根结底是向善的。但这一善却并不能常常表现出来，因为元之天向下落实中，就变成阴阳两行的自然天。阴阳最大的规律在于“阳之出，常悬于前而任岁事；阴之出，常悬于后而守空虚。”（《春秋繁露·天道无二》卷十二）阳出功，而阴无用。因此阳能够使元之善发挥作用，而阴则使善落为空，显现出来就为恶，经过阴阳的作用，原有的纯善就转变为善恶两有。“人之诚，有贪有仁。仁贪之气，两在于身，身之名取诸天，天有阴阳之施，身亦两有贪仁之性。”（《春秋繁露·深察名号》卷十）与传统儒家一样，董仲舒也用性情去分别阐释仁贪二气，以善归于性，恶归于情，“身之有性情也，若天之有阴阳也，言人之质而无其情，犹言天之阳而无其阴也”（《春秋繁露·深察名号》卷十）。善恶两性在人身上地位并不相同。在元的决定性作用下，自然界中阳尊阴卑，阴兼于阳；与此类似，人性中向善为根本，性天然的趋势即是禁恶扬善，“天有阴阳禁，身有情欲栣，与天道一也”。人之禁恶之地是为心，“栣众恶于内，弗使得发于外者，心也”（《春秋繁露·深察名号》卷十）。董仲舒这里说得很清楚，所谓善只是必然的趋势，并不意味着人天然的就呈现出善，董仲舒称之为善质；而在社会现实中，善往往是“王教”等外力作用的结果。善质与为善就像米与禾的关系。“米与善，人之继天而成于外也，非在天之所为之内也。天所为有所至而止，止之内谓之天，止之外谓之王教。”（《春秋繁露·实性》卷十）人天生而有的是善质，有成善的基因。但成善与否的关键却非人自身所能操控，而是要靠外部的王教。王教是人性以外的因素。人性似禾，有出米的可能，但毕竟不是米，想要成为米需要靠外部力量的作用。但王教要以人性本有的善质为基础；若无善质，即使再多的王教也不可能为善。现实中的人们要即善成性，人性本有的善质与外部的王教都缺一不可，“善者，王教之化也。无其质，则王教不能化；无其王教，则质朴不能善”（《春秋繁露·实性》卷十）。因此我们可以说，董仲舒认为“元之天”下的人，天然的具有向善性；但这种向善表现出来确是受阴阳二气影响的善恶两存；只有通过外部的教化，才有可能催生自我本有的善质，成为善。而董仲舒之所以将善归于教化的作用，也是与其“元”之大一统有关，而“元”之大一统，也是其人呈现等级之分的原因。

三　品级之人：元之下的实践

学界以往均将董仲舒人层级之分解读为三品之性，这种命定论的理解，是将这一等级视作一天生永恒的秩序。这一僵化不动的体系，除了前文提到的与同一人性之间不可调和的矛盾外，就其本身而言，也会与能动的教化之间产生不可调和的矛盾。即便只有中民可以教化，那么教化的最终成果为何？是否为善人，如果是的话，教化之善与圣人之善区别何在？教化以后的民仍然还是民吗，这时的体系是三等还是二等呢？所有能动的因素都能摧毁僵化的体系，而这些却没有被任何一位谈论董仲舒三品之性的学者所谈到。除此之外，谈论三品之性的学者，也从来没有谈论过造成三品之性的原因，只是将其看作不言而天定的既成事实，而加以批判嘲讽。这样的三品人性论是没有逻辑必然性的。

元是世界本原，因此“终不及本所从来而承之，不能遂其功”（《春秋繁露·玉英》卷三）。但并不是每个人在董仲舒的理论里，都可以直通于元；因此他认为，“唯圣人能属万物于一，而系之元也”（《春秋繁露·重政》卷五）。只有圣人具有主动性，世人只有通过圣人，才能与元建立联系，“故人唯有终始也，而生不必应四时之变。故元者为万物之本，而人之元安在焉，安在乎？乃在乎天地之前。故人虽生天气及奉天气者，不得与天元本、天元命而共违其所为也”（《春秋繁露·重政》卷五）。因此董仲舒也称圣王为社会人世之元，与天同等地位，“君人者，国之元，发言动作，万物之枢机。枢机之发，荣辱之端也。失之毫厘，驷不及追。故人君者谨本详始，谨小慎微，志如死灰，形如委衣，安静养神，寂寞无为”（《春秋繁露·立元神》卷六）。而圣王以外的其他人，都要通过圣王才能与元建立联系，而与元关系的远近构成了人世中不同人的等级之分。

董仲舒的三品之分，应来源于孔子。孔子也将人分为上中下三等，并且说“中人以上，可以语上也；中人以下，不可以语上也”（《论语·雍也》)。不同的人适用于不同的教化模式。同时也像董仲舒一样，孔子也认为最末等的人是不可教化的。他骂宰予“朽木不可雕也，粪土之墙不可杇也，于予与何诛”(《论语·公冶长》)。当然其中也有孔子看到宰予白天睡觉的气愤因素。另一则材料中孔子则说的更加明白，直接提出了斗筲这一概念。子贡问孔子：“何如斯可谓之士矣？”孔子说：“行己有耻，使于四方，不辱君命，可谓士矣。”子贡又问次一等应该是什么，孔子回答说：“宗族称孝焉，乡党称弟焉。”再次一等为“言必信，行必果，硁硁然小人哉，抑亦可以为次矣”。而孔子认为最末等，即现在的执政者是：“噫！斗筲之人，何足算也”(《论语·子路》)。斗是量器，筲是小的意思。斗筲即是容量小、器量小的意思。那么是装什么容量小呢？孔子说的这几等人，第一等级可称之为仁，有操守，有方法；第二等级从仁降低到孝悌；第三等级则失去了大德，只有小德，称为小人；最后一等就是斗筲之人。很明显这一步步减少的是德，是心中的善。斗筲之人就是孔子所言不可教化如宰予般的下等之人。心中的大德丧失殆尽，小德也遗忘干净。这点被董仲舒完全接受。

董仲舒将这份善归之于元，禀赋元之多寡，造成不同人善意的不同，而形成三种不同的人。圣人可以直通于元，依靠自身的力量就可以为善。第二等级董仲舒称之为民，也就是普通大众。“民之号，取之瞑也。”(《春秋繁露·深察名号》卷十）民就如同睡着一般，心中的善只有经过外人呼唤才能觉醒发挥作用。“今万民之性，有其质而未能觉，譬如瞑者待觉，教之然后善。当其未觉，可谓有善质，而不可谓善。”(《春秋繁露·深察名号》卷十）而斗筲之性则直接承袭孔子而来，指最下等的人。器量过小，心中无丝毫善意。因此他说圣人之性已善，不待其他因素自然能善；中民之性有善质但却没有呈现为善，必须经过教化才能善；斗筲之性善质也被蒙蔽，无论如何不能为善。

但需要特别强调的一点，所谓三品只是具体的人理论上的三种等级，也即普遍人性之下人有这三种，并不意味着现实中就永恒存在这样三种人。这点也是几乎所有研究者都未注意的一点。研究者都仅就人性而言人性，忽略了对于人性的原则——元的分析。圣人是人世之元，因此只有圣人之世，人世才有向善的可能，而在圣人教化中，大多数人都应该是能善的，因此圣人之世也就并非三品共存，而是人多良善。而在无圣人之世，暴君在位，人世与元失去联系，世人无所教化，故多斗筲，也无所谓三品，“故尧舜行德则民仁寿，桀纣行暴则民鄙夭”（《汉书·董仲舒传》卷五十六）。“无王之世，不教之民，莫能当善。”（《春秋繁露·深察名号》卷十）每一种现实中的人都是社会环境的产物，与其所处的社会有关，并不必然呈现三个等级。

四　结语

如果我们将考察视野向前延伸，兼论人性的同一性与不同性并非始于董仲舒。先儒孔孟荀三人，均在谈论同一之性的同时，谈到了不同等级（如天子、诸侯等）、不同群体（如士农工商等）、不同身份（如君臣、父子等）的人显现人性的不同。董仲舒的人性学说并非无源之水，也不是性同一说向性品级说的转折点，而是对先儒人性学说的继承发展。董仲舒所谓斗筲之性即直接来源自孔子学说。孔子更常见的是将人分为君子和小人，这一分法也为孟子所继承，当然孟子有时称之为大人与小人。孔孟均以道德高下划分君子小人，除此之外，孔子那里君子小人仍然有贵族与平民之分的影子，及至孟子，有时君子小人也被用以职业划分，君子是仁德最广大之人，同时也是与农工商不同的劳心者之士。荀子把人分为圣人、大儒、君子、小儒及普通民众这些等级，开始完全意义，以道德高低进行划分。董仲舒就是在吸收孔孟荀相关思想的基础上构建自己的体系的。

董仲舒的人性学说与众不同，表现为他所谓人性，是一多统一的结构。即一方面以抽象的一元人性为基础之上；另一方面，在不同品级的人那里，抽象的一元人性，必然呈现为人们不同的品级性。董仲舒是承认每个人天生相同的，因此每个人本性相同；但是在不同的社会环境中会造成人与人之间的差别，因此具体的人的人性又各有不同。董仲舒对人性的观察更为具体、细致；这是儒家人性论在认识上进一步发展的表现。

抽象的人性方面，董仲舒的人性学说直接受其天的思想影响。董仲舒的天从其概念出发，是阴阳二气组成的自然之天；从其地位出发，天是世界的主宰。其主宰义也称之为元，元即是开始，也就是世界本原，元之义给予世界提供了一种向善的目的因。在元的规定下，人性本质向善，人是向善发展的。但这种善只是善质，还未完全萌发成善的行为，而人生成过程中，并不只接受元的作用，也经过了自然天的生化，因此阴阳二气也对人性产生了影响。阴阳二气中，阳气起作用，元的善意可以通过阳表现出来；但是阴气是不起作用的，元的善意无法体现，就表现为恶。因此经过自然天的作用，人性中善恶两有，但同时以善为主，人后天所需要做的就是以善禁恶，称为“栣”。董仲舒的一元人性学说更清晰地表达了孔子性朴话中可善可恶，以善为主的学说。

具体的人性方面，董仲舒吸收孔子上中下三等之人的说法，提出了自己的性三品学说。三品之中，圣人可以直通于元，可以自己发现善质，凭自己力量为善；第二等为民，民不能直通于元，他内心的善质处于沉睡状态，凭自己无法达到善，只能依靠外部王教为善；而最末等的斗筲之人则完全体现为恶，内心善质被欲望所吞噬，永远不可能为善。但是董仲舒并不认为现实中同时存在这三种人。相反，他认为每一种现实的人都是社会环境的产物，在治世之下就多圣人，乱世之下就多斗筲。这一看法包含了合理因素在内，应该肯定。

人性论的讨论是中国思想中的独特现象，因为中国思想的核心是关注人如何成为理想的人的问题，因此一切世界观、宇宙论的探讨，最终都落脚在人性论的探讨上。纵观整个中国思想史而言，即便与宋明理学单纯一元人性相比，董仲舒的人性论也并不显得格外异样。天人同构，理事圆融，抽象的人性总是必须落实为社会现实的人性才能最终体现其意义，而这一实践就必然表现为等级的社会性。但宋学的人性论概括而言是理之于我，关注的重心在个体与本体的关系上，关于现实的理论常常是被忽视的，而对实践理论的关注，恰是董仲舒等汉学的贡献所在。诚然他们对于理的解读还未至宋学之精深，但他们在关注理之外，也关注到了礼。这确是可以补宋学之失的。

宋明理学思想专题研究

宋初儒学本体论构建方式探析

——以周敦颐诚本论、二程天理论为考察对象

郑 熊

（西北大学 中国思想文化研究所）

摘　要：周敦颐通过把人伦道德“诚”提升为本体、又把诚本体转化为具体人性并落实为具体人道的过程，构建起诚本论。周敦颐诚本论的构建，采取了人伦道德本体化为天道的方式，凸显的是从人→天的思维模式。二程在通过对“天命”重构明确了天道内涵为天理的基础上，把天理与“中”“中庸”等联系起来，且将其转化具体人性和人道等，从而构建起了天理论。二程天理论的构建，采取了天道伦理化为人性的方式，凸显的是天→人的思维模式。按照从人→天的思维模式来构建本体论，还有心本体化为天道、工夫本体化为天道等构建方式。

关键词：儒学本体论；构建方式；诚本论；天理论

儒学在唐宋的变革，体现在众多方面，其中最为明显的就是逐渐构建起了与佛、道相抗衡的本体论。关于宋初儒学本体论，目前学界

多有讨论[①]，不过，从本体论构建方式来探讨则不多。探讨儒学本体论构建方式，就是研究儒者们通过何种方式来打通性与天道，从而实现二者的同一。本文以周敦颐诚本体、二程天理论为考察对象[②]，通过对它们构建过程的阐述来凸显宋初儒学本体论的构建方式。

一 对性与天道关系的理论梳理

在具体讨论宋初儒学本体论构建方式之前，本文先就本体论构建的相关理论做一阐述。本体论的构建，实质就是要实现性与天道的同一。这就涉及对性与天道相关问题的探讨。首次明确提到“性与天道”的是《论语》，“子贡曰：‘夫子之文章，可得而闻也。夫子之言性与天道，不可得而闻也矣。’”（《论语·公冶长》）[③]从理论上来看，“性”应该具有“性自身”“物性”“人性”等几种可能，但儒学关注的主要是人性，特别是在先秦时期，“性”主要就指“人性”，从汉代开始，伴随自然科技的发展，也逐渐关注“物性”。“天道”本来是与“人道”“地道”相对称的，指日月星辰等天体的运行规律，后来其含义进一步发展，变成了具有人格色彩的天命，同时进一步形而上学化，成为天理

① 目前学界对宋初儒学本体论构建的研究，侧重于考察宋初儒学本体论的具体表现，也就是考察北宋五子到底构建了什么本体论。如，徐洪兴《周敦颐〈通书〉〈太极图说〉关系考——兼论周敦颐的本体论思想》（《中国哲学史》2000年第4期）认为周敦颐最终构建的是诚本论；丁为祥《虚气相即——张载哲学体系及其定位》（人民出版社2000年版）论证张载构建的是太虚论；庞万里《二程哲学体系》（北京航空大学出版社1992年版）讨论了二程天理本体论的具体内容。

② 宋初儒学所构建的本体论，主要有周敦颐的诚本论、张载的太虚论（或气本论）、二程的天理论、邵雍道本论（或心本论）等，而张载、邵雍的本体论构建方式又与周敦颐、二程的本体论构建的方式存在相同性，所以本文就以周敦颐的诚本论、二程的天理论为考察对象。

③ 历史上对“性”与“天道”有多种解释，典型的有何晏、朱熹、杨伯峻等人的解释。比如，何晏认为：“性者，人之所受以生也；天道者，元亨日新之道。”（《论语注疏》，《十三经注疏》本，上海古籍出版社1997年版，第2474页）朱熹指出：“性者，人所受之天理；天道者，天理自然之本体，其实一理也。”（《论语集注》，《四书章句集注》，中华书局1983年版，第79页）杨伯峻说：“性——人的本性”，“天道——古代所讲的天道一般是指自然和人类社会吉凶祸福的关系”。（《论语译注》，中华书局1980年版，第47页）从这些解释可以看出，人们对“性”与“天道”理解是不断变化的，这种变化一定程度上体现出时代性。

本体的代称。因此对性与天道关系的探讨，实际上就涉及对物性与天命、物性与天道（天理等）、人性与天命、人性与天道（天理等）等关系的探讨。由于儒家对物性的关注不够，所以对性与天道关系的探讨，关注的就是人性与天命、人性与天道（天理等）的关系。这两对关系并不是同时出现的，先有人性与天命的关系，后来才有人性与天道（天理等）的关系。子贡所说的孔子对性与天道关系的探讨，实际上就是对人性与天命关系的讨论。在孔子看来，人性就是由天命所赋予的。

需要进一步指出的是，探讨人性与天道关系实际上就是探讨天人关系。对于儒家来说，天人关系存在天人合一与天人相分两种，其中天人合一是主流。人性与天道的关系体现的就是天人合一。天人合一本身又是分层次的，有外在合一和内在同一两种形式。前者体现在对人性与天命关系的讨论上，人性是由天赋予的，人性与天命实现了合一，只不过是外在的合一，也就是说，天命是施动者，人是受动者，天命与人性是不同的，二者并没有真正实现合一，天命与人性并不是同一的。后者体现在对人性与天道（天理等）关系的讨论上，此时人性与天道实现了真正合一，人性即天道、天道即人性，人性与天道是同一的，这是内在的同一。

儒家的天人合一，放到儒学发展进程中来看，与儒家形而上学发展史是紧密联系在一起的。有学者研究指出，形而上学大概有三层含义："一指研究抽象的'道'的学问。……二指以德国古典哲学为代表的思辨哲学，与经验实证科学不同，但与生活实践是有关系的，与所谓本体、人性、良知、理想等密切相关。……三指一种与辩证思维方式相对立的思维方式或思路，即形而上学思维方式。"[①] 在这三层含义中，研究抽象的"道"的学问就是形而上学的核心。儒家形而上学就是指围绕抽象的"道"进行研究而产生的学问。

儒学本体论是儒家形而上学的核心，是儒学发展到一定阶段的产物，是为天地万物的产生、发展追寻根据、根原的学问。在宋之前，

---

① 张茂泽等：《孔孟学述》，三秦出版社 2003 年版，第 362—363 页。

儒者对性与天道关系的探讨表现为对人性与天命关系的探讨，凸显的是人性与天命的外在合一关系，没有讨论物性与天命的关系。这都决定了在宋之前儒学不可能构建起本体论。要构建起本体论，就要实现性与天道的同一，既要包括人性与天道（天理等）的同一，也要包括物性与天道（天理等）的同一。实际上，儒学本体论的构建是通过人性与天道（天理等）的同一来实现的，并最终把人性、物性看成是天道的外化表现。宋初儒学实现了人性与天道的同一、实现了天人的内在合一，从而构建起了本体论，只是儒者们在构建本体论时采取的方式有所不同。

二　周敦颐诚本论：人伦道德本体化为天道

周敦颐的本体有一个演变过程，从“无极”转变成“诚”[①]。周敦颐的本体论，最终构建的是诚本论。要搞清楚周敦颐本体论的构建方式，就要通过对其诚本论构建过程的剖析，来看周敦颐是如何实现人性与天道的同一、实现天人的真正合一。

“诚”的本义指人在祭祀时要虔诚，后来主要指人要真实无妄、不能尔虞我诈。在《中庸》中，诚不仅是天道还是人道，就人道来说，诚主要是指人的伦理道德。《中庸》中就有：“是故君子诚之为贵。”（第二十五章）

周敦颐在继承和发展《中庸》诚论等思想的过程中构建起了诚本论。首先，表现为对《中庸》“诚”思想的吸收和提升。他把“诚”看成人伦道德，“诚者，圣人之本”（《通书·诚上》）。“诚”是圣人的基本道德。“诚，五常之本，百行之源也。”（《通书·诚下》）“诚”是仁义礼智性五常产生的根本，也是社会道德规范产生的根本。周敦颐通过以上论述对“诚”进行提升，使“诚”形而上学化，具有了本体色彩。

① 参见拙文《从无极到诚——略论周敦颐本体思想的演变》，《孔子研究》2012 年第 1 期。

其次，把人伦道德"诚"进一步形而上学化，吸收《中庸》天道之诚到人道之诚转化的思维模式，真正实现天道与性的同一，把诚确定为本体。《通书》中有："大哉乾元，万物资始，诚之源也。"（《通书·诚上》）这句话采取了"人→天"的上行路线，把"诚"的来源归结于天道，把"乾元"看成是"诚"的来源。通过这种思路，周敦颐重新诠释了"乾元"，使"乾元"具有了伦理性。此外，这段话还涉及"诚"与"万物"的关系。有学者研究指出："从时间维度来讲，在万物生成之前，'诚'无以立，也就不存在'诚'。只有当万物开始产生、生成之时，'诚'才得以外化而表现出来；就逻辑维度而言，'诚'是本体，万物是'诚'的外化。'诚'是先于万物而存在的。"[①] 这种看法是合理的。作为本体之诚，就是先于万物而存在的。

周敦颐通过上行路线，把诚的来源归结于天道，只是完成了"人→天"这一步，也就是说只是把人伦道德本体化为天道。要把"诚"作为本体，还必须采取下行路线"天→人"，即天道还要体现为具体的人性。周敦颐说："乾道变化，各正性命，诚斯立焉。"（《通书·诚上》）这句话体现的就是从天道到人性的下行路线。虽然表面是借用《易传》的话语，但实质上体现的是《中庸》天道之诚转化为人道之诚的思路。可见，周敦颐诚本体的构建思维模式采用的是《中庸》的思维模式，他的本体论的构建深受《中庸》的影响。对此，有学者指出："周敦颐对'诚'的论述基本遵循《中庸》设定的模式，与中庸的思维方式是相似的，同时对于《中庸》之诚也有了进一步的提升。"[②] 的确，周敦颐通过对《中庸》"诚"思想继承与发展，通过对《中庸》思维模式的采用，构建了"诚"本体。周敦颐也正是通过对"诚"这一范畴的阐发和论证，打通了天道与人性，"诚"成为贯通天道与人性的关键环节。

周敦颐通过上行和下行路线的结合，用"诚"打通了天道和人性，把诚上升为天道，随后又把天道之诚落实到具体的人性上，通过这个

---

① 崔治忠：《周敦颐"诚体"思想研究》，《船山学刊》2012 年第 1 期。

② 艾冬景、陈天林：《试论周敦颐对〈中庸〉"诚"的思想的继承与发展》，《船山学刊》2004 年第 2 期。

过程最终完成了诚本体的论证。在这个过程中，“诚”与天道、人性融合在一起。对此，有学者研究指出：“性体即诚体，诚体即天道。诚体与性是就人而言，天道是就宇宙万物而言，它们实质上是同一个本体。性与天道是形式地说，客观地说；而“诚”则是内容地说，主观的说。（就宇宙本体而言是天道，就人吸纳之以为内在本体而言是性，就道德本体而言是诚。说法虽异，其指则一。）乾道变化，不过是一诚体之流行。”[①] 这就认为天道与人性在形式上虽然名称不同，但实质上都是“诚”，把天道与人性联系起来就是“诚”。

周敦颐还从其他方面来进一步阐述诚本体。《通书》中有：“二气五行，化生万物。五殊二实，二本则一。是万物为一，一实万分。万一各正，小大有定。”（《通书·理性命》）“二气五行，化生万物”阐述宇宙万物的产生过程，凸显出二气、五行之地位。“万物为一，一实万分”，则提出了后来称之为“理一分殊”的观点，认为万物之性来源只有一个——诚本体，万物之性都是由诚本体外化出来的。周敦颐还对诚本体的特点进行了阐释。他说：“寂然不动者诚也”（《通书·圣》），“动而无静，静而无动，物也。动而无动，静而无静，神也。动而无动，静而无静，非不动不静也”（《通书·动静》）。周敦颐延续了李翱的观点，认为“诚”有“寂然不动”的特点。“寂然不动”是否指的就是不动呢？周敦颐比较了“诚”与物在动静上的差别，认为只有物才是“动而无静，静而无动”，即物在动静上只是执着其中一样；而诚本体则不同，它“动而无动，静而无静”，即“诚”在动静上并不是不动也不是不静，是把二者融合在一起的。

诚本体落实为具体人性，周敦颐对人性也作了详细阐述。他说：“性者，刚柔善恶，中而已矣。不达，曰刚善：为义，为直，为断，为严毅，为干固；恶，为猛、为隘、为强梁。柔善：为慈，为顺，为巽；恶：为懦弱，为无断，为邪佞。惟中也者，和也，中节也，天下之达道也，圣人之事也。”（《通书·师》）这里，周敦颐将人性分为了五种：

---

① 闵仕君：《“诚”——周敦颐对天道与人道的贯通》，《聊城大学学报》（哲学社会科学版）2002 年第 4 期。

刚善之性、刚恶之性、柔善之性、柔恶之性以及中节之性。他又认为只有中节之性才是人们的追求目标，中节之性就是圣人之性、就是诚本体的表现。周敦颐说："诚无为，几善恶"（《通书·诚几德》），诚本体体现出顺其自然的特点，细微的萌动就产生了善恶。"动而未形有无之间者，几也。"（《通书·圣》）钱穆解释说："人之一切动，先动在心。心早已动了，而未形诸事为，还看不出此一动之有与无，但那时早分善恶了。"[①] 这就认为萌动先在于心，在还没有付诸外物时就已经出现，而且此时善恶已分。

诚本体又体现为具体的人道。有学者研究指出："周敦颐那里，'道'具有了多重的内涵，既有作为本体论的'太极本无极'之道和作为宇宙生成观的'天演之道'，同时又兼有'主静'、'中正'之人道、政治伦理之治道。"[②] 这实际上把周敦颐的道分为了天道、人道。人道体现为一些具体的道德规范以及治道等。周敦颐说："德，爱曰仁，宜曰义，理曰礼，通曰智，守曰信。"（《通书·诚几德》）这五种道德规范在人身上的体现有所不同，因此出现了圣、贤之分，"性焉安焉之谓圣，复焉执焉之谓贤"（《通书·诚几德》）。圣人就是生来就有五德，且安于五德；贤人则是通过后天的努力重新恢复五德，且对五德非常执着。在此基础上，周敦颐对圣人之道进行了详细阐述。他说："圣人之道，仁义中正而已矣。"（《通书·道》）这是认为圣人之道指的就是中正仁义，圣人之道就是中节之性的体现。圣人之道在现实生活中随处可见，它"入乎耳，存乎心，蕴之为德行，行之为事业"，但圣人之道应该付诸实践，不能局限于文字表达，"彼以文辞而已者，陋矣"（《通书·陋》）。周敦颐还进一步指出："圣人之道，至公而已矣。或曰：何谓也？曰：天地至公而已矣。"（《通书·公》）这就提出圣人之道是公平、公正的，就像天地一样无私。

关于治道，周敦颐说："治天下有本，身之谓也；天下有则，家之谓也。本必端；次山有本，诚心而已矣。则必善；亲而已矣。家对而

① 钱穆：《宋明理学概述》，九州出版社 2010 年版，第 34 页。
② 奚刘琴、刘志华：《论周敦颐的"道"》，《船山学刊》2007 年第 1 期。

天下易，家亲而天下疏也。家人离，必起于妇人。故《睽》次《家人》，以二女同居，志不同行也。尧所以釐降二女于妫汭，舜可禅乎？吾兹试矣。是治天下观于家，治家观身而已矣。不善之动，妄也；妄复，则无妄矣；无妄，则诚矣。故《无妄》次《复》，而曰'先王以茂对时育万物'，深哉！"（《通书·家人睽复无妄》）这里首先指出治理天下的根本在个人、治理天下的准则来自家，对本的认知就要诚心；其次，以《易经》的《睽》《家人》卦为例来说明治天下的关键在治家，治家的关键在观身；最后，再以《无妄》卦为例来说明治家观身则需无妄，也就是需要"诚"。可见，周敦颐一层层地把治理天下落脚到个人修养上。周敦颐还说："天以春生万物，止之秋也。物之生也，既成矣，不止则过焉，故得秋以成。圣人之法天，以政养万民，肃之以刑。民之盛也，欲动情胜，利害相攻，不止则贼灭无伦焉，故得刑以治。"（《通书·刑》）这里认为圣人治理国家应该效法天春生秋收的做法，为了保证人和以及社会安定，就应该以刑治国。周敦颐还认为以刑治国必须要"中正"，为了说明这一问题，他借用了《讼》和《噬嗑》来论证"情伪微暧，其亦千状。苟非中正明达果断者，不能治也"（《通书·刑》），即只有在用刑时保持中正，才能够使国家得到治理。

总之，周敦颐诚本论的构建把人伦道德"诚"按照从人 → 天的上行路线形而上学化为诚本体，然后又按照天 → 人的路线，把诚本体转化为具体的人性，最终进一步落实为具体道德和治道等。在这个过程中，人伦道德的诚形而上学化为诚本体是关键的一环，这凸显出周敦颐本体论的构建采取了人伦道德本体化为天道的方式。

三　二程天理论：天道伦理化为人性

周敦颐采取人伦道德本体化为天道的方式来构建诚本论，最终实现"性与天道"的同一，诚本体既是性体，也是天道；同时，人伦道德本体化为天道的方式凸显的是从人 → 天思维模式。二程天理论的构建方式及其体现出来的思维模式与周敦颐的有着明显的差别。

二程的本体是天理。程颢曾说："吾学虽有所受，天理二字却是自家体贴出来。"（《河南程氏外书》卷十二）有学者指出："由于'体贴'本身就限定了人生的范围与出发点，因而其体贴的根据就只能是性，正是从性出发才能体贴出天理的。……整个洛学，实际上是从性出发，由性即理建构起来的。"① 这就把二程天理论建构的思路归结为由性至理，或者说是由人性本体化为天理，体现的是"人→天"的思维模式。这种观点是值得商榷的。"体贴"二字的确体现出二程对现实的关怀，注重对性的探讨，不过二程所说的"体贴"二字并不能体现出由人性出发来构建理本体的"人→天"的思维模式。二程的体贴实际上是指对《中庸》等经典的阐发以及对时人思想的扬弃。

二程对天理论的构建首先关注的是天道的具体内涵，这与周敦颐从具体人伦道德——"诚"入手，有显著差别。二程对天道内涵的明确化主要是通过对《中庸》"天命"的重构来实现的。二程说："天者理也，神者妙万物而为言者也。"（《河南程氏遗书》卷十一）这就把天的实质看成是理，也就是说，天命就是天理。二程还把"中""中庸"等与天理联系起来讨论。二程说：

> 识得则事事物物上皆天然有个中在那上，不待人安排也。安排着，则不中矣。（《河南程氏遗书》卷十七）
>
> "喜怒哀乐之未发，谓之中。"中也者，言寂然不动者也。故曰"天下之大本"。（《河南程氏遗书》卷二十五）

"中"就有"天然"的、"不待人安排"的以及"寂然不动"的特点，"中"实际上具有了本体的色彩。二程为此说："'喜怒哀乐未发谓之中'，只是言一个中体。既是喜怒哀乐未发，那里有个甚么？只可谓之中。……'发而皆中节谓之和'，非是谓之和便不中也，言和则中在其中矣。"（《河南程氏遗书》卷十七）这就再次强调"中"的本体性，并

① 丁为祥：《虚气相即——张载哲学体系及其定位》，人民出版社 2000 年版，第 227 页。

把“中”与“和”联系起来，认为达到“和”时，“中”在“和”中。中具有本体色彩，它与天理是什么关系呢？这就是本体表现形式的多样化，也就是说天理本体可以表现为具有本体色彩的“中”。当然，除此之外，天理本体与中的关系还表现在“中”是天理在人们行为处事时体现出的准则。二程明确说：“有德者，得天理而用之，既有诸已，所用莫非中理。”（《河南程氏遗书》卷二上）又说：“圣人与理为一，故无过，无不及，中而已矣。其他皆以心处这个道理，故贤者常失之过，不肖者常失之不及。”（《河南程氏遗书》卷二十三）这都是把“中”看成是天理的具体表现。

“中庸”与天理也有着密切的关系。二程说：

> 不偏之谓中，不易之谓庸。中者天下之正道，庸者天下之定理。（《河南程氏遗书》卷七）
>
> 中之理至矣。独阴不生，独阳不生，偏则为禽兽，为夷狄，中则为人。（《河南程氏遗书》卷十一）

这一方面把“中”解释为不偏，把“庸”定性为不变之常，“中庸”就是不偏不倚的定理，具有普遍性，另一方面又把中庸看成天地万物必须遵守的自然规律，把中庸之道视为阴阳化生之道，认为只有在阴阳中和时，万物才能顺畅的产生，否则就会出现不中的禽兽和夷狄。可见，中庸不单单指人们应遵守的社会道德规范，而且还是阴阳化生的自然规律。中庸已经冲破了社会范围，成为上自天、下至人共同享有的定理，中庸与中一样已经拥有了本体的功能。对此，有学者就说：“二程把中庸或中进行了‘理’化的改造，便使中庸或中和成为一精神本体，它不仅给封建伦理道德绝对化、本体化提供了理论基础，也给自我内在超越寻找了一个支点。”[①] 不过，需要指出的是，二程并不是把中庸作为本体，而是把它看成天理本体的表现。二程说：“极高明而

---

① 董根洪：《“天下之理，莫善于中”——论二程的中和哲学》，《中州学刊》1999 年第 1 期。

道中庸，非二事。中庸，天理也。天理固高明，不极乎高明，不足以道中庸。中庸乃高明之极。”（《河南程氏外书》卷三）天地万物的变化体现出一个规律，就是中庸，中庸就是天理的具体表现；天理虽然极“高明”，但其具体表现则非常平实。

为了凸显天理本体，二程对其特点进行了阐述。天理可以外化出众多表现，二程说：

> 父子君臣，天下之定理，无所逃于天地之间。（《河南程氏遗书》卷五）
>
> 三代之治，顺理者也。两汉以下，皆把持天下者也。（《河南程氏遗书》卷十一）
>
> 物有自得天理者，如蜂蚁知卫其君，豺獭知祭。礼亦出于人情而已。（《河南程氏遗书》卷十七）

“父子君臣”蕴含的人伦道德、三代所用的治国策略以及“蜂蚁知卫其君，豺獭知祭”所体现的物理，都是天理的具体表现。虽然天理有众多的外化表现，但是天理只有一个，是独一无二的。这就是天理的唯一性。二程反复强调说：“天地之间，万物之理，无有不同。”（《程氏经书》卷一《易说·系辞》）“万物皆只是一个天理，己何与焉？”（《河南程氏遗书》卷二上）“今日之理与前日已定之理，只是一个理，故应也。”（《河南程氏遗书》卷二下）天地万物虽然有各自的理，但是它们都是来自天理，而天理只有一个，今日之天与前日之理没有区别。同时，天理还是实有的。二程说：“实理者，实见得是，实见得非。凡实理，得之于心自别。若耳闻口道者，心实不见。”（《河南程氏遗书》卷十五）天理是实实在在存在的，而且在天理的认知上，心比口耳更有力。二程还说：“须是合内外之道，一天人，齐上下，下学而上达，极高明而道中庸。既得后，便须放开，不然，却只是守。”（《河南程氏遗书》卷三）这就认为以天理为核心的本体论，应该体现出内外合一、天人合一、下学与上达合一等特点。比如，内外合一，提出“物我一理，才明彼即晓此，合内外之道也”（《河南程氏遗书》卷十八）的观点。

二程认为“天命”的实质就是天理。在确定天理的本体地位后，对此，二程采取了天道伦理化人性的方式，也就是按照“天 → 人”的思维模式，把天理转化为具体的人性。二程说：

> “天命之谓性，率性之谓道”者，天降是于下，万物流行，各正性命者，是所谓性也。循其性而不失，是所谓道也。(《河南程氏遗书》卷二上)
>
> “民受天地之中以生”，“天命之谓性”也。(《河南程氏遗书》卷十二)

这两段话体现出二程通过对“天命之谓性”的诠释，来展现天理本体如何转化为具体的人性。需要指出的是，这两段话是有区别的，第一段话中的天理转化为人性具体指的是“天命”转化为人性；第二段话中的天理转化为人性则是指的是“中”转化为人性。然而不管是“天命”还是“中”，其实质都是天理，“天命”转化为人性或“中”转化为人性就是“天理”转化为人性。关于天理转化而来的人性以及天理、人性、道三者之间的关系，二程认为它们实质相同，只是称呼不同而已。二程说：

> 上天之载，无声无臭之可闻。其体则谓之易，其理则谓之道，其命于人则谓之性，其用无穷则谓之神，一而已矣。(《河南程氏粹言》卷上《论道篇》)

这里就认为性、道、易、神的实质是一样的，是天理在不同层面的称呼，天理落实在人身上就为性，天理体现为具体的准则、规律就是道。在这些范畴中，尤为重要的就是性和道，讨论性和道更能体现出天理本体在人身上的体现。

二程对人性的讨论既包括“天命之谓性”的“性”，也包括“生之谓性”的“性”[①]，不过，人性与天理的关系主要体现在前者上。二程说：“性即理也，所谓理，性是也。”（《河南程氏遗书》卷二十二上）这就把性与理等同起来，认为性是天理本体的体现。二程又认为：“性无不善，而有不善者才也”（《河南程氏遗书》卷十八）、“才则有善与不善，性则无不善”（《河南程氏遗书》卷十九）。一方面把性看成是善的，另一方面把才看成有善有不善。认为性无不善，这是源于二程对理的界定：“天下之理，原其所自，未有不善。”（《河南程氏遗书》卷二十二上）既然理没有不善的，那么与理实质一样的性应该也是无不善的。二程认为这就是“性之本”，即性的本来状态。二程又说：“善固性也，然恶亦不可不谓之性也。”（《河南程氏遗书》卷一）这又认为恶也是性，这是否与性无不善相矛盾呢？二程所说的“恶”并不是与“善”相对的，它的意思是说“恶者非本恶，但或过或不及便如此”（《河南程氏遗书》卷二上），即没有达到善的本来状态，要么超过了，要么没有达到。性无不善，才有善有不善，这种差异与二者的来源不同有关：“性出于天，才出于气”（《河南程氏遗书》卷十九）、“气清则才善，气浊则才恶。禀得至清之气生者为圣人，禀得至浊之气生者为愚人”(《河南程氏遗书》卷二十二上)。性来源于天理，天理都是善的，因而性都是善的；才源于气，气有清浊之分，禀赋的气不同因此就会产生才的善与不善。

二程认为，天理外化出来的道有自然之道、人伦道德以及治道之分。二程说：“‘一阴一阳之谓道’，自然之道也”（《河南程氏遗书》卷十二）、“‘一阴一阳之谓道’，道非阴阳也，所以一阴一阳道也，如一阖一辟谓之变”（《河南程氏遗书》卷三）。“自然之道”指阴阳所体现出的规律，并不是指阴阳本身。二程又说：“道则自然生万物。今夫春

① 注：对于“天命之谓性”与“生之谓性”的区别，二程说：“‘生之谓性’，与‘天命之谓性’，同乎？性字不可一概论。‘生之谓性’，止训所禀受也。‘天命之谓性’，此言性之理也。今人言天性柔缓，天性刚急，俗言天成，皆生来如此，此训所禀受也。若性之理也则无不善，曰天者，自然之理也。”（《河南程氏遗书》卷二十四）这就认为“生之谓性”和“天命之谓性”二者是从不同角度来阐述“性”的。“生之谓性”是从禀受上来说的，认为人生来如此的，而且人生来就有柔缓刚急的气禀之性；“天命之谓性”则是从“性之理”来说的，即从天理与人性的关系上来探讨的，“性之理”都是善的。

生夏长了一番，皆是道之生，后来生长，不可道却将既生之气，后来却要生长。道则自然生生不息”（《河南程氏遗书》卷十五），“天以生为道”（《河南程氏粹言》卷一《论道篇》）。天地万物体现出的生生不息就是自然之道，人们可以通过观察天地万物的生长变化来认识自然之道。有针对自然界而言的自然之道，就有针对人类社会的人道。人道首先表现为人伦道德。二程明确说：“道之外无物，物之外无道……即父子而父子在所亲，即君臣而君臣在所严，以至为夫妇、为长幼、为朋友，无所为而非道，此道所以不可须臾离也。”（《河南程氏遗书》卷四）道与物是紧密联系在一起的、不可分离的，道落实到父子、君臣、朋友等关系上就会体现为具体的“亲”“严”“信”等道德，这些道德规范与人是不可分离的。其次，就表现为在政治方面，即治道，如“为君尽君道，为臣尽臣道，过此则无理”（《河南程氏遗书》卷五）。

可见，二程天理论的构建首先是明确天道的含义，具体来说就是通过对“天命”等重构，把“中”“中庸”等与天理联系起来，然后按照从天 → 人的思路，把天理转化具体的人性以及人道，当然天理也外化为具体的物性。这个过程凸显出二程天理论的构建，采取的是天道伦理化为人性的方式。

四　余论

通过对周敦颐诚本论、二程天理论构建过程的阐述，可知周敦颐构建本体论采用的是人伦道德本体化为天道的方式、二程构建本体论采用的是天道伦理化为人性的方式。需要指出的是，两种方式最终的目的都是实现性与天道的同一。当然，这种性与天道的同一，主要是指人性与天道的同一。此外，这两种构建本体论的不同方式也体现出构建本体论的不同思维模式。人伦道德本体化为天道的方式体现出的是从人 → 天思维模式，而天道伦理化为人性的方式体现出的是从天 → 人的思维模式。换句话说，构建本体论，即实现人性与天道的同一，存在着从人 → 天和从天 → 人两种思维模式。从天 → 人的思维模式表现出来有只有一种构建方式，就是把天道转化为具体的人性；而人→天的思维模式表现出来的构建方式就不只有人伦道德本体化为天道这种方式，它还有其他方式。

按照人→天的思维模式来构建本体论，实质就是把人性的相关内容形而上学化为本体。这就涉及对人性相关内容的分析，考察到底有哪些人性相关内容可以提升为本体。与人性相关的内容首先就表现为具体的伦理道德，如诚、中庸等；其次人性还可以外化出喜怒哀乐等人情，同时人性又以心为寓所；最后，与人性相关的还有工夫论，体现为慎独、诚等具体的工夫。从理论上来说，这些与人性相关的内容都可以按照人→人的思维模式提升为本体，拥有多种构建本体论的方式。不过，通过对宋明时期儒学本体论构建方式的考察，发现没有通过对人情的形而上学化，把人情提升为本体的。按照人→天的思维模式，把人性的相关内容上升为本体的方式，实际上主要有人伦道德本体化为天道、心本体化为天道、工夫本体化为天道等几种方式。前文所讲的周敦颐提诚本论的构建采取的就是人伦道德本体化为天道的方式，至于心本体化为天道的方式主要就是陆王心学构建心本论时所采取的方式，工夫本体化为天道的方式则是刘宗周慎独本体论构建时所采取的方式。需要指出的是刘宗周所构建的是慎独本体论，此时的“慎独”已经不再是指修养的工夫，而是本体，也就是说，此时的“慎独”不是重“慎”，而是重“独”。

张载“气聚成物”理论献疑

路传颂
（西北大学　中国思想文化研究所）

摘　要：张载在气一元论的框架下，通过气的聚和散解释日常事物的生成和毁灭。这一理论面临三个难题：第一，张载没有清楚界定聚和散的分别，难以回答气何时聚合的问题；第二，日常事物具有气的聚合所不具有的内在统一性，气聚成物理论缺乏一个能够赋予气的聚合以统一性的原理；第三，气的聚合和日常事物具有不同的同一性条件，气聚成物理论无法解释为什么日常事物能够经历构成部分的变化而保持自身的同一性。单纯的聚和散，无法赋予“多”以统一性和同一性，难以解释为什么一个日常事物是一个独一无二的“这一个”，从而威胁到日常事物的本体论地位。

关键词：张载；气；聚散；事物

本文所谓的“气聚成物”理论是指张载提出的关于气与物的关系的理论。该理论认为：可见的、中等尺度大小的日常事物是由不可见的、极细微的物质元素——气——凝聚而成；事物是气凝聚在一起的暂时形态（“客形”），当气再度分散开，就是事物的消亡。冯友兰将之概括为“气聚即物成，气散即物毁”[①]。

---

① 冯友兰：《中国哲学史》（下），华东师范大学出版社 2000 年版，第 230 页。

本文基于如下理由认为气一元论的气聚成物理论不能充分解释事物的生成与毁灭，理由如下：第一，气一元论难以清晰界定聚与散的分别；第二，气一元论难以解释事物的统一性；第三，气一元论难以解释事物的同一性。

一 关键概念疏解

本文认为张载哲学是气一元论，但是这种观点没有得到学术界的一致认可，因此在正式阐述张载的气聚成物理论面临的哲学疑难之前，有必要根据气一元论解释本文涉及的几个重要概念。

气。张载认为一切存在都是气[①]。气是构成了物质世界的、具有内在活力的原始材料。[②]《横渠易说·系辞下》曾引用《庄子》的“生物以息相吹”“野马”等词汇描述气，冯友兰认为这是为了说明气是一种极细微的东西。[③]“气”和“水”“金”等词一样都是物质名词（mass nouns）或总量词（bulk terms）。总量词和可数名词具有不同特征，以“水”为例，“水”通常并不指称单个水分子，而是指称一定量水分子的总合，甚至世界上所有水的总合。这体现了总量词所指称的事物与可数名词所指称的事物具有不同的存在论特征：十滴水的总合仍然是水，十只猫的总合不再是猫（不存在长着十个头的猫）；一块金属一切两半就成了两块金属，一只猫一切两半并没有变成两只猫。

因此，气虽然是极细微的东西，但是“气”通常并不指称单个极细微的东西，而是指称一定数量的气的总合，甚至所有气。当张载说“气不能不聚而为万物”（《正蒙·太和篇》）时候，他说的是一定量的气凝聚成物，当他说“太虚即气”“虚空即气”（《正蒙·太和篇》）的时候，并非说太虚、虚空是极细微的东西，因为这里的“气”是指全

---

① 《正蒙·乾称篇》：“凡可状，皆有也；凡有，皆象也；凡象，皆气也。”

② 《正蒙·神化篇》：“所谓气也者，非待其蒸郁凝聚，接于目而后知之；苟健、顺、动、止、浩然、湛然之得言，皆可名之象尔。”

③ 冯友兰：《三松堂全集》第十卷《中国哲学史新编》（第五册），河南人民出版社2000年版，第122页。

体而言。

太虚。《正蒙·太和篇》说："太虚无形，气之本体。"此处的"气"仍是就全体而言。"本体"意为本来状态。"太虚""无形"都是形容词，描述气未聚无形的原始状态。当被用作名词时，"太虚"指的就是处于未聚无形状态的气。作为极细微的东西，气至小无内；作为太虚，气至大无外。"虚空"与"太虚"含义相近，但"虚空"更侧重于空间含义。按照张载的观点，空间不是气可占据也可不占据的绝对的虚无或真空，不是气活动于其中的背景、舞台。和太虚一样，空间是气的存在形式。

一些学者反对把太虚解释为气的本然状态，理由是这将使"合虚与气，有性之名"（《正蒙·太和篇》）变得不可理解。该句的完整语境如下：

> 由太虚，有天之名；由气化，有道之名；合虚与气，有性之名；合性与知觉，有心之名。

"虚"与"气"承接上文，分别是"太虚"与"气化"的简称，分别指称气的两种不同状态。结合下面这段引文可以更好地理解这句话：

> 太虚无形，气之本体，其聚其散，变化之客形尔；至静无感，性之渊源，有识有知，物交之客感尔。（《正蒙·太和篇》）

太虚无形，是气的本来状态，或聚或散，是气变化时表现出的暂时状态；至静无感，是性的本来状态，有识有知，是性与物交接时表现出的暂时状态。因太虚无形而有"天"之名，因气化流行而有"道"之名。太虚无形是天地之性的根源；气化流行（气化在这里偏义于聚而成形，"形而后有气质之性"）是气质之性的根据，"性"是天地之性与气质之性的总称[①]，因此"合虚与气，有性之名"。性有两种状态，合

① 《正蒙·诚明篇》："性其总，合两也。"

性之至静无感与性之有识有知，有“心”之名。太虚无形之中蕴含聚散能力，至静无感之中蕴含知觉能力，“虚”与“气（化）”，“性”与“知觉”都不是指两种不同的东西，而是分别指称同一种东西的两种状态。

理。张载是气一元论者，张载著作中的“理”是指气的运动变化表现出的条理、秩序，而不是独立于气的抽象实体。沿着这条思想脉络，后世思想家黄宗羲对理做出了唯名论解释，他说：“天地之间，只有气，更无理。所谓理者，以气自有条理，故立此名耳。”（《明儒学案·王浚川学案》）又说：“抑知理气之名，由人而造。自其浮沉升降者而言，则谓之气；自其浮沉升降不失其则者而言，则谓之理。盖一物而两名，非两物而一体也。（同上书《曹月川学案》）“理”只是一个空名，并没有命名任何真实存在于世界中的抽象实体；关于理的论断，看似是关于某种抽象实体的论断，其实是关于具体对象及其变化运动的论断。

鉴于学术界对张载哲学是否是气一元论还有争议，本文的结论带有虚拟性质，即如果张载哲学是如此这般，那么它会面临诸如此类的难题。一些学者认为太虚是有别于气、超越于气的永恒、普遍之物，我将在文章的最后简要讨论这种形式的二元论能否解决本文所讨论的难题。①

二　何谓“气聚”？

张载说“气不能不聚而为万物”（《正蒙·太和篇》），但是，什么是聚？什么是散？以什么标准来判断气是否聚在了一起？这个问题是受彼得·范·因瓦根（Peter van Inwagen）的狭义组合问题的启发。范·因瓦根在他的《物质性存在》（*Material Beings*）② 一书问道：在什么情况下，两个或更多事物组合产生了另一个新的事物？

① 有意思的是，认为虚气有别的学者往往拒绝二元论的称呼。但是，如果太虚与气相互不可还原，那么太虚与气就是二元的，无论它们是否能够独立于对方而存在。

② Peter Van Inwagen, *Material Beings*, Ithaca: Cornell University Press, 1990.

把几根竹子捆绑在一起，就产生了竹筏；但是把几个人绑在一起，并没有产生任何新的东西产生。我右手食指上的一颗碳原子和两米外的一本书、五米外的椅子并没有组合成一个新的对象；但是几颗距离遥远的星球却组合成了太阳系。组合发生的充分且必要条件究竟是什么？该如何判断组合是否发生了？范·因瓦根讨论了多种关于组合的定义，但无一令人满意。因为问题难以回答，哲学家们提出了两种极端的立场，一种是整体部分论（整体部分论是对整体与部分关系的探究）的虚无主义（Mereological nihilism），按照这种观点，组合在任何情况下都不会发生，世界上只存在没有部分、不可再分的亚原子微粒（假定它们真的没有部分），原子、分子、苹果、猫、秦岭都不存在，它们只是以特定形状排列的亚原子微粒而已；另一种是整体部分论的普遍主义（Mereological universalism），根据这种立场，任何存在两个或两个以上东西的情况下，都有另一个以这些东西为部分的事物，例如我右手食指上的一颗碳原子与我左脚上的鞋组合成一个新的对象："碳原子—左鞋"，它以碳原子和左鞋为其构成部分；我的办公室里有一个"键盘—椅子"，它以我的电脑键盘和椅子为其构成部分。范·因瓦根自己的回答则较为温和：当且仅当单纯的事物构成一个生命有机体的时候，组合才会发生。尽管相对温和，这种观点意味着存在着原子微粒、苹果树、猫，但是不存在苹果、椅子、泰山等无生命的复杂事物。

张载不会接受上述三种方案中任何一种。但是我们需要一个区分聚和散的标准，既能保留椅子之类的日常对象，又可拒斥"键盘—椅子"之类的"异常对象"。《正蒙·太和篇》说："气聚则离明得施而有形，气不聚则离明不得施而无形。"据此，聚则眼睛能看到，不聚则眼睛不能看到。但这是在讲看见事物的条件，不是在说聚的条件。况且存在不依赖于人的视角，我看不见碳原子和病毒，但它们存在；我看得见电脑键盘和椅子，但不存在"键盘—椅子"。有人会说我们可以借助科学仪器弥补人类肉眼的局限，而且范·因瓦根的狭义组合问题涉及中等尺度大小的日常事物是否进一步组合成新的东西的问题，但气聚成物理论只涉及气与日常事物之间的组合关系。但是，即使我们不再继续追问聚成键盘的气和聚成椅子的气是否进一步聚成了“键盘—椅子”，也仍然需要回答如下问题：如何区分聚和散？

设q为气微粒，qs为确定数量的气的总合，C为qs凝聚或组合而成的聚合，对聚的恰当定义需要补足这个公式：“当且仅当 ________，qs组合成了C”。一个相当符合直觉的办法是引入空间来区分聚和散，那么就有如下定义：

当且仅当qs之间不存在空间，qs组合成了C。

这意味着：只要qs之间存在空间，qs就没有组合成C。但这同时意味着存有未被气占据的真空、绝对的“无”[①]或希腊原子论派的“虚空”（void）。承认虚空与对佛老的批判不一致；拒绝虚空概念，聚和散就不再有分别，我们应该说太虚也是由气凝聚而成。

气一元论者可以借鉴量子场论来拒绝真空概念。按照量子场论，在不存在基本粒子的地方，物理量之间的相互作用（场）占据了这个空间，从而排除了绝对真空的可能性。《太和篇》首章云：“太和所谓道，中涵浮沈、升降、动静、相感之性，是生絪缊、相荡、胜负、屈伸之始。”在气的原始和谐状态存有细缊、相荡等相互吸引与排斥的作用力，从而排除了绝对的虚空。但这样在解释散的同时，使聚又成了难题。如果允许我们本着理解上的宽容原则，借鉴现代科学完善对散的解释，那么我们也应该本着思维一致性原则，在解释聚的时候也接纳现代科学，而现代科学告诉我们原子与分子也不是致密的，构成原子的质子、中子、电子之间的空间被物理量的相互作用占据着。聚和散再次变得没有分别。

我们能够清晰界定聚和散的区别吗？或许能，或许不能。但是张载对此没有提供任何解释。这看似是一个钻牛角尖的问题，但形而上学问题往往就是如此“打破砂锅问到底”。在日常生活中，我们当然知道在什么情况下一群人聚在了一起（或者是空间上的密集，或者是共

---

① 张载把老子的“无”误解成绝对的虚无。

同的兴趣、目标、事业等)，而不必在定义问题上较真。但是，当形而上学试图对常识提供更深一层次的解释或修正的时候，就不能再满足于常识概念的模糊性。

三 物的统一性

即使我们解释了气在什么情况下聚合在一起，气一元论下的气聚成物理论也难以解释事物的统一性。苹果、猫、椅子这样的事物是具有统一性的东西，也就是说，它们在本性上或在数目上可以被称为“一”，但是，一定量的气并不因为聚在一起而自动获得事物所具有的统一性。彼得·托马斯·吉奇(P. T. Geach)所讲的“1001只猫”的故事有助于说明这个问题。[①]下面根据气一元论对故事进行转述:

> 一张垫子上卧着一只名叫汤姆的猫，它由确定量的气(ps)凝聚而成。仍然用C指称ps凝聚而成的聚合，根据气聚成物说，C就是这只名叫汤姆的猫。作为一只正常的猫，汤姆头上至少有1000根毛发，我们分别用h_1、h_2、h_3、……h_{1000}命名这1000根毛发。对于任何一根毛发h_n来说，都有一个聚合C_n，由ps减去h_n凝聚而成。一只猫并不会因为失去一根毛发而停止其存在。所以，汤姆失去h_n后，C_n就会是一只猫。但是，h_n并不是C_n的一部分，h_n的存在与否不会影响到C_n。所以，在汤姆失去h_n之前，C_n就已经是一只猫。毕竟，如果气的聚合就是猫，猫就是气的聚合的话，C_n拥有成为一只猫所需要的一切东西。因此，垫子上除了汤姆之外还有1000只猫：C_1、C_2、C_3……C_{1000}。

首先需要明确，C和C_n是不同的两个聚合。按照莱布尼茨的同一者的不可区分性原理，如果a和b是同一的，那么，凡对a为真的，

① P. T. Geach, *Reference and Generality*, Ithaca: Cornell University Press, 1962, p.215.

对 h 也为真。“拥有 h_n” 对 C 为真，对 C_n 为假，两者不满足同一者的不可区分性原理。如果气的聚合就是猫，那么垫子上有 1001 个聚合就有 1001 只猫。对于猫而言是如此，对于其他任何事物也是如此，所以我此刻坐着的椅子上其实有 1001（甚至更多）个人。但这是荒谬的（当然，整体部分论的普遍主义者不会认为这是荒谬的）。垫子上只有汤姆一只猫，椅子上只有我一个人。

这个悖论有多种解决方案。[①] 我们可以否认汤姆的存在，这是整体部分论的虚无主义者的方案。常识认为有一只猫存在的地方，实际上只有大量的气“猫样”（cat-like）地排列组合，或者说只有处于“类猫态”（cat-like state）的大量的气。就像太虚是气的一种状态一样，所谓的猫也是气的一种状态或“客形”。“太虚”作为形容词描述气的状态，作为名词指称处于某种状态中的气；同理，“猫”本义也是形容词，描述气的类猫态，作为名词，指称处于类猫态的气。因此，既不存在汤姆，也不存在 C_1、C_2、C_3……C_{1000}。

我们也可以接受罗德里克·齐硕姆（Roderick M. Chisholm）的整体部分论的本质主义（Mereological essentialism）。[②] 根据这种观点，任何复杂事物的任何部分对于该事物的存续来说都是必要的，换句话说，复杂事物失去任何一部分都将不复存在。就像 C 失去任何一个部分就不再是原来那个聚合，如果汤姆失去 h_n，汤姆就不复存在，取而代之的是另一只猫：C_n。一切皆流，没有人能够两次踏入同一条河流。但这似乎并没有解决我们的问题，因为在我们的故事中，C_n 在汤姆失去 h_n 之前就已经存在了，而不是在汤姆消失之后才存在；1001 只猫是共时性同在，而不是历时性接替存续。

我们也可以否认 C 和汤姆具有同一性，C 构成了汤姆，但 C 并非就是汤姆，构成关系不是同一关系。聚合是多，而汤姆是一或多上之

---

① 本文只提及少数几种。更多解决方案参见 Weatherson, Brian, “The Problem of the Many”, The Stanford Encyclopedia of Philosophy (Winter 2016 Edition), Edward N. Zalta (ed.), URL = <https://plato.stanford.edu/archives/win2016/entries/problem-of-many/>.

② Chisholm, Roderick M., “Identity through Time”, In Michael C. Rea (ed.), *Material Constitution*, Rowman & Littlefield, 1997, p. 209.

一。汤姆所在之处有很多聚合，但汤姆所在之处只有一只猫。这种方案需要能够赋予气的聚合以统一性的某种东西或原理，使之有资格成为一只猫。但这个东西或原理不能仍然是气。“理”这一概念能够赋予气的杂多以统一性吗？这里暂不讨论程朱理学所谓的“理”能否胜任这项工作，仅指出作为气之条理的“理”难以解释统一性，因而也难以解释事物的生成。因为，如果说组合成 C 的 qs 表现出了一些条理、规律，使得 C 成为一只猫，那么构成 C_n 的“qs 减 h_n”同样具有成为一只猫所需要的一切条理和规律。

因此，“气聚”不是“成物”的充分条件，气的聚合缺乏日常事物所具有的统一性。

四　物的同一性

本节进一步说明构成性不是同一性。我们在讲物的统一性的时候已经涉及到同一性概念了：汤姆在失去一根毛发之后仍然是原来的那“同一”只猫。同一性是事物与其自身的关系，任何事物都与自己具有同一关系。但是，有些东西能够在经历构成部分的变化之后仍然保持自身的同一性，有些东西，例如聚合，则不能。也就是说，聚合和日常事物具有不同的同一性条件（即保持自身同一性或保持自己持续存在的条件）。约翰·洛克下面这段话很好地说明了这一点：

> 我们如果假设有一个原子，即在确定的时间和空间内继续存在，而且其外貌永不变更的事物，则我们分明看到，不论我们在它底存在中那［哪］一刹那来存想它，它在那一刹那总是同它自己相同的。因为在那个刹那，它既然只有自身，不是别的，所以它是同一的，而且它的存在只要继续，则它一定会继续其同一性；因为它亦只是在这种范围中，是同一的、是无变化的。同样，如果有两个以上的原子联合在同一物团中，则其中每一个原子都可以照前面的规则，继续是同一的。它们如果是在一块联合存在的，则那个物团既然是由同一的许多原子组成的，则它当然仍是同一

> 物团、同一物体，——不论其各部分是怎样混乱错杂的。不过这些原子中，如果有一个新的加进去，或者取消了一个；则无所谓同一物团，或同一物体了。至于在生物方面，则它们底同一性便非依靠于各同一分子组成的物团，乃是依靠于别的东西。因为在生物方面，大部分的物质变化并不能把同一性变化了。一棵橡树，自幼苗，至成树，至砍伐，仍是同一的橡树；一匹驹虽然长大成马，虽然有时肥、有时瘦，可它仍然是同一的马。实则在两种情况下，各部分的变化是很显著的，因此，它们虽然一个是同一的橡树，一个是同一的马，可是正确说来，它们都不是同一的物团了。因为在物质的质量方面，和在活的生物方面，同一性所指的并不是同一的东西。①

洛克所谓的“物团”即本文所谓的“聚合”。至小无内、没有部分的极细微的东西不会因为失去部分、得到部分而失去其同一性。生命有机体的同一性独立于其构成部分，按照洛克的说法，生命有机体虽然会失去部分、得到部分，但它能够使其各部分参与“共同的生命”，从而保持其自身的同一性。但是聚合的同一性依赖于其构成部分的同一性，聚合会因构成部分的变化而无法保持其自身同一性。因此，一个聚合能够构成一棵橡树，但并非就是一棵橡树。构成关系不等于同一关系。

但是，我们为什么不能接受齐硕姆的本质主义，否认日常事物具有经历构成部分的变化而保持自身持续性的能力？下面是按照气论术语转述的由公元前5世纪的希腊剧作家埃比查姆斯（Epicharmus）创作的“债务人悖论”：

> 某人从朋友那里借来一笔钱而逾期未还。债权人前来讨债，债务人这样为自己辩护：我只是气的聚合。我并不是在气的聚合之上、之外的某种东西，对吧？这里有一个聚合C，我就是C。

① 洛克：《人类理解论》，关文运译，商务印书馆1959年版，第304页。

> 请你仔细想一想，很明显我和那个向你借钱的人完全不同。例如，C这个聚合包括了我今天早上吃的包子，而包子是气的聚合D。D是C的部分，但不是向你借钱的那个聚合的部分。人只是气的聚合。我和那个借钱的人不是同一个聚合。所以我不欠你钱。

（埃比查姆斯并没有严肃对待这个悖论：他让债权人暴打了债务人一顿，然后债权人宣称他和使用暴力的人不是同一个聚合，因而不是同一个人。但是后来的斯多葛派哲学家与柏拉图学园的怀疑论者就此展开了激励的论辩。①）对事物的历时同一性的否定与我们关于道德责任、法律责任的常识不符。形而上学的目的是要解释世界，一个好的形而上学理论应该具有保守性，即尽可能地保留现象。整体部分论的本质主义意味着我们的责任概念是基于对事物本性的误解。这是我们不应过早接受这种激进立场的理由。

下面这个故事来自斯多葛派的克吕西普（Chrysippus），②这里的版本仍然是用气论术语改编的：

> 气的聚合C构成了一个四肢健全的成年男性：迪昂（Dion）；根据气聚成物说，迪昂=C（“=”表示“同一于”）。迪昂的左腿是由气的聚合D构成的；迪昂的左腿是迪昂的一部分，也就是说，D是C的部分。气的聚合E构成了迪昂的另外一个部分：除左腿之外的其他部分，我们把它叫做席昂（Theon）。席昂=E=C-D，D不是E的部分。除了那些受哲学家蛊惑的人，没有人会否认迪昂有一条左腿。迪昂的左腿并不具有任何形而上学的特殊性，使得它比席昂更真实，或拥有更多存在性。因此，我们也不该否认席昂的存在。所以，我们有三个聚合：C、D、E，它们分别是迪昂、迪昂的左腿和席昂。迪昂和席昂不具有同一性，因为迪昂有一条左腿，但是席昂没有左腿。某一天，不幸降临在迪昂身上：

---

① Sedley, David, “The Stoic Criterion of Identity”, *Phronesis*, 27 (3), 1982, pp.255–275.

② Burke, Michael B., “Dion and Theon: An Essentialist Solution to an Ancient puzzle”, *Journal of Philosophy*, 91 (3), 1994, pp.129–139.

他失去了左腿。万幸的是，他活下来了。现在的问题是：在时间 t 之后，迪昂与席昂是不是同一个人？

这个故事在当代形而上学文献中有多种版本，有的哲学家在讨论一只名叫蒂波尔斯（Tibbles）的猫失去尾巴后情况是怎样的[①]，有的哲学家在严肃地论证为什么“我”没有手[②]。如果构成关系就是同一性关系，那么，对于故事最后的问题，无论是肯定的回答还是否定的回答，都会得出反常识的推论。

首先看否定的回答：在事故发生之前，迪昂和席昂不具有同一性；在事故发生之后，迪昂和席昂仍然不具有同一性。这个答案至少有如下两个问题。第一，同一性具有可传递性，如果 a=4，并且 b=4，那么 a=b。迪昂在事故中失去了左腿，但他幸存下来了；席昂没有失去任何东西，事故对他没有任何影响，所以他也从事故中幸存下来。而此时，迪昂 =E，席昂 =E，那么为什么迪昂 ≠ 席昂？第二，如果迪昂和席昂都从事故中幸存下来，并且迪昂和席昂不是同一个人，那么在同一时间就有两个不同的人占据完全同一的地方，且拥有完全同一的部分。

再看肯定的回答：在事故之前，迪昂和席昂不具有同一性；但在事故之后，迪昂和席昂获得了同一性，他们现在是同一个人。这个答案同样有问题。设 x= 事故前的迪昂，y= 事故后的迪昂，于是就有如下一组不相容的陈述：

（1）x=y；

（2）x≠E；

（3）y=E；

（4）x≠y。

（1）看起来是合理的，因为迪昂失去了一条腿仍然能幸存（否则我们会再度陷入债务人悖论）；（2）同样具有合理性，因为 E 只是 x 的一部分，x 还拥有 D；（3）也是合理的，因为 y= 席昂，席昂 =E，

① Burke, Michael B., “Tibbles the Cat: A Modern Sophisma”, *Philosophical Studies* 84 (1), 1996, pp.63–74.

② Olson, Eric T., “Why I Have No Hands”, *Theoria* 61 (2), 1995, pp.182–197.

所以按照同一性的可传递性，y=E；（4）是（2）和（3）的逻辑推论。但是（1）和（4）不相容。也就是说，如果气聚成物说是合理的，如果构成性就是同一性，那么，上述四个陈述就都是真的，但又不能同时为真。这是自相矛盾的。

至少目前看来，如果我们要在拒绝整体部分论的本质主义的前提下避免迪昂和席昂两个人同时占据同一个地方的结论，就要接受在事故之后迪昂和席昂获得了同一性；但要融贯地接受迪昂和席昂在事故之后是一个人，就要否定 y=E，换句话说，就是否认构成性就是同一性。

还有其他理由否定构成关系就是同一关系。同一性具有对称性：如果 x=y，那么 y=x。但构成关系不具有对称性，我们可以说一个聚合构成了一棵橡树，可是，却不能说一棵橡树构成了一个聚合？

因此，“气聚”不是“成物”的充分条件。为了“成物”，还需要某种东西或原理赋予气的聚合以同一性，使其能够经历时间的变化而保持其自身的存在。

五 “死之不亡”？

人们常常不知道自己所使用的术语的确切含义，不知道自己的观点的逻辑推论，不知道自己的观点陷入了不一致。在这方面，哲学家比普通人表现得要好一些，但无法彻底免除这三种无知的困扰。张载也不例外。张载没有清晰界定聚和散的分别，他也没有充分意识到气聚成物说的逻辑推论。张载在批判佛、老的时候明确地做出了关于日常对象的真实性的本体论承诺，但这种承诺与气聚成物说并不一致。

尽管张载可能没有明确意识到日常对象具有统一性和同一性，但是如果我们问他迪昂在失去一条腿之后是否仍然是迪昂，他会给出肯定的答案。但这与气聚成物说不一致，因为气聚成物说的逻辑推论是事物就是气的聚合，其同一性严格依赖于其构成部分。张载的下面这句话能够突出地体现气一元论与日常事物的本体论地位之间的不一致：

聚亦吾体，散亦吾体，知死之不亡者，可与言性矣。（《正蒙·太和篇》）

这句话中的“吾”可以有三种解释：其一，“吾”指气；其二，“吾”指物；其三，“吾”指性理。

如果“吾”指气，那么气就是一切谓述的终极主体。当我们描述自己的身体的时候，我们自以为自己是那个被描述的对象，但是根据气一元论，这只是幻觉，真正被描述的对象是气。气被设想成某种永恒之物。哲学家们喜欢寻求某种永恒的东西作为世界的基础，这或许是人类渴望永恒的心理投射。但是我们这个世界到处都是有生有灭的事物，它们才应该是最基本的存在、世界的基础。相反，如果以气这种永恒的东西作为基本存在，与其说是解释了有生有灭的日常对象，不如说是取消了它们。正如许必达对该章的注解：“虽有形、有不形，然为物不二，岂容分别？”[①]一切事物本质上都是气，一只猫的存在只是气处于“类猫态”。

如果“吾”指物，那么物才是谓述的终极主体、存在的基础，永恒的气只是物的构成材料，而不等于（同一于）物。但是“散亦吾体”却取消了聚和散的分别。我们前面区分了气的总合和气的聚合，只有凝聚在一起，才有聚合；但是只要气不灭，总合就永恒存在。后世注释家们极力否认“死之不亡”是佛教轮回之说，因为轮回学说是“死而精灵不散，易形以生一人”[②]。但是轮回不需要预设精神主体。如果气聚即物成，构成即同一，那么物的同一性就严格依赖于气的同一性，同一个气的总合聚而复散、散而复聚，就一定是同一个事物。就像一只手表拆开了再组装起来，还是同一块手表，如果聚合成苏格拉底的气在一千四百年之后聚合成张载，那么张载就是苏格拉底。气聚成物说蕴含了轮回的可能性，不需要精神实体。

虚气二分论者和将太虚释为理的学者喜欢将“吾”解释为性理。

① 林乐昌：《正蒙合校集释》，中华书局2012年版，第36页。
② 林乐昌：《正蒙合校集释》，中华书局2012年版，第39页，张伯行注。

但是，是形体拥有本性，而不是本性拥有形体。性不是谓述的主体。最后，我们来看看如果太虚或理能够解释物的生成，它必须具有什么特点。

首先，它必须是一个“这一个”，也就是说，它必须是一个特殊的东西。气或气的聚合不能使事物成为一个特殊的“这一个”，因为在理论上存在着聚合的轮回的可能性。同一个气的总合有可能在时间 t_1 组合成聚合 a，又在时间 t_2 组合成聚合 b，气单凭自身不能使 b 成为有别于 a 的“这一个”。因此，如果理与气共同构成了对物的生成的充分解释，那么理必须是那个能够使事物成为“这一个”的东西。但是普遍性的“理”只能解释物的普遍性而不能赋予物特殊性。

其次，它必须是一个有生有灭的东西。我们已经论证了“气聚”不是“成物”的充分条件。但其实，气散也不是“物毁”的必要条件。想想刚刚死于毒芹酒的苏格拉底，苏格拉底的形体并没有消散，但苏格拉底已经不存在了。一定有某种特殊的、有生有灭的东西，正是它的生成使得日常事物最终生成；正是它的消亡，使得日常事物真正毁灭。

因此，如果“理”是指某种永恒、普遍的东西，那么它似乎也不能充分解释日常事物的生成和毁灭。

结　语

综上所述，气一元论的“气聚成物”具有如下三个问题：首先“聚”和“散”这两个日常概念在涉及形而上学根本问题时有些“力不从心”，因为日常使用“聚”“散”概念时预设了对空间的常识性理解，一旦否定了空的空间而代之以充满了气的空间概念，就缺乏一个明确标准区分聚和散；其次，“气聚成物”无法解释日常事物所具有的统一性，因为杂多并不因为仅仅聚在一起而自动获得统一性，成为具有内在统一性的个体事物；第三，“气聚成物”理论无法揭示日常事务所有具有的同一性，每个个体事物都是一个独一无二的“这一个”，我们能够在纷繁的变化中再度识别出这个独一无二的个体，杂多并不因为仅仅聚在一起就成为一个独一无二的个体。

本文在批判"气聚成物"理论的时候，是以张载以及张载那个时代所不具有的知识为背景的，这是因为本文批判的对象不是张载个人，而是"气聚成物"这一理论。而且，所谓批判，是为了决定相信什么或做什么而进行的反思的思维，批判一种理论归根到底是询问我们是否有充分的理由接受该理论。因此，我们不能也不应该跳出我们时代的知识背景去反思一种哲学理论。同理，本文的质疑是在向那些具有现代知识背景而又接受"气聚成物"理论的人提问，而不是在向张载提问。

如何解释事物的统一性和同一性，仍然是一个哲学奥秘，没有哪一种理论获得普遍认同。但是，气学的进一步发展不能无视这个问题。因为只有从当代知识背景出发反思一种理论，并从当代知识背景出发去回应挑战，它才有可能是"活"的理论，而不仅仅是僵死的历史"遗迹"。

明代关学经典《周易辨录》哲学思想刍议 *

陈战峰

（西北大学 中国思想文化研究所）

摘　要：《周易》是中国古代哲学与思想文化的重要经典之一，在经传中阐发和建构哲学思想，是中国哲学传承和创新的重要途径和鲜明特色。明代杨爵的《周易辨录》（四卷）以其简明的特色引起人们关注，特别是将“四书”引入《周易》注解，形成了一些新的思想和认识，需要哲学史界和思想文化研究领域共同研究。杨爵在《周易辨录》中对贞正之道、天人之际、道德修养、君臣关系作了发挥和新的论述，在今天依然有理论价值和现实意义。

关键词：明代；关学；杨爵；《周易辨录》；哲学思想

《周易》是中国古代哲学与思想文化的重要经典之一，围绕《周易》形成的易学与易学史研究，成果丰富，汗牛充栋。不同历史时期的易学作品，在哲学思想的传承与创新方面均有各自的贡献。明代杨爵的《周易辨录》（四卷）将“四书”引入《周易》注解，形成了一些新的思想和认识。今天，研究杨爵诗文者众，研究《周易辨录》者寡。

* 项目基金：国家社会科学基金年度项目“关学哲学建构的经学基础与创新价值研究”（批准号：17BZX065），“陕西高校人文社会科学青年英才支持计划（HSSTP）”（第二批）。

实际上，研究《周易辨录》对把握中国哲学特色与价值，深入领会体用显微关系，以及反思中国哲学与解经方法的内在关系等都有裨益，值得哲学史界和思想文化研究领域共同关注。拙文不揣浅陋，略作梳理，以求教于方家。

杨爵（1493—1549），字伯修（一作伯珍），号斛山，谥忠介，陕西富平人。生平事迹、学术思想详见《明史》本传、《关学编》《明儒学案》等。嘉靖二十年（1541）春，杨爵以监察御史上封事。大略“谓雪雨不可为祥瑞而颂之，谓权奸不可为忠信而迩之，谓土木之工不可不止，谓朝讲之礼不可不修，谓邪说之妨政害治者不可不斥，谓谠言之益国与民者不可不听”（《杨忠介集》卷三《周主事传》），极论五事，械系下狱，备极拷掠，桎梏柙锁，昼夜困苦。嘉靖二十四年（1545）放释，至家甫十日，旋即复逮。三年后，始归故里。前后八年，讲学撰著不辍，备尝牢狱辛厄，但赤心耿耿，持守始终如一。

杨爵流传下来的代表性著作主要包括《周易辨录》（四卷）、《杨忠介集》（十三卷，附录五卷）等。[①]《千顷堂书目》记载杨爵著作共四部，分别是《周易辨录》四卷、《中庸解》一卷（今本《杨忠介集》卷六《语录》、《关中四先生语要》等中有存留）、《槲山逸稿》五卷（原注：《明史·艺文志》“槲”作“斛”）、《破碗集》（与孙继鲁和撰）。[②]

《四库全书总目》称杨爵为明代关中道学开创者，云：“爵则以躬行实践为先，关西道学之传，爵实开之迹。”（《钦定四库全书总目》卷一百七十二《集部》二十五《别集类》二十五《杨忠介集》）这显示了斛山学术重“躬行实践”的基本品格，它也是自张载（1020—1077）以来关学的重要特色之一。

---

① 本文所据《周易辨录》，以文渊阁《四库全书》本为主，校以文津阁《四库全书》本等；《杨忠介集》，参考版本较多。具体可见鄙人点校整理《杨爵集》（关学文库之一），西北大学出版社2015年版。为简便行文，后文不再另行出注。

② （清）黄虞稷撰，瞿凤起、潘景郑整理：《千顷堂书目》（附索引），上海古籍出版社2001年版，第5，42，572，772页。

一　杨爵思想与阳明心学

明代关中儒学，以朱子学与阳明学的传播与融会为主调，且遥承横渠学说，重视躬行实践，出现了一批重视气节和操守的学者。明代嘉靖时期阳明学说对关中儒学产生了深刻影响，当时关中比较著名的儒学学者多与阳明或阳明后学有密切交往，如南大吉（字符善，号瑞泉，陕西渭南人）即为阳明高足，参与编选《传习录》，于嘉靖三年（1524）撰写《传习录序》，强调“勿以《录》求《录》也，而以我求《录》也，则吾心之本体自见，而凡斯录之言，皆其心之所固有，而无复可疑者矣”[①]。南大吉为学本“以致良知为宗旨，以慎独改过为致知工夫，饬躬励行，惇伦叙理”，被阳明誉为“关中自横渠后，今实自南元善始”（《关学编》卷四《瑞泉南先生》，第52页）。南大吉归陕弘扬“致良知之学”，建湭西书院，“前访周公迹，后窃横渠芳”（《关学编》卷四《瑞泉南先生》，第52页），以阳明学为基础兼摄横渠学说。

马理（1474—1556，字伯循，号溪田，陕西三原人）与聂豹（1487—1563，字文蔚，号双江，江西吉安人）有诗歌唱和[②]，邹守益（1491—1562，字谦之，号东廓子，江西安福人）曾赠诗给马理[③]。

吕柟（1479—1542，字仲木，号泾野，陕西高陵人）也有鲜明的心学倾向。邹守益的《简吕泾野宗伯》《东园同泾野诸君赋》（三首）、《赠泾野宗伯北上》《岁除饮吕泾野客舍》《酬吕泾野》（俱见《邹守益集》）等诗文记载了他与吕楠的交往，也反映了当时关中学者常南下交流的状况。吕柟也与欧阳德（1496—1554，字崇一，号南野，江西泰和人）有交往。欧阳德在《寄吕泾野》中说：“君志定而天下之治成，念之悚然。微执事，复谁望也？”（《欧阳德集》，第63页）在《泾野

① 吴光、钱明、董平、姚延福编校：《王阳明全集》卷四一《序说序跋》，上海古籍出版社2009年版，第1582页。

② 吴可为编校整理：《聂豹集》，凤凰出版社2007年版，第508—509页。

③ 董平编校整理：《邹守益集·赠溪田马子西归》，凤凰出版社2007年版，第189—190页。

吕先生考绩序》(《欧阳德集》,第450—451页)中对吕柟学行赞誉不绝。在诗歌《赠泾野吕先生赴召大司成》(二首)中也有“忠直平生符两字,江湖廊庙总悠然”(《欧阳德集》,第807页)的称赞。

通过关中学人与阳明及其后学的交往,可管窥明代嘉靖年间关学的具体面貌。

杨爵与阳明的高足钱德洪(1496—1575,本名宽,字洪甫,号绪山,浙江余饶人)交往甚密,并且在送钱氏出狱时请益,钱氏教之以静中涵养。钱德洪的《复杨斛山书》(《杨忠介集》附录卷三)比较集中地阐述了阳明学的基本思想,特别是关于“无善无恶心之体”与良知说的关系等问题。在狱中杨爵也曾经夜梦阳明探访。杨爵与阳明弟子刘魁(号晴川)、周怡(号讷溪)更是患难与共的生死之交。关于杨爵、刘魁、周怡三人狱中的生活,《杨忠介集》有直接与间接的表述,比较简明可靠。

在当时整体的学术思潮影响下,加之种种具体的机缘,杨爵也具有浓郁的心学倾向,这成为其融会横渠、程朱思想的学术基础。

结合杨爵的诗文和经解,可以把握他的思想学术品格。在《杨忠介集》中,杨爵的学术思想面貌呈现得比较明显,特别是他的心学因素,在诗文中不时有所流露。“人心原是书之本,会寻真趣便能虚。心书与道相忘处,身居天下之广居。”(《杨忠介集》卷九《题云津书屋》)“隐显从心无上下,险夷信步有西东。”(《杨忠介集》卷十《次绪山韵五首》)“月朗风清皆自得,鸢飞鱼跃在其间。”(《杨忠介集》卷十《遣怀二首用杜工部韵》)这些诗歌均具有鲜明的心学气象。杨爵与钱德洪诗歌唱和中表达得尤为显豁,如:“从来克己最为难,克去超过人鬼关。”“正见胸中好景象,天光云影半空闲。”(《杨忠介集》卷十一《次绪山韵三首》)“留心剪枝叶,枝叶更秾鲜。努力勤于耒,共耕方寸田。”“心能乐取善,善自我心全。”“荆榛不自剪,令我此心迷。洞识虚明体,超然即在兹。”(《杨忠介集》卷八《四丁宁赠钱员外绪山》)

杨爵在《周易辨录》序言中谈论自己解《周易》的缘起、方法与主旨:“予久蒙幽系,自以负罪深重,忧患惊惕之念,即夙夜而恒存也。困病中,日读《周易》以自排遣,愚昧管窥,或有所得,则随笔之以备遗忘。岁月既久，六十四卦之说略具矣，因名曰《周易辨录》。《系辞》曰：'困，德之辨也。'吾以验吾心之所安，力之所胜何如耳。若以为实有所见而求法于古人焉，则吾死罪之余，万万所不敢也。"① （《周易辨录·原序》）他通过解经、处危而"验心之所安，力之所胜"，正反映了其笃行实践、重视心性修养的学术品格。

《四库全书总目》认为《周易辨录》"盖即其与周怡、刘魁等在狱中讲论所作，故取系辞'困，德之辨'一语为名"，"所释惟六十四卦，每卦惟载上下经卦辞，然其训解则六爻及彖传、象传皆兼及之，特不列其文耳。其说多以人事为主，颇剀切著明，盖以正直之操处杌棿之会，幽居远念，寄托良深，有未可以经生常义律之者。然自始至终无一字之怨尤，其所以为纯臣欤！"（《四库全书总目》卷五《经部·易类五》）对该书的解经方法与思想义理有简明论说，颇中肯綮。

在《周易辨录》中，杨爵虽受《彖辞》、大小《象辞》的影响较大，但他能够将"四书"特别是其中《大学》《中庸》抽绎出来注解《周易》的卦爻辞，并结合君臣关系阐述政治伦理与道德规范，虽基本是以"四书"解《周易》，但他注意到《周易》卦爻辞与象的特点，所以多有个人心得和发明，在今天依然可以给人以启发。整体看，正如《大学问》在阳明学中占有重要的地位一样，杨爵重视《大学》《中庸》《孟子》等，自有其深刻的思想根源与哲学特色。《周易辨录》内容丰富，除特别重视人事，哲学史常探讨的本体论、认识论、工夫论、境界论等都有涉及。

二　贞正之理：天下达道

杨爵探讨天地万物与社会伦理的本体和运行规律，集中体现在关于"元"与"贞"及贞正之道的论述上。

"'元、亨、利、贞'，乾之德也。分而言之有四，合而言之，一

① "困病中"，文津阁《四库全书》本，"困"作"因"。"杨爵书"，文津阁《四库全书》本，前有"嘉靖二十四年乙巳八月日"数字。

元而已。气始动为元；流行为亨；以变则变，以化则化，为利；机藏于静，其动而为元亨利者，皆具于此，为贞。乾之四德，一‘诚’可以尽之矣。”（《周易辨录》卷一《乾》）杨爵认为，元亨利贞，虽然表面分为四个方面，但并不是简单并列的，其中元是发端，贞才是归宿。之所以称“诚”可以概括乾卦的四德，也是因为“贞”本身就是“诚”。“诚”代表着天道运行变化的规律，反映了元气的升降盈亏，因此《周易》六十四卦卦爻变化即显示了与天道离合的关系，离则为凶，合则为吉。“《易》《系辞》曰：‘吉凶者，得失之象也。’自《坤》而至《未济》，虽情伪万变，莫不以合此天道而为得为吉，戾此天道而为失为凶也。悔吝无咎，亦即其得失浅深而言之也。”（《周易辨录》卷一《乾》）这也是杨爵强调《周易》“尚辞”“尚变”“尚象”“尚占”四种用途都要“配之以道而后可用”（《周易辨录》卷一《乾》）的道理。

那么，这些贞正之道具体是什么呢？杨爵明确说就是“正道”“定理”，是古圣贤相传不绝的道统和文化精神，“贞者，尧、舜、禹、汤、文、武、周公相传之正道，万古不易之定理也，天下之人心不同而同于此理，故贞”（《周易辨录》卷二《随》），“贞者，扶持宇宙奠安国家之正道”（《周易辨录》卷二《剥》）。杨爵反复申述的“道”并不是空洞、抽象、虚无的道理，而是实实在在亘古弥今的文化传统和道德精神。[①]

贞正的道也可以简称“贞”。“所谓贞者，不过于惇典、庸礼、命德、讨罪合于天理，当于人心，而不参以私意于其间，则贞之至也。是道也，毫忽几微之不察，则流于失而不自知矣，故必丁宁，揆度详审周密，而戒之至则动无过，举可以得其当而吉矣。”（《周易辨录》卷

① 劳思光先生在《新编中国哲学史》第三卷指出，阳明后学引发了三大哲学问题，即心体问题、发用及工夫问题、客观化问题（参见劳思光《新编中国哲学史》第三卷下，广西师范大学出版社 2005 年版，第 379 页）。特别是劳氏联系整个儒学走势，强调“成德之学虽成为中国传统哲学思想之主流，肯定世界虽为儒者所坚持之精神方向，毕竟道德理性只在自我之转化升进处显其功能，而未能在历史文化之客观推进上确显其大用”，“成德或成圣之学倘若只落在道德心之明昧上说，则此心既明后，仍大有事在；盖已明之道德心必须在另一境域中发用，方能建立客观轨道以统御事势也”（同前，第 394 页）。在这种意义上，杨爵对德性修养与贞正之道的文化传统的同时肯定，应是有理论意义和现实意义的。

四《巽》)"贞者至极之善，人心本然之理，千圣感物之常道也。尧、舜、禹、汤、文、武之所以尽君道者，此也；皋、夔、稷、契、伊尹、莱朱、周、召之所以尽臣道者，此也；孔子之所以继往圣开来学者，亦此也。"(《周易辨录》卷三《咸》)"贞者天下之达道也，慎修而有得焉，则为圣哲之作用矣"(《周易辨录》卷三《大壮》)，以追求实现"体用全备之事业"(《周易辨录》卷三《大壮》)。"贞"对于天地、社会与人生尤为重要。"武人而非贞，则血气之强而已矣；惟能贞也，则凡刚毅果断而振奋有为者，皆纯于义理之正而为君子所尚矣。"(《周易辨录》卷四《巽》)

杨爵认为："贞正之理，我自有之，非由外铄，反而求之，即此而在。"(《周易辨录》卷二《无妄》)"性，吾所本善；道，吾所固有。"(《周易辨录》卷二《颐》)"德者，人心固有之善也。"(《周易辨录》卷三《恒》)这些思想自然渊源于《孟子》，杨氏结合《周易》传解作了进一步发挥。他强调，伦理道德"自我而出之"(《周易辨录》卷一《坤》)，需要反躬自察，"反身而求以至之者，惟精察其禀赋之偏蔽，而勇克去之，则高明广大可驯致而与天地同体矣"(《周易辨录》卷一《坤》)。"宇宙间事，皆吾分内物也。'民吾同胞，物为吾与'，非仁者不能有此心也。"(《周易辨录》卷一《坤》)物即事，此显受张载、陆王的影响。杨爵甚至认为社会事务也与人的"一念发越"有必然的内在联系，"凡列爵分土，井田学校，所以裁成天地之道，辅相天地之宜，维持之以纪纲，涵濡之以礼乐，事业之大弥六合而无间者，皆自一念之微所发越，而亦非有所增益于性分之外也"(《周易辨录》卷一《坤》)，这反映了他哲学思想上的心学气息。因此，他声称："天位惟艰，一念不谨，或贻生民无穷之害而天禄永终矣。"(《周易辨录》卷一《履》)当然，这是有感而发的，联系他所处的时代背景和自己身陷牢狱的原因自然可以判断。

君子不行不义，所作所为合乎正的原则，所以"义"也即"正"，也就是"贞"。"正者，天命人心之则，时中至善之道，无妄之本体也。"(《周易辨录》卷二《无妄》)"正则为君子，为以义理用事者也；不正则为小人，为以血气用事者也。正则为王道；不正则为霸术矣。"(《周易辨录》卷三《大壮》）“然利于正，则所从可以无咎；所从不正则为苟合，虽可以致亨而过多矣”（《周易辨录》卷二《随》），所从正与不正，结果大相径庭。“所丽贵于得正，如体常道，亲有德，皆丽于正也”（《周易辨录》卷二《离》），丽即依附，也是主张“体常道，亲有德”有助于“得正”。“君子行一不义，杀一不辜而得天下不为；行一不义，杀一不辜而得免于死，亦不为，何所往而可离于正乎？以此得正。”（《周易辨录》卷一《屯》）是否“得正”，关键取决于是否“得道”，这就使“正”有了法则和道德的限定，因而“得其道而顺”（《周易辨录》卷一《蒙》），“用之以道皆为正”（《周易辨录》卷一《师》），（六四）“为畜之主，以畜道为尚者也”（《周易辨录》卷一《小畜》）。

想要把握“道”，“必至于安贞而与道为一”（《周易辨录》卷一《坤》）。想要“尽性命之理，极精微之蕴”，首先要“安贞”，内心诚正安适，则有助于把握义理，“勉强而未至于安焉者，非诚也。安贞则顺适乎义理之中正而止于至善矣”（《周易辨录》卷一《坤》），“观天下之道，诚敬而已矣”，“以是诚敬之德观天下，则不言而信，不怒而威”（《周易辨录》卷二《观》）。

简言之，贞、正、道、义，一本而万殊。当然，杨爵也称“中者，万世不易之常道”（《周易辨录》卷二《离》），“天地人之道，中而已，易之全体大用可识矣”（《周易辨录》卷二《离》），但相对于贞正道义来说，倒居于次要的地位。这也是将《中庸》引入《周易》经解中需要进一步融合调整的问题。

三　天人之际：天人一理

在天人关系中特别突出人道的意义与价值，是杨爵易学思想的重要特点。“所以主之者，必有其人，岂可尽归于天运哉？”（《周易辨录》卷二《泰》）“人谋之与天运未尝不相为流通者也。”（《周易辨录》卷二《蛊》）重视人事，而反对笃信天命，是难能可贵的思想，“盖天之所佑者，德也；人之所归者，亦德也”（《周易辨录》卷四《既济》）。

在杨爵看来，元是发端，贯穿始终，虽有升降亏盈的变化，但不会泯灭，所以元可通贯亨、利、贞，“合而言之，一元而已”（《周易辨录》卷一《乾》）。“‘大哉乾元’，为万物所资以始，匪特资之以始也。非乾元则不能有终矣，故亨也者亨此元也，利也者利此元也，贞也者贞此元也。一理流行而用各不同，随其所至之善而名之耳。”（《周易辨录》卷一《乾》）“一理流行而用各不同”，程朱理学“理一分殊”的思想也呼之欲出了，所以说“‘大明终始’，会乾道之一本也；‘六位时成’，识乾道之万殊也，生而知之也”（《周易辨录》卷一《乾》），“一本”“万殊”也即“理一分殊”。值得注意的是，这里“一理流行”随其“发用”并不仅限于自然，也可伸展至社会人生，“在人则为仁义礼智，而仁则无所不包，发而为恻隐羞恶辞让是非，而恻隐则无所不贯”（《周易辨录》卷一《乾》），自然使天人统一起来，使天道和人道相融通，从而为人伦道德奠定存在依据。“知义理之至而求以至之，则察之极其精，故可与几，所谓始条理者智之事也；知义理之终而求以终之，则措之无不当，故可与存义，所谓终条理者圣之事也。即《大学》格物致知诚意正心，《中庸》明善诚身，尧舜禹‘惟精惟一，允执厥中’也。”（《周易辨录》卷一《乾》）杨爵认为，“千古圣贤之学问”在此已被道尽。“天地非有心于感也，至理之流行而已。圣人非有心于感也，顺至理而已。”（《周易辨录》卷三《咸》）“感以正”本身就是天地间至理的流行发散而已。

杨爵进一步论述天道与人道的关系，“元为‘善之长’，亨为‘嘉之会’，利为‘义之和’，贞为‘事之干’，天命之谓性也；‘体仁足以长人，嘉会足以合礼，利物足以和义，贞固足以干事’，率性之谓道也。命与性一也，降自天为命，具于人为性；性与道一也，统于心为性，见于行为道，体用一原，显微无间也”（《周易辨录》卷一《乾》），当然这是以《中庸》来解《周易》，但他将“命”和“性”紧密联系起来，在理论上揭示了中国哲学关于天人之际的基本论述与“体用一原，显微无间”的哲学特色。关于“天命之谓性，率性之谓道”，朱熹有著名的理学解释和阐发，即“命，犹令也。性，即理也。天以阴阳五行化生万物，气以成形，而理亦赋焉，犹命令也。于是人物之生，因各得其所赋之理，以为健顺五常之德，所谓性也”（《四书章句集注·中庸章句》)，也是旨在阐明天人关系和伦理道德的渊源。

杨爵认为，人道来源于天道，而天道是人道的最终依据和根源。他说：

> "刚柔交错"，天之垂象，自然之文也，观之以察时变，凡历象授时，裁成辅相，皆其事也。"文明以止，人文也"，六十四卦，三百八十四爻，此一言可以尽之，此如《诗》之"思无邪"，《礼》之"毋不敬"，《书》之"允执厥中"之类也。"天文"，天之道也；"人文"，人之道也。人道本于天道，而天道所以为人道也。(《周易辨录》卷二《贲》)

《周易辨录》有比较丰富的关于天道与人道的关系的论述，其他如："天人一理，更不分别。"(《周易辨录》卷二《复》)"人道必本于天道，而天道所以为人道也。"(《周易辨录》卷二《无妄》)"人道必本于天道，天道之外无所谓人道也。"(《周易辨录》卷四《中孚》)等等。

至于天道与人道的内在联系，《周易辨录》中还有一些有趣的比较和论述。如：

> 生长收藏，无非天地之心，化工之妙，无间可停息，大而一气之运，小而一物之微，莫不皆然，特于藏诸用之终、显诸仁之始为易见耳。恻隐、羞恶、辞让、是非皆人之心，特于见孺子入井而怵惕者为易见耳。天人一理，更不分别。(《周易辨录》卷二《复》)

既然天人一理，人们审察天道，自有获得道德依据的可能。杨爵的这些理念都是在天人合一理论前提下展开的，在逻辑上有其自足性。

人要不能明察天道运行规律，与时偕行，则要招致祸患，"昧于消息盈虚之理，进退存亡之道，时已极而不知变，则'与时偕极'矣。盈满既久，穷灾不免，颠覆之凶其将至矣"(《周易辨录》卷一《乾》)。

杨爵认为，天地万物的实际情形就是聚合，但是聚合有"道"和

"非道"的差异，对社会与自然运行变化也会产生深远的影响。"天地万物之情，聚而已。天施地生，乾坤交泰，聚之义也。五品人伦，恩义相笃，亦聚之义也。飞潜动植，类聚群分，亦聚之义也。盈天地之间者，聚而已，但以道则得，非道则失，升降消长，治乱安危，胥此焉。"（《周易辨录》卷三《萃》）"万物之形象有万，其不同也，然以类相聚，于不同之中而各有同焉，则其事类也。天地万物之形皆有自然之睽，睽之相与，则皆有自然之道。圣王之治天下，使各正于自然之道而已，此则睽之时用也。盈天地间，满眼皆睽之象，亦满眼皆睽之时用也，在默而识之。"（《周易辨录》卷三《睽》）这里，杨爵又强调自然之道是天地万物和社会政治的基本准则和存在依据，与前面关于"道"人文性、精神性、道德性的论述似有冲突，值得进一步研究和探讨。

合天人之道，也需依靠"正"，"正则尽人道以合乎天道矣。圣人先天而天弗违，后天而奉天时，尽其正大之作用而已矣。一失其正，则与天地不相似而非率性之道也"（《周易辨录》卷三《大壮》）。"君子尽其在人者而已，本于天者则顺受之"（《周易辨录》卷四《丰》），虽然人道本于天道，但合天人之道，关键还在于努力恪守人道，这显示了该哲学思想重理性、重现实、重伦理的人文化色彩。

四　修养工夫：明心力行

在德行修养上，杨爵重视"明心""力行"，强调"自养"与"所养"的内外统一。杨爵提出道德修养中有"所养"与"自养"的分别：

> 所养必以王道，则所养为得正矣。"自求口实"，观其自养。自养必以天德，则自养为得正矣。如分人以财，教人以善，为天下得人，皆所养之道，自小德之谨，至大德不踰闲，皆为自养也。以《大学》之序言之，"自养"为格物、致知、诚意、正心、修身，而"所养"则齐家、治国、平天下之谓也。内圣外王之学，"观颐，自求口实"尽之矣。"天地养万物"，养道也。圣人在天子之位，

尊贤使能；俊杰在位，膏泽下及于民，亦养道也。尽养之道者，天地圣人也。天地无心而成化，圣人有心而无为，养之时，其道大矣哉！（《周易辨录》卷二《颐》）

“自养”实际是内圣，而“所养”则是外王，两者内外、表里相一，密不可分。如果“自养”与“所养”相互割裂，断为两截，学难以致用，就会产生一些理论和实践的问题。在《周易辨录》中，“自养”与“所养”、内圣与外王，都是“养之道”的有机构成部分和环节，本来就是统一的，因而在逻辑上也体现了内外相副、表里一贯的必然性。

杨爵解《坤》卦“用六”，说：“用六者，六爻之阴皆变而为阳也。阴柔之性，见之不能明，守之不能固，变而为阳，则愚可至于明，柔可至于强，而能长久于义理之正矣，故‘利永贞’。变之之道无他焉，博学、审问、慎思、明辨、笃行，人一能之己百之，人十能之己千之，斯可矣。”（《周易辨录》卷一《坤》）这是用《中庸》来解《周易》。“前言往行之理，即吾心之理也。多识之，所以畜吾心之德也。多识而不畜德，则所识者资口耳之陋而无实用矣，故非多识不足以畜德，而多识者又不可以不畜德也。先明诸心，知所往，然后力行以求至焉。格物、致知、诚意、正心、修身，以为齐家、治国、平天下之本，圣学功用之全，即此一言尽之矣。”（《周易辨录》卷二《无妄》）杨爵将《大学》的“八条目”作为修养身心的重要功夫，与上述《中庸》五种方法有异曲同工之妙，特别是他强调“明心”“畜德”“力行”，使知行统一起来，尤其有重要的意义。

要达到“中”“正”“贞”“诚”，就要对自己的内心与修养做些损益。“损所当损而皆出于诚心，则盛德至善，可大可久，施之天下国家，无所往而不当矣”（《周易辨录》卷三《损》）。杨爵解《损》卦，“‘惩忿窒欲’，谓之损可也，谓之益亦可也。圣人特以克己而言，则理之复者非益乎？消一分人欲，则长一分天理”（《周易辨录》卷三《损》），虽然还没有完全摆脱程朱理学的影响，但能从道德提升的角度强调损益的相得益彰、相互转化，也是颇有新意的。杨爵重视“以道义自益”（《周易辨录》卷三《益》），损欲而益理，依然是关于理欲之辨的探讨。

内心达到什么程度，才能算作“诚”与“贞”呢？就要有“敬”的功夫。在这个方面，杨爵显然受到程朱比较深的影响。他强调：“忌，敬之意也。敬，德之舆；不敬，则德不可居矣。”(《周易辨录》卷三《夬》)

杨爵形象地将个人的修养功夫称为“御寇”。“凡外诱之私蔽其明而乱其真，皆寇也。为去其私而使全其善，御寇之义也。学之教之固多术，而皆所以御寇也。”(《周易辨录》卷一《蒙》)“君子度德而进，量时而动，则机括在我，而进退施为有余裕矣”(《周易辨录》卷二《无妄》)，君子充分发挥自己的主观能动性，恰当地审视自己和时势，自然进退优裕，远离灾祸。

修养身心，能够合内外，使学行统一，做到学以致用。“格致诚正之学，措而为治平之用，未为物诱而变其所守者也。执此道以往，则‘无咎’矣。人之修己所愿者，在行所学以治人也。”(《周易辨录》卷一《履》)修养砥砺德行，与人交往皆需谨慎，“所随必择其人，所交必慎其道”(《周易辨录》卷二《随》)。“富贵宠利，人视之以为喜，己则思其有忧者；在人视之以为安，己则思其有危者在，是能艰以处之也。如此，则于事之可否，身之去就，皆不敢苟，而得‘无咎’矣。”(《周易辨录》卷二《大有》)能够居安思危，谨敬以求，自然无有祸患。解《大壮》“上六”，说“大抵天下之事，莫不成于难而败于易：以为难，则可以无难处之事；以为易，则忧即至矣。‘艰’之一言，乃圣人示人以存诚之基本，而转灾为祥之机也”(《周易辨录》卷三《大壮》)。人们正因为具有强烈的忧患意识，才倍加重视谦抑处下的价值。

杨爵通过对《谦》卦的细致解释，阐发了关于“谦”的基本理解：

> 谦者，有若无，实若虚之意也。无为无，虚为虚，此有恒也。己有而处之若无，己实而处之若虚，此谦也。山之高者处于地之卑之下，外示卑而自掩其高，则谦之象也。止于理而不敢或过，顺于道而从容谨勑，则谦之义也。未有尚谦德而不亨通者矣，谦者，君子之美德也。有若无，终不能掩其有；实若虚，终不能匿其实，“有终”之谓也。天道下济，则天道谦矣；下济而成生物之

功，则光明也。地道卑而处下，则地道谦矣；承天以有为而时行，则上升也。光明上升，则亨通之义也。(《周易辨录》卷二《谦》)

可见，谦不仅是一种修养，而且能够发挥切实的功用；谦也不只是表面的谦抑恭逊，而是有实实在在的美德和修养，所以最终也不能“掩其有”“匿其实”；谦的基本精神，在于“止于理”“顺于道”。这些论述对于全面理解和把握“谦”有深刻启示，即使在今天来看，也是有积极意义的。

杨爵也注意到风俗善恶与个人“自育其德”相互促进、相得益彰的辩证关系,“自育其德”则是基础，是敦厚风化的重要途径。他认为：“未有风俗不坏而世乱者也；世之乱者由于风俗之坏也。振起其民而使皆趋于教典，所以善风俗也。育德，则自育其德，又所以端风化之本也，未有己不正而能正人者也。”(《周易辨录》卷二《蛊》)即使正己正人，改过迁善，也是因为人本身含藏有善的种子和根苗，而不是外在强加和赋予的。这些都与《孟子》性善论一脉相连。“复，阳复生于下也。本其固有，非自外至，特为阴所掩消，而至此复见耳，故谓之复。天道之盈虚消息，人物之生化盛衰，凡人心肆恶之极而后天理复萌，皆此义也。”(《周易辨录》卷二《复》)

君子处世要重视“义”，进退有度。“君子立身，可贵可贱，可荣可辱，可生可杀，而不可使为不义，进则泽被于生民，退则道传于来世。”(《周易辨录》卷四《井》)杨爵强调，只有合乎理，就要义无反顾，不顾及他人兴废和个人安危，所谓“君子以义安命”(《周易辨录》卷二《习坎》),“当生而生，当死而死，常道也。见危授命，以常道处之”(《周易辨录》卷二《离》)。“君子之蹈履，知有理而已。理苟可行，虽举世皆欲止之而吾行焉；理苟可止，虽举世皆欲行之而吾止焉。死生祸福，纷迭于前而吾无有焉。”(《周易辨录》卷二《大过》)这些论述，与杨爵个人行事与处世相合，反映了可贵的风骨和气节，有助于完整地把握他关于道德修养的见解。

以贞正之道处世，待人接物，自有法则，成就美德。“贵戚之卿，义同休戚，去之则不可，救之则不能，处之之道，贞而已。于人事则

咎之以己，于大运则归之于天，自靖其志，献于先王，此箕子之贞，不息之明，而后人之所当法也。”（《周易辨录》卷三《明夷》）

至于如何处“困”，杨爵因自身和朋友身陷牢狱，深有体会，文字便入木三分，饱含辛酸痛楚，然而慷慨激昂，凛然不可侵犯。“困之时，非实有所见，实有所得，不能处也。圣人安土敦仁而皆自得，贤者决于义命而可泰然，实有所见，实有所得，则言语动止死生，处之如一。尽言语之道则能尽动止之道，尽动止之道则能尽死生之道。言语、动止、死生，皆理之常。事有大小，道无二致，见其为一，则能与天地万物同流而无所谓困矣。”（《周易辨录》卷三《困》）

杨爵强调：“寇者，切害之名，指人之私欲而言。私欲者，心德之害也，故以为寇。”（《周易辨录》卷四《渐》）“或人所当亲，或道所当学。信其所当亲，则终身资之以为宗；信其所当学，则终身用之而不穷。反是，则非自安之道也。所谓自安，非但安身，亦安其心而已矣。”（《周易辨录》卷四《中孚》）虽沿袭了人欲（特别突出私欲）与天理之辨，但主张“安心”[①]，心学气息也很浓郁。

五　君臣关系：奉天安民

君主任用贤才，要发挥才的功用，善于用人。“才一也，用之以为恶则恶无不至，用之以为善则善亦无不至矣。”（《周易辨录》卷三《升》）“赏善去恶，以拯一世之困，诚而已，未有诚而不动者也，未有诚而弗能成功也。”（《周易辨录》卷三《困》）贞，正，中，诚，即是“进君子，退小人，振经国之要务，端治化之本原”（《周易辨录》卷三《遁》）。“所谓德薄而位尊，力小而任重，不能胜其责任，犹栋之屈挠而不能胜其任屋之重也。天下之事，当与天下之贤才共之，而非一人之手所能成。有与人为善之心，则天下之善皆其善也。”（《周易辨录》卷二《大过》）杨爵劝告君主任用贤能，与天下贤才共治国家，含藏有

① “非但安身，亦安其心”，阳明后学王艮就倡论“安身”，而“安心”则是更加根本的问题。

丰富的政治智慧。

杨爵论述君与臣各自的职守，称“君也者，奉天以安民者也。臣也者，受君之命而奉以行之者也”（《周易辨录》卷二《临》），可贵的是杨爵将君臣的职责都定位在如何“奉天安民”，使老百姓生活更加安定幸福。他提出：“天之立君所以为民，欲以一人理天下而劳之，非以天下奉一人而逸之矣。圣王裁成天地之道，辅相天地之宜，皆治历、明时之大用，而所以左右斯民也。”（《周易辨录》卷四《革》）

在《周易》中，《乾》《坤》二卦就包含了君臣关系。“乾道则尧、舜、禹、汤、文、武尽君道者之作用也，坤道则稷、契、皋、夔、伊、傅、周、召尽臣职者之事也。引而伸之，触类而长之，则凡统属之分，才质之宜，卷舒运用，先后缓急之异，施无非此道，而天下之能事毕矣。”（《周易辨录》卷一《坤》）“盈天地间皆遇之义也，而圣人制以相遇之礼焉。如五品人伦之相与，一事一物之裁制，君子遇之以道，小人遇之以非道，富贵贫贱死生患难之在人，亦遇也，而亦有遇之之道焉。非其道则妄而已矣。遇之之道，所以已天下之乱也。”（《周易辨录》卷三《姤》）杨爵主张君臣之间要以道义调节，并且道义有助于防止天下出现祸患。

臣子事君以道，“内取由中之义，事君以道，而出于中心之诚也。所谓责难于君谓之恭，陈善闭邪谓之敬，非尧舜之道不敢陈于王前者，皆是也；如此，则仅可以免过而不自失也。臣道之难尽也如此”（《周易辨录》卷一《比》）。“小人而无才无位者，亦安能制君子哉？以巽畜干，亦为小畜。又以阴畜阳，亦不能大有所畜。小人畜君子，畜其不能用世耳，于其道则无如之何所畜者，区区之微末耳。”（《周易辨录》卷一《小畜》）处在君臣关系中，坚守臣道更加困难，这是对明代君臣关系的微妙反映与深刻反思。

杨爵主张君主要养民致贤，他举例子，“如萧何劝高帝养民致贤，收用巴蜀，此计失得之私心也。文王则诚心养民，以尽君道而已，失得所不恤也，如是而往，则吉而无不利。圣人以六五明察而不足于君道，故欲其远功利之小术，而尊帝王之大道也”（《周易辨录》卷三《晋》）。他解《明夷》“上六”，指出“人君失道，求为匹夫而不可得，安有肆恶已极而能保其身乎？"（《周易辨录》卷三《明夷》）劝诱帝王，遵循《解》卦之道，“赦过宥罪，体解之义，法天地好生之德也。天地间，一治一乱，一善一恶，一得一失，皆解之义也。君子省之，使有治无乱，有得无失，有善无恶，则善于用解者矣”（《周易辨录》卷三《解》)。至于具体的举措，也不乏其例。如：“上之益下：穷乏者，周给之；贤能者，任使之；不肖者，惩戒之。”（《周易辨录》卷三《益》)

杨爵提出，国君不能“伤财”“害民”，否则会对国家安危带来致命打击，从而提出“恤民保国”。他对“养乎民”与“戕乎民”的制度进行了比较，深刻地揭示二者差异的本质是“公私”的不同。“财者，民之所资以生者也，伤财则至于害民矣；民者，国之所赖以立者也，害民则自伐其国矣。制度无节，则徇人欲灭天理，无所不至，岂恤民保国之道哉？先王之制度也，所以养乎民；后世之制度也，适以戕乎民，公私之间而已矣。”（《周易辨录》卷四《节》)

通过研究《周易》经传来总结历史发展规律，探讨君主与天下的关联，是杨爵易学中颇有新意的内容。杨爵提出：“天之立君，以一人治天下而劳之，非以天下奉一人而逸之也。君人者，顷刻谨畏之不存，则怠忽之所自起；毫发几微之不察，则祸患之所自生。”（《周易辨录》卷一《比》)“天之立君所以为民，欲以一人理天下而劳之，非以天下奉一人而逸之矣。”（《周易辨录》卷四《革》)“天下，势而已。势轻势重，当于其几而图之。”（《周易辨录》卷四《既济》）这些振聋发聩的观点固当发黄宗羲《明夷待访录·原君》、顾炎武《天下郡国利病书》、王夫之《宋论》之先声。

总之，《周易辨录》渗透了杨爵丰富的个人体会和见解，在易学史上具有独特地位。在经传中阐发和建构哲学思想，是中国哲学传承和创新的重要途径和鲜明特色，明晰和清理《周易辨录》哲学思想的主要内容和意义，在今天依然有重要的理论意义和实践价值。

朱熹的“真知必能行”说及其理论效力

赵　阳

（西北大学　中国思想文化研究所）

摘　要：朱熹“真知必能行”说需解决两个问题：第一，“真知”能否使行为主体“力行”；第二，“真知”为什么能够引导出正确的行为，也即动机与实践合理性问题。“真知必能行”中所谓的“真知”，指的是格致诚正工夫整体层面的“真知”而非仅是格物致知层面的真知，与威廉斯的“内在理由”有相似之处。“内在理由”一方面与行动者主观动机集合有必然联系，产生动机；另一方面包含认知因素，保证实践合理性。完整意义上的“真知”，不仅有认知因素，还包含情感、信念、智慧等因素。如果我们在此完善意义上理解“真知”的内涵，“真知”就能够为行为主体提供动机，而且能够保证实践的合理性。

关键词：真知；知之至；信得及；内在理由

“知而不行”现象的普遍存在，使得对“知行”关系问题的讨论在理学中被凸现并形成了一系列观点。朱子最主要的观点是“知行常相须”与“知先行重”。“知行常相须”既是对“知行”关系的讨论，也是“真知必能行”的工夫入手处。“知先”确立了“真知”在“知行”关系中的逻辑优先地位，“行重”则说明了“必能行”的要求（不只要实行，还要正确地行）。因此，“真知必能行”，就不仅仅是对于“知而不行”的否定性思考与回应，更重要的是实现真知真行。

但是，对于朱子“真知必能行”命题是否真有其效力，学者们也从不同方面提出质疑。[①]现有研究，要么把“真知”定为认知性的，从而否定朱熹这一说的合理性，或者便是否认或者有意忽视认知因素的必要作用，仅仅突出“真知必能行”说的道德意义。这其实就是只注重了道德实践的动机层面，而没有关注实践合理性。

本文首先结合朱子的相关论述，对命题“真知必能行”进行分析，指出这一命题实质上遇到的两个理论难题：第一，“真知”能否使得行为主体去“力行”，即为道德行动提供动机；第二，真知为什么能够引导我们做出正确的行为，即如何保证实践合理性。其次回应现有研究对于这个问题的三种基本观点，指出对于“真知”的狭义理解导致了现有研究中的误区。最后结合朱子的相关论述“真知”概念的完整含义，在此基础上结合威廉斯提出的“内在理由”概念解答上述问题。在论述中，笔者力图围绕认知因素对这一命题的成立具有的重要性展开论述。因为目前争论要点就在于“真知”是否是认知性的，能不能提供行为动机。

一 “真知必能行”的含义及其理论问题

首先，我们需要对“真知必能行”这个命题进行分析。“真知必能行”至少可以分为“真知”“必”“能”“行”四个不同的概念。接下来，笔者分别对此四个概念的内涵进行考察，揭示作为命题的“真知必能

① 现有对于朱熹“真知必能行”命题的研究，主要集中在“真知”内涵的辩证，如林宏星《朱子论真知概念及其动机效力》，《台湾大学哲学评论》2016 年第 52 期。讨论的热点在于真知内涵与意志软弱问题的联系，如姜新艳《意志薄弱者有什么样的知识？——对亚里士多德和程朱学派的一个比较研究》，见《英语世界中的中国哲学》，中国人民大学出版社 2009 年版，第 539—551 页；方旭东《道德实践中的认知、意愿与性格——论程朱“知而不行”的解释》，见《原性命之理》，华东师范大学出版社 2015 年版，第 9—18 页。杜保瑞则从格物致知功夫次第的角度观照此问题，见其《对王阳明批评朱熹的理论反省》，《台湾大学哲学评论》2012 年第 44 期。

行”究竟蕴含哪些需要进一步说明的理论问题。

1. 对“真知”概念的基本分析

对于“真知”这个概念，可以分为“真”“知”两部分。在现代汉语中“真”的含义至少有两种，一种指“未经人为的东西”，一种指“真实”，与假、伪相对。“知”的名词性含义，有“晓得、了解”“知觉”和“知识”三种。在朱熹的论述中，“真知”的含义与上述有所重合，也有不同。

首先，在“知”的层面上，“真知”最基本的含义是表述一种真正的了解和认知（晓得、知道）。在朱熹看来，只有一种“知”，对于理学传统中“德性之知”与“闻见之知”的对立性区分，朱熹表示了明确的反对。他认为，对于不同个体持有的“知”只有“真”与“不真”的区别。① 问题在于，如果“真知”的“知”只是指知识，那也就无所谓“真”与不“真”的问题。所以“真知”指向的“知”的内涵需要进一步界定。在这个层面上，我们还无法看出“真知”有什么特殊之处，因为我们还没有得出是哪些因素构成了“真知”之“真”。所以，我们需要进一步考察朱子如何理解“真知”之“真”。根据朱子对于“真”的界定的不同，可以区分出“真知”概念蕴含的其他三种含义。一方面他强调“真知”是对于对象的切实感受（一般意义上的“亲知”）②，这种感受的来源可以是亲身体验或者通过“理会”（也就是格物的过程）得到。与之对应，在朱熹论及“真知”时，也一同讨论了“不知”和“常知”。这种“亲切感受”已经不仅仅蕴含认知层面的了解，还包括其他包括情感、生理反应等因素在其中。③ 另一方面，朱子

---

① 问：“知，有闻见之知否？”曰：“知，只是一样知，但有真不真，争这些子，不是后来又别有一项知。”《朱子语类》卷三四，朱杰人、严佐之等主编：《朱子全书》第十五册，上海古籍出版社、安徽教育出版社 2002 年版，第 1255 页。

② 又问真知。曰：“曾被虎伤者，便知得是可畏。未曾被虎伤底，须逐旋思量个被伤底道理，见得与被伤者一般，方是。”《朱子语类》卷十五，《朱子全书》第十四册，第 493 页。

③ 姜新艳指出，“闻虎色变”的例子中，作为一个知道老虎会伤人的小孩和确实被老虎伤害过的人，对于老虎会伤人这件事的知识并没有真正的差异。方旭东则进一步指出：“人都知道老虎凶猛可怕，但谈到老虎时，却只有曾被虎伤者才真地表现出畏惧之色。人都知道烤肉好吃，但也只有那些经常吃烤肉的人才会一闻到烤肉味就食心大动。”

强调“真知”乃是“知之极致”。[①] 对于这个“知之极致”，在朱子的论述中又可以分为两个层面。一方面，乃是对于真切感受的程度的强调。在此意义上，“真知”就是能实际地做出相应行为的人体现出的“知”。[②] 另一方面，不仅仅强调程度的不同，所谓“真知”是对于可能面对的一切内在、外在条件、要求等的全面把握。[③] 在此意义上我们可以重新引入“德性之知”这个概念，但这种“德性之知”并不与“闻见之知”脱离、区别，而是包含了“闻见之知”的一种整体性把握，是一种在力行中不断提升、深化的实践智慧，并以“信得及”为标识。[④]

上述我们区分出了四个层次的真知概念，（1）“真知”是一种真正的了解和认知（晓得、知道）；（2）“真知”是对于对象的切实感受（一般意义上的“亲知”）；（3）“真知”乃是“知之极致”，这是对于真切感受的程度的强调；（4）“真知”是对于可能面对的一切内在、外在条件、要求等的全面把握。对于“真知”含义的分析，在朱熹关于“真知必能行”的论述中是基础性的。因为“真知”含义，对于“真知必能行”命题可能蕴含的意涵具有决定性的作用。

2. 对“必”“能”与“行”的分析

“必”的含义不仅表述一种“真知”与“行”（兼指行的趋势和“行为”）之间逻辑上的蕴含关系。“能”主要指“能够”，可区分出“真知”的“能”和行为主体的“能”。“真知”的“能”主要被理解为“真知”对于行的“规范性”的保证；行为主体的“能”既表述了行为主体能够做出正确的行为，还表述了行为主体由“真知”的驱动会去现实地“行”。

“行”则可以分为“行”的趋势（“力行”）和已经做出“行为”。

① 参见《朱子语类》卷十五，《朱子全书》第十四册，第462页；《朱子语类》卷十八，《朱子全书》第十四册，第597页。

② 参见《朱子语类》卷一一六，《朱子全书》第十八册，第3658页。

③ “所以未能真知者，缘于道理上只就外面理会得许多，里面却未理会得十分莹净，所以有此一点黑。这不是外面理会不得，只是里面骨子有些见未破。所以大学之教，使人即事即物，就外面看许多一一教周遍；又须就自家里面理会体验，教十分精切也”，《朱子全书》第十五册，第1617页。

④ 参见《朱子语类》卷二八，《朱子全书》第十五册，第1023页。

对前者而言，问题在于“真知”与“行”的趋势是否有必然的联系。对于后者而言，我们需要对已经做出的“行”进行评价[①]。

3. 对“真知必能行”的分析

综合上述对于“真知必能行”命题中各个概念的分析，我们可以对“真知必能行”这个命题进行如下分解，由真知（1）：

> 解释一：“真知必能行”指某人如果真正了解和认知了某事（或对象、原则……），就一定会去力行，并正确地做出。

这是对“真知必能行”的常识性理解，有很多模糊的表述。主要的问题是，什么是“真正的了解和认知”？由真知（2）：

> 解释二：“真知必能行”指某人如果对于某事（或对象、原则、情感反应……）有切实的认知与感受，不论这种感受是亲身体验或者通过“理会”得到，就一定会去力行，并正确地做出。

同时，由解释一与真知（3），我们可以得出解释三：

> 解释三：“真知必能行”指某人对于某事（或对象、原则、情感反应……）有切实的认知与感受，因此一定会去力行，并正确地做出。

解释三的意思是，行为主体已经现实地做了某事。当我们把“真知”主要理解为对于对象（事物、道德原则……）的切实认知、感受时，解释二与解释三的不同在于是否承认“理会”可以获得与亲身体验一样的效果。解释二则承认通过“理会”可以获得与亲身体验一样的感受，所以并没有承诺行为主体已经做出某事。解释三把有切实感受等

---

① 朱子对于“十五志于学”章的讨论并不立足于真实的人生阶段，而是明显地提出了“行之始”与“行之至”,“行之始”以“本于知”为基础,“行之至”的重要标志是“不逾矩”。参见《朱子语类》卷二三,《朱子全书》第十四册，第 813 页。

价于已经做出了某事，也即由真知（3）理解“真知必能行”得出的是一个分析命题，因为真知（3）内涵了“已经做出某事”[①]。对于解释三，朱熹本人其实有过回应：

> 周震亨问知至、意诚，云：“有知其如此，而行又不如此者，是如何？”曰：“此只是知之未至。”问：“必待行之皆是，而后验其知至欤？”曰：“不必如此说。而今说与公是知之未至，公不信，且去就格物、穷理上做工夫。穷来穷去，末后自家真个见得此理是善与是恶，自心甘意肯不去做，此方是意诚。”(《朱子语类》卷十五，第484页）

“知之至”即是“真知”，由此可知，朱熹并不主张单纯地把“行之皆是”作为判定“真知”与否的标准，即所谓“以行证知”。对此我们可以提出质疑，虽然外在的行为本身并不保证内在的“真知”，但是如果没有外在行为，我们似乎也不好对“真知”与否做出判定。[②]对此质疑，在朱子的论述中可以这样理解，“真知”与否的判定并不是我们需要专门关注的问题，重点在于在进一步的格物致知工夫中，在实际的磨炼和工夫中深化、完善“知”，最终达到所谓“知得至、信得及”。解释三是对于把“真知”理解为对于对象（事物、道德原则、正确的情感反应……）的切实认知、感受得出的一个强的解释。但并没有正面回应“知而不行”，所以接下来将不再涉及。值得追问的是解释二。通过“理会”到的“知”是如何使得行为主体去“力行”并正确的行？这需要进一步考察真知（4）：

> 解释四：“真知必能行”指某人对于作出某个行为可能遭遇的

---

① 陈来先生就把“真知”理解为达到了高度的道德自觉，认为真知者必然循理而行，并由此明确提出：“真知”规定中已包含了必能行的意义。见其《朱子哲学研究》，生活·读书·新知三联书店2010年版，第372—375页。

② 朱子曾就此进行过讨论，但并未得出结论。见《朱子语类》卷十五，《朱子全集》第十四册，第486页。

一切内在、外在条件（要求、原则、情感反应……）等有全面把握，不论这种把握是亲身体验或者通过“理会”得到。因此他一定会去力行，并且由于他对一切内在、外在条件（要求、原则、情感反应……）等的全面把握，他能够正确地做出。

在解释四中，我们补足了对于行为规范性的表述。[①]在此基础上可以明确目前实质上遇到的问题。首先，“真知”能否使得行为主体去“力行”，对此最大的质疑就是外在的理由不能为我们提供行为动机。其次，命题四意义上的真知是如何引导我们做出正确的行为[②]，也就是能否保证实践的合理性。这一切的结点，最重要的就在于“真知”的内涵是否能有力地为动机和实践合理性提供基础。

二　现有研究的分析与回应

上一节我们经由对“真知必能行”命题的分析，明确了其真正需要进一步解释的问题。本节结合对第一个问题——“真知”能否使得行为主体去“力行”——的现有研究，首先概括前人对此问题提出的三种基本观点，然后对这三种观点进行一个简要的回应与评价。

1. 关于此问题的三种基本观点

通过“理会”得到的“真知”是否可以使得行为主体去“力行”这一问题，目前有如下三种基本观点：

“理会”到的“真知”

（1）不能促使行为主体“力行”，即缺乏动机效力。

---

① 林宏星在《朱子论真知概念及其动机效力》一文中仅关注于“真知”概念，没有把“真知”概念放在这个命题的整体中看待。参见《台湾大学哲学评论》2016年第152期。

② 在命题四意义上的“真知”与心学的“良知”已经相当接近。张卫红指出“良知”其实也面临的和“真知”一样需要解决的问题。如“信得及良知”的基本内涵、如何处理“信得及良知”与事为酬酢、知识见闻的关系、如何信任良知在复杂多变的具体生活情境中真实有效地发挥作用。见氏著《由凡至圣——阳明心学工夫散论》第六章，生活·读书·新知三联书店2016年版。

（2）可以促使行为主体“力行”，即具备动机效力。

（3）并非每次都使行为主体“力行”，即没有必然性。

第一种观点，并没有实际的主张者，因为这一命题太强，完全否定格物、理会所得之“知”的价值。但是，如果稍微退一步，不那么强的理解，代表则如牟宗三先生。[①] 在《心体与性体》中，他认为朱子所谓“知”，乃是“认知地具、涵摄地具”，不是“本具、固具”，所以“永为客为所而不能反身而为主为能”，其根源在于朱子所论之“理”是“只存有不活动”，无“心”义与“神”义。他认为“真正的‘先知后行’是要先知仁之体，是有确指者，是单就自觉地作道德实践之工夫（内圣之工夫）言”，朱子所论减杀了道德行动力，只能作为补充。[②]

第二种观点，代表如林宏星先生，在其《朱子论真知概念及其动机效力》[③] 一文中，突出“真知”的认知含义，力辩所谓“道德真知”乃“是要求行动主体对自家身心上先天具有的所以然之故（道德之理据）经由切己的反思体点、自我认同，获得第一人称意义上的‘自肯自信’，从而证成‘真知必能行’”。他进一步引用托马斯·内格尔的动机理论指出，内格尔通过突出认知的因素和“目的—手段”的关系反对休谟的欲望单一动机理论。由此，他也把“真知”理解为纯粹认知因素的理由，并总结道：“使理由和要求之所以对我们发生作用的东西，必然相应地规定了我们的动机结构由以发生行为的能力”，试图由此对朱子的观点进行辩护。

第三种观点，代表如张学智先生，在其《王阳明致良知中道德与知识的结合》[④] 一文中，他指出“格物”考索所得的是具体的知识，并

① 见牟宗三《心体与性体》第三册，吉林出版集团 2015 年版，第 308—311、323—330 页。

② 如刘增光《宋明理学“信得及”观念申述》中就把朱子之“真知”理解为单纯的道德判断，见《上饶师范学院学报》2016 年第 2 期。

③ 林宏星：《朱子论真知概念及其动机效力》，《台湾大学哲学评论》2016 年第 52 期。

④ 张学智：《明代哲学史（修订版）》附录二，中国人民大学出版社 2012 年版，第 732—733 页。

非直接等于天理，“如果缺乏对二者作投射、类比、化约的自觉与能力，将会造成格物与诚意之间的断裂”。张学智先生的观点是对牟先生观点的弱化，更具体地指出了“格物”或许存在的问题。

2. 对上述三种观点的反驳与评价

对于第一种观点，笔者认为，朱子所谓“真知”从来就不仅仅指向“道德实践”之成立。首先，朱子所论“知”涵盖面极广，不仅仅指向认知因素和道德知识，下文会有专门的论述；其次，格物致知的具体落实，不仅指向外在的一草一木之理，也包括了对本具之理的真切体知；最后，道德的真正完成、落实，单纯的道德主体意识之树立并不足以保证。因为第三种观点实际是第一种观点的弱化，二者的基本预设是一致的。所以，我将在对第三种观点的评论中展开更具体的回应。

对于第二种观点，一方面，内格尔的观点已经遭到了严厉的反驳，另一方面，林氏在此文中过于突出真知的“认知”意义，但又把“真知”归结为道德真知，并不是对“真知”的确解。因此，林宏星为朱子辩护并不成立。具体而言：内格尔在《利他主义的可能性》[①]一书中，为了否定休谟式的“信念—欲望”动机模式[②]，他区分出两种欲望：“激发的欲望”（motivated desires）和“非激发的欲望”（unmotivated desires）。据内格尔，前者指的是我们做任何行为时都会伴随的一种目的，比如笔者参加一场关于牟宗三朱子诠释的学术会议，是因为笔者认为这会有助于我目前的论文写作。对于后者，乃是严格意义上的欲望，比如生物学意义上的食欲、性欲。因此，问题的关键就在于“激发”起“欲望”的考虑的根源为何？在内格尔看来，如果欲望是被所谓“理性考虑”所激发，那么我们仅仅是在后果的意义上把欲望赋予行动。因此，真正起作用的不是这些欲望而是那些“理性考虑”。这种

---

① ［美］托马斯·内格尔：《利他主义的可能性》，应奇等译，上海译文出版社 2015 年版。

② 关于动机问题，一个休谟主义的观点会持有两个基本观点：首先，在一个行动的起源中必定会出现一个欲望。其次，这种欲望在行为激发中所起的作用，既不可以由任何认知考虑代替，也不能被还原为认知考虑，因此其作用是独立的。

本身不具备动机效力，其动力源自理性考虑的欲望也不再是“休谟式”的欲望了。但是，通过以下这个分析，我们可以明确区分信念与欲望的不同：在一个具有内容非A的知觉出现时，一个以A为内容的信念往往就会消失，而一个以A为内容的欲望则会持续，并驱使那个状态的主体导致A发生。如果我们进一步把欲望理解为“实质上是目标寻求的精神状态”，那么欲望“在人类行为的说明中不可消除。欲望可以被明确地在我们的实际精神体验中被验证”。① 如果上述分析成立，内格尔的观点就站不住了。

对于第三种观点，关于在格物过程中需要对于草木虫兽也逐一理会，而这些内容似乎并不能直接与“诚意”有关，所以并不能每一次都有助于“诚意”从而促发我们的相关行为（无论是由于转化的能力，或者“知”本身的问题），造成作用不连贯或者减杀道德行动力的问题。笔者基本判定这是一个假问题。因为这类质疑至少有这样两个预设，而它们并不合理。第一个预设，认为格物致知中存在单一的“一节之知”。② 这种观点本身把格物致知的过程孤立、抽象化，并进一步把所得之“知”孤立、抽象化（原子式的个人与原子式的格物）。试问我们能否真的具有这种单子化、纯粹孤立的认识？能否纯粹孤立地认识某个对象？第二个预设，我称之为“道德”中心预设。第一个预设之所以产生，其实是第二个预设的结果。也即要求每一次的“理会”都要起到德性提升或触发道德行为的作用。且不论朱子所谓“知”并不仅局限于道德认知，一个更现实的问题是，我们并不是每一次都要用到所有的认识成果从而触发行为，我们总是具体地现实地进行考量，从而行动。进一步而言，“诚意”所谓“意”，也并不局限于道德意志。“诚意”要求排除的私意，除了以个人私利出发的狭义的私意，还有不按照正确的行为方式去做的私智。“知之至”之于“诚意”的意义就不仅是每一次完成对道德行为的驱动，更在于在不断的实际历练中，“知”“行”互发从而真正的“尽其道”，也即做得好、做得正确、完善

---

① 参见徐向东《道德哲学与实践理性》，商务印书馆2006年版，第179页。

② 这是借用了《传习录》中，阳明所谓“一节之知”与“全体之知”的说法。见陈荣捷《传习录详注集评》，重庆出版社2017年版，第244页。

（这就要求一种实践和合理性，进而联系到规范问题）。[①] 对于上述两个预设的揭示，要求我们思考格物致知究竟指向为何？根据朱子的论述，笔者认为格物致知不仅是内圣的第一步（如果我们把内圣归结为狭窄的道德层面），也是后来六条目得以实现并获得其规范性的基础。[②]

三　内在理由与"真知"

根据上一节对现在流行的三种观点的分析，促使我们思考朱子思想中"真知"概念的完整内涵，及其在"必能行"的脉络中究竟是处于一种什么的地位？在本节，笔者首先通过区分朱子"真知"概念的不同所指，指出上述流行观点的误区在于局限地理解了朱子的"真知"概念。然后引入威廉斯关于"内在理由"的论述，尝试指出这将是一种较为妥当的对于行为动机的解释，且有助于对朱子"真知"概念的理解。最后结合上述论述，论证朱子"真知必能行"说可以提供动机和保证实践合理性。

1. 再论"真知"

笔者认为，上述流行观点对于"真知"的了解过于狭窄。也即，"真知"似乎仅仅是道德判断而不包含诸如意志、情感因素在内。之所以产生这样的误解，笔者认为其根源在于研究者混淆了朱子在具体语境中对于"知"的不同运用。"知之至"作为"真知"的标准，是我们在朱子相关文献中识别其论证"真知"的重要参考。但是，朱子其实在两个层面运用"知之至"这个概念，在此基础上也就出现了两种意义上的"真知"："格物致知"（狭义）指向的"真知"与"格致诚正"之整体指向的"真知"。

首先让我们关注朱子与学生的如下对话：

---

① 参见《答吴晦叔》，《朱子全书》第二十二册，第 1915 页。

② 杜保瑞指出"朱熹谈的是事事物物之理，且是在'格致诚正修齐治平'的工夫次第脉络下的谈法，故倡先知后行，实际上亦是一'知行合一'之论。先求知事物之理于事物之中，再提起价值意识于诚正工夫中，从而实践于修齐治平的事业中"。笔者更强调格物致知工夫是后来六条目获得其规范性的基础。参见《对王阳明批评朱熹的理论反省》，《台湾大学哲学评论》2012 年第 44 期。

问椿："知极其至，有时意又不诚，是如何？"椿无对。曰："且去这里仔细穷究。"一日，禀云："是知之未极其至。"先生曰："是则是。今有二人：一人知得这是善，这是恶；又有一人真知得这是善当为，恶不可为。然后一人心中，如何见得他是真知处？"椿亦无以应。先生笑曰："且放下此一段，缓缓寻思，自有超然见到处。"(《朱子语类》卷十五，《朱子全书》第十四册，第 486 页)

朱子首先提出"知极其至"而有时"意又不诚"的现象。学生回答说，这是因为"知之未极其至"，似乎与朱子的提问发生了矛盾，即否定了提问中的"知极其至"。但朱子却又肯定了他的说法，并进一步抛出"真知"与"实行"的关系问题。朱子如此这般说话，除了是因为他一贯对于切实践履的强调；另一方面也引导我们区分前后两个"知之至"的不同含义。

如何区分这两种"知之至"，朱子关于"信得及"的讨论给予了我们思路。首先，在第一节中笔者已经提及，在朱子看来，"知"只有一个"知"，理学传统中那种相互对立的"德性之知"与"闻见之知"的区分他并不承认。[①] 如果一定要讲有"德性之知"，其区别性特征乃在于"信得及"。[②] 这种也就是本文指出的真知（4）。其次，朱子曾用"文行忠信"概论他对"真知必能行"落实过程的总体看法：

"文行忠信"，如说事亲是如此，事兄是如此，虽是行之事，也只是说话在。须是自家体此而行之，方是行；蕴之于心无一毫不实处，方是忠信。可传者只是这文。若"行、忠、信"，乃是在人自用力始得。虽然，若不理会得这个道理，不知是行个什么，

① "闻见之知与德性之知，皆知也。只是要知得到，信得及。如君之仁，子之孝之类，人所共知而多不能尽者，非真知故也。"《朱子语类》卷六四，《朱子全书》第十六册，第 2103 页。

② 问："张子所谓'德性之知不萌于闻见'，是如何？"曰："此亦只是说心中自晓会得后，又信得及耳。"《朱子语类》卷二八，《朱子全书》第十五册，第 1023 页。

忠信个什么，所以文为先。(《朱子语类》卷三四，《朱子全集》第十五册，第1250页)

"文"是"可传者"，可视为经典记载或者可以学到的行为规范等等；"行"则强调切实地"力行"，但前提是"自家体此"；"忠信"则是"自家体此"的标准，具体而言体现为"蕴之于心无一毫不实处"，所以真正触发"行"的根源则在于"忠信"。"行、忠、信"是行为主体需要去实际操作，"文"则给予"行"规范性保证。不论是对于"德性之知"赋予"信得及"的区别性特征，还是对"真知必能行"落实过程中"信"的作用的强调，都提示出"信得及"概念是进一步理解"真知"确指的入手处。

在注解《论语》"吾斯之未能信"一章时，朱子对于"信得及"概念与"真知"概念的关系进行了充分的讨论：

"斯"，有所指而云，非只指诚意、正心之事。事君以忠，事父以孝，皆是这个道理。若自信得及，则虽欲不如此做，不可得矣。若自信不及，如何勉强做得！欲要自信得及，又须是自有所得无遗，方是信。(《朱子语类》卷二八，《朱子全书》第十五册，第1020页)

斯者，此理也。漆雕开能指此理而言，便是心目之间已有所见。未能信者，未能真知其实然，而自保其不叛。(《朱子语类》卷二八，《朱子全书》第十五册，第1021页)

这两段材料指出了"信"的对象、涉及的工夫层面和标准。"信"的对象是此"理"；其次，"信"涉及的工夫，不仅仅是诚意正心，还包括格物致知工夫（狭义）；最后，信的标准是"真知其实然，而自保其不叛"。如果我们联系信涉及的工夫层面，那么"信"的标准这段话的确指可理解为：在格物致知层面达到对事事物物之理的穷极；在诚意正心层面，达到"自保其不叛"。

结合上面几条引文，笔者区分出两种"知之至"与两种"信"。狭义的“知之至”指的是格物致知层面对于事事物物之理的穷极；狭义的“信”与狭义的“知之至”对等，指的是对事事物物之理的全面切实把握。广义的“信”则如上述，同时指向格物致知与诚意正心；这个层面上的“信得及”的对象也就是广义的“知之至”，是“格致诚正”整体工夫的完成所达到的“知”（在朱子，整个大学八条目也可根据“知行”区分：格致诚正属“知”，修身以上属“行”）。由此我们也就区分出了“格物致知”（狭义）指向的“真知”与“格致诚正”之整体指向的“真知”。

在此基础上，我们也就可以理解前引文献中前后两个知的不同。前一个“知”仅仅是格物致知（狭义）得到的“知”，后一个“知”指的是“格致诚正”整体工夫得到的“知”。完整意义上的“真知”乃是“信得及”（广义）与“知之至”（狭义）的统一。在这个层面上，第二节涉及的各种对于“真知”的理解也就都流于一偏，而且引用的解释资源也不足以加深对于朱子“真知”概念的理解。根据笔者的了解，伯纳德·威廉斯关于内在理由相关论述①，或许可以帮助我们更好地理解朱子的“真知”概念。因此让我们先把视角转向伯纳德·威廉斯关于内在理由相关论述，以便更好地理解动机问题究竟需要考虑哪些因素。

2.“外在理由”与“内在理由”

威廉斯所谓“内在理由”有两方面规定：第一，这个理由一定能够对行动的正确说明起作用，在他的论述中，也即是强调其与行为主体的主观动机集合的某些因素发生联系，从而赋予行动以动机；第二，这个理由能够为行动提供理性支持，从而实现对行动的辩护。对于第一点，威廉斯的实质主张是：所有的行动皆有内在的理由。关于第二点，威廉斯则提出所谓“对称性”要求：“我们能够以一个第三人称的内在理由陈述的形式赋予行动者的东西，也就是作为理性考虑和反思的结果他能够赋予他自己的东西”②，以此保证其规范性。归结而言，一

① ［英］伯纳德·威廉斯：《内在理由与外在理由》，《道德运气》，徐向东译，上海译文出版社 2007 年版。

② ［英］伯纳德·威廉斯：《道德运气》，徐向东译，第 147 页。

个能够成为行动的理由的东西不仅必须以恰当的方式与行动者的主观动机集合发生联系，也需受到实践合理性的约束。也即，在说明一个行动的同时，实现对它的辩护。

但是，主观动机集合似乎并不总是合理的。如果存在一个A，在其动机集合中完全没有道德意识，内在理由似乎就会导致一种道德怀疑论。因此，威廉斯进一步提出了“实践慎思”作为行动理由最终形成的“程序”。内在理由的“内在性”实际上意味着：通过实践慎思，那些理由必须与行动者的主观动机集合具有必然的联系。

但似乎还可以进一步对主观动机集合的合理性进行追问。一方面，行动目的的主观化导致主观动机集合的主观化；另一方面，事实上可能存在某人没有认识到的“外在理由”，比如道德义务是他无论如何都必须遵守的。为了应对这两方面问题，威廉斯指出“实践慎思”，一方面是一个“启发的过程”，涉及“想象力”和“对预期不到的相似性的知觉”。因为我们如果不是把人理解为“单子”式的存在，我们就需要承认人的主观动机集合不仅有来自共同体的约束，也可以通过理性对话进行动态调整；另一方面就其程序而言，实践慎思是“对正确的信息以及对可靠的慎思渠道进行推理的要求”。因此，在实践慎思基础上的内在理由，并不排除对行为目的进行评价。并且，实践慎思的主体具有“认知责任”，他必须对于行动涉及的认知因素有全面的把握。就其理论意图而言，威廉斯的“内在理由”实际上强调的是，所有促使我们行动的理由都是“特殊”的，需要我们发挥能动性：一个人必须以其动机条件为基础，通过实践慎思发现什么才是真正对他好的（目的）。[①]

3.“真知”与“内在理由”

“内在理由”一方面以恰当的方式（实践慎思）与行动者的主观动机集合发生联系，从而产生动机；另一方面，包含足够的认知因素，从而提供行动的实践合理性。如果我们是从“格致诚正”整体意义上的“真知”来看“真知必能行”问题，就需要说明是否能够满足上述

① 参见［美］斯坎伦《威廉姆斯论内在理由与外在理由》，见氏著《我们彼此附有什么义务》附录，陈代东等译，人民出版社2008年版；徐向东：《道德哲学与实践理性》第四章，商务印书馆2006年版。

两个条件。

就动机问题而言：从“真知”概念本身而言，“真知”的内涵并非仅是认知性，而是含有丰富的内涵，且与行为主体的行为动机有必然的联系。在本节第一部分中，笔者区分出两种“知之至”与两种“信”指出，朱熹思想中完整意义上的真知概念乃是“信得及”（广义）与“知之至”（狭义）的统一。因此不仅包括认知因素，还包括情感、信仰、智慧等因素。这是从反面说明不能把真知理解为只是认知性的，从而否定其提供行为动机的效力。

从正面来看，朱熹关于“格致诚正”具体落实过程中行为主体的行动心理的论述，展示了“真知”概念的产生过程决定了“真知”与行为动机有必然的联系。就“格致诚正”具体落实过程中行为主体的行动心理而言，致知、诚意、正心，以“心”为主导，同时兼赅意志、情感和知性三方面因素。朱子所论“心”，不是本心，可理解为现实的行为主体一切精神现象集合。情感对于“心”有正、反两反面的影响，情感激发意志发生作用，但是意志也可以对情感产生作用。意志能够对情感产生作用的基础在于知性的作用。具体而言，“格物”与“致知”乃是同一工夫的不同方面，“格物”偏重于外，“致知”偏向于内；格物致知指向一切对象，不仅有认知因素，也包含“爱之理”这样对于情感的正确理解。致知的重点在道德判断，也即切实地知道那些是“不善而不当为”。格物致知的结果则是“无所不知”（梦觉关）。在此基础上，区分善恶，达到“知其不善之必不可为”，也即“诚意”（善恶关）；顺此，不正常的情感就不会动摇行为主体，从而实现“正心”。格物致知是后来六条目得以实现其规范性的基础，就是因为格物致知一定层面指向了具体行动中涉及的认知因素与道德判断。朱子对格致诚正的共时性的强调，以及致知与诚意在力行中相须互发的强调，实质上是要求结合认知的增长以及道德判断的修正给予“意”以指导，并正确地引导情感在适合的情况下发挥作用。因此，“真知”必须是这种复杂过程的综合产物，而非仅仅是对象性的单纯经验认知，也正因此，“真知”天然地与行为主体的内在动机有必然的联系。

就实践合理性而言：朱熹“真知”概念具有“认知内涵”，这是以往研究皆承认且较为瞩目的地方。但是，单纯的“认知性”内涵其实并不能完全保证实践合理性，道德实践也不是机械化的行为。所以，“真知必能行”这一命题所强调的认知因素，并非把认知因素作为实践合理性的唯一条件，而是说，实践合理性的保证需要认识因素，而朱熹说明的“真知”概念可以为此提供认知性的基础，这就足够了。

四 结语

目前关于“真知必能行”理论效力争论的实质是，应该如何理解朱熹“真知”概念的内涵，尤其是如何定位“真知”内涵中的认知因素。其实，在朱熹本人思想中这一问题并没有过度的凸显，更多是后学逐步注意到此问题，并在当代学者基于不同理论背景下理解朱熹此说后引起了争议。笔者基于完善朱熹相关论述的立场，认为如果我们能够对“真知”概念有所澄清，就能更好地处理相关争论。

笔者认为，需要对认知因素在道德实践与人格成就上的作用进行较为正面地看待。以往的研究，要么把“真知”定为纯粹认知性的，从而否定朱熹说法的合理性，或者否认、淡化朱熹“真知”概念中的认知因素，仅仅突出“真知必能行”的道德意义。这其实只注重了道德实践的动机层面，而没有充分关注实践合理性。应该说，单纯的认知的确存在无法提供动机的理论难题，但是如果我们把“真知”理解为具有更深厚的内涵，那么就能有效规避这一问题。同时，笔者也反对否认、淡化“真知”概念中的认知因素，正如朱熹所说，不仅要知之至，也要行之至，认知因素是保证实践合理性（行之至）的必要条件。

应该说，威廉斯的观点与朱熹是有差距的，甚至在一些基本的理论立场上是冲突的。但是，他关于内在理由的论说，是可以帮助我们更加完善地理解朱熹关于“真知”的相关论述。对于朱子理学而言，道德原则与道德义务对于个体而言是普遍必然的约束，而在威廉斯看来，一切的道德行为都有内在理由，也即存在行为动机，无论行为主体是否意识到。但是，如果我们拒绝单纯用康德伦理学的思路去附会儒家思想，承认儒家伦理学中道德义务依赖于人性的事实，而非仅仅是理性的自律，内在理由说是可以帮助我们更好理解儒家伦理思想的合理性。一切道德原则与道德义务都是可以通过反求诸己，在行为主体自身中意识到其与普遍人性的必然联系。我们不是仅仅机械地认知到某一道德义务或原则，而是在认识到此义务的同时意识到这样做与我们实现人性、实现理学所说立志的必然联系，从而触发我们更主动地实行道德实践。在这样的理解中，理学家要求的普遍道德原则与义务就可以理解为行为主体的内在理由，成为触发道德行为的内在动机。

道家道教思想史专题研究

老子伦理思想析论

谢阳举
（西北大学 中国思想文化研究所）

摘 要：说道家一般地反对道德是一个很大的误会。老子具有丰富深刻的伦理思想，主要包括：以道作为初始原则，提出了一种道德形而上学伦理论；对道德自我的建构和功能提出了一系列论述；批判道德名教的异化，兼及对道德异化的检讨；区分了知性知识与德性知识、知性能力与德性能力，对知性在德性领域里的滥用展开了深刻的批判；针对儒家亲亲有等的仁爱，他提出了超越性的慈爱原则；最后，他的伦理思想对现代环境哲学具有启迪意义。

关键词：老子；伦理思想；形而上学；道德自我；德性；慈爱

引 言

司马迁说："世之学老子者则绌儒学，儒学亦绌老子。'道不同不相为谋'，岂谓是邪？李耳无为自化，清静自正。"（《史记卷六十三·老子韩非列传第三》）"绌"借为"黜"，指儒道相互贬低、摈弃。儒、道代表着不同的哲学、文化和社会理念。从战国到汉初，两家许多代表性思想家之间确实争鸣不已。历史上许多学者据此对立争锋下判断：儒家重视人道，道家重视天道；孔子和儒家偏重伦理规范和道德哲学，而老子和道家不讲伦理学说，甚至是反对道德伦理。长期以来，这个极大的歪曲或隐或显，需要认真地回答，以正本清源。

儒家固然重视道德。儒家一方面重视人的心理、情理和事理，关注人道的抽象探讨。另一方面，儒家礼仁兼用、寓仁于礼。《论语·颜渊》载：

> 颜渊问“仁”。子曰：“克己复礼为仁。一日克己复礼，天下归仁焉。为仁由己，而由人乎哉？”颜渊曰：“请问其目？”子曰：“非礼勿视，非礼勿听，非礼勿言，非礼勿动。”颜渊曰：“回虽不敏，请事斯语矣。”

可见离开了“礼”，“仁”不能孤立地支撑孔子道德思想的大厦。周礼的源头呢？它在很大程度上是习俗道德体系。儒家的仁爱道德是放在承袭周礼的框架下讲的。我们不能忽视：仁爱发端于血缘情感，原始形式是家庭亲情。从此出发，由近及远，推而广之，直至使天下亲如一家。仁爱道德及其理想社会里面有西周宗法社会的影子。严格意义上说，习俗规范承认既定社会体系，属于前道德传统，不能等同道德。因为习俗只是遵从习惯行事，而道德需要究明行为规范的善恶、是非、对错与否，同时根据道德原理建构性思考社会基本结构。

两相对照，道家从其创始人老子开始，就对传统社会制度和道德规范展开了严肃的批判反思，因而更有资格称为道德哲学。中国早期伦理学传统的主要内容属于规范伦理学范畴，侧重从人的主观需求评价道德行为，而且多以价值判断的立场代替有关人性的结构和事实考察。传统伦理学一开始就以上述特点限定了自己独特的范畴属性，立论和取证一般不违背既定的统治者和社会。可是，人和社会是什么？它们能脱离万物和普遍原则而孤立存在吗？老子有深刻的追问，他是从“道”讲到“德”，从“德”讲到人的行为，利用“道”定义的人性和社会观来规定人的义务，道义因而从“道”中产生了。这套伦理思想不从单纯的“人之道”出发，不限于人的主观评价，甚至不限于人类本位，与传统规范伦理学有很大不同。但是我们绝不能说他反对一般意义上的“道德”，相反，其著作证明了：他开启了伦理学批判思考，关注道德对健康社会的建构作用，重视人类的道德属性、品行和修养。今天我们说的“道德”二字是道家的术语“道”和“德”合成而来，这不是偶然的。可以说，老子不但是中国古代第一哲学的开创人，也是伦理哲学的开山者。

一　一种道德形而上学理论的提出

在老子那里，作为第一哲学的形而上学与伦理学没有截然分开。“道”是老子伦理学理论的初始原则，同时是使得老子伦理学超越经验直接进入普遍性的台基。从一个层面看，老子伦理学可以称为一种“道德形而上学”。老子讲的“德”，本意为“得”，指的是从“道”那里分享道性，成就个体本性而使之得以存在[①]。在人这种存在那里，“德”顺理成章成为其本质和德性，蕴含有目的性价值和实质性义务。他认为世界起源于“道”、统一于“道”、归于“道”，“道”的本质是自然。“自然”贯通天道和人道。关于“道”，《老子·二十五章》[②]说：

> 有物混成先天地生，寂兮寥兮，独立而不改，周行而不殆，可以为天下母，吾不知其名，字之曰道，强为之名曰大。

“大”，河上公注谓“至高无上，罗而无外，无所不包”[③]，相当于“大全”，是说其无所不包。但是它不是空无。“独立而不改”“周行而不殆”，只能“强为之名”，可见“道”是自足的、永恒的、不变的、运动不息的、无法概念化的实存。这里说的“有物”，不能理解为某

---

① 《第五十一章》“是以万物莫不尊道而贵德”，王弼注：“道者，物之所由也；德者，物之所得也。”（王弼著，楼宇烈校释：《老子道德经注校释》，中华书局 2008 年版，第 137 页）《庄子》《黄帝四经》《淮南子》等书中，“德”的根本用法也是“得”。

② 本文凡引《老子》均只夹注章号，不加特别说明的皆指王弼注本。

③ 王卡点校：《老子道德经河上公章句》，中华书局 1993 年版，第 102 页。

种具体事物。从逻辑分析的角度看，“有物”相当于：有某个X，它是真实的、存在的[①]，实际上是指形而上的终极存在。老子又说：“是以万物莫不尊道而贵德”（第五十一章），“万物恃之而生而不辞”（第三十四章），“（道）渊兮似万物之宗”（第四章），“道者，万物之奥”（第六十二章），就是说，道相对于万物而论是终极原因和基本原理，是一切的根据，它具有初始性、必然性和普遍性。“道”显然具有本体性意义。道不是这个道、那个道，不是天道、地道或人道，而是道之道，是统各种道的道，是所有具体之道的最后根据。因为它是本体，所以老子说“道隐无名”（第四十一章、第三十二章），它是不可名状的，只能通过自身加以认识，不能拿别的事物或者语词、概念来谈论它、界定它。

“德”是怎么成立的？他说：“人法地，地法天，天法道，道法自然。”（第二十五章），“孔德之容，惟道是从”（第二十一章）。这样的立场和思维，从形式上看，的确属于形而上学的道德理论。“德”来自于“道”，所以也服从于“道”。老子讲的“玄德”，即最深层的道德，是其形而上学伦理学的自白，道出了其道德理论的实质。“玄德”相当于“孔德”“常德”（第二十八章）、“上德”（第三十八章、四十一章）、“建德”（第四十一章），是指最高品德，此外还有许多其他重要的德性，比如：慈、俭、不敢为天下先的“三宝”（第六十七章），“去甚、去奢、去泰”（第二十九章），“为而不恃，功成而不居，其不欲见贤”（第七十七章）等等，统统都是从“道”衍生出来而决定于“道”的。一旦拿掉了“道”，势必会动摇老子道德论的本根，至少也会使之难以得到论证。

在老子看来，人类的道德与自然历史过程或者说与文明进化之间

---

① 这里运用了罗素发明的逻辑分析方法。他认为“上帝存在”“这个命题中使用的‘上帝’是一个摹状词而不是一个名称，如果‘上帝’是一个名称，关于存在就不会产生问题”。（罗素：《逻辑原子主义哲学》，见《逻辑与知识》，苑莉均译，商务印书馆1996年版，第302—303页）这个分析方法用到老子某些命题的分析上便于揭示其逻辑意义。老子的确明白申明他不知道“道”的名称，只能给它一个代号叫“道”（“吾不知其名，字之曰道”）。我们这里的分析不是要否定“道”的存在，只是为了厘清“道”不是一般事物，而是形而上的、终极的、待知的东西。它是老子形而上学逻辑层面的东西。

存在反向性的特点。这个结论也是基于道的立场而来的。他说：

> 上德不德，是以有德；下德不失德，是以无德。上德无为而无以为；下德无为而有以为。上仁为之而无以为；上义为之而有以为。上礼为之而莫之应，则攘臂而扔之。故失道而后德，失德而后仁，失仁而后义，失义而后礼。夫礼者，忠信之薄，而乱之首。前识者，道之华，而愚之始。是以大丈夫居其厚，不居其薄；居其实，不居其华。故去彼取此。（第三十八章）

在这一章中，老子按照大道为本的历史观和大道展开的谱系，将儒家的基本道德纲领固定在一个后成的、次生的地位，由此检讨其免不了严重异化的趋势，借以申明道家的道和德才是真正的道德依据。按照老子的道德形上学，仁义和礼轨等一旦与大道断裂，就必然失去内在合理性。

20世纪上半叶分析伦理学（或曰元伦理学）壮大起来，引发对各种形而上学伦理、自然主义伦理传统的批判。他们认为：伦理学的任务主要是分析某些道德概念、判断和论证。具体地说，是要研究四类问题：（1）道德术语的语义问题，例如善、应该、正当是什么意义？（2）道德理论的逻辑性问题，比如道德论证有效性的条件是什么？（3）道德认识论，如道德知识有什么样的范围和限度？（4）本体论问题，从何种意义上说存在道德事实？根据某些分析哲学家的看法，伦理学不需要形而上学，非伦理的因素不是伦理行为成立的根据。他们中的极端者甚至认为，形而上学的伦理学是无意义的。分析伦理学走得太远了，伦理概念离不开人类，而人和社会问题终究摆脱不了人和社会之外的、更广泛的问题。正如老子说的“远曰返”一样（第二十五章）。20世纪70年代以来，分析伦理学走向衰微，规范伦理学和形而上学伦理学开始复兴。老子的形而上学伦理学思想属于道德形而上学的努力，目的是为人类伦理行为寻求初始的前提和更可靠的基础。这自然有它的合理性。

二 道德主体和自觉性的确立

“自”和其他字词结合使用，在《老子》一书中屡屡出现，比如说“自是”“自正”“自化”“自伐”“自均”“自胜”“自宾”“自富”“自定”“自矜”“自知”“自见”“自爱”“自贵”“自朴”“自生”等。“自”指的是独立的自我，是有自我意识的实体。其反复出现，反映《老子》全书的叙述和思考贯穿有很强的主体线索。这个主体既是其写作的意识，也是其道德思想的道德本体意识。

道德行为的自律、践履需要确立个人主体性。有了具体的人，才有可能出现独立的人，进而才有可能产生道德的人。倘使自主的个体不现实或形同虚设，则我们无法要求个体成为真诚的伦理责任、义务的践行者，也无理由要求个体承担道德过失。所以说，自主的自我是伦理生活的必要条件。这个自我是感性个体，它是欲望、情感、意志、想象、思想等的载体，常常伴随唯我主义、自我中心主义。它需要道德心理和能力的发展，不会自然而然成为道德的存在。自我免不了心理偏好、情感冲动、私欲私见、自满自爱、任性排他等因素的局限，因此具体自我只是道德存在的必要条件，而不是充分和自足条件。道德生活的成立需要承认现实自我，然而道德的普遍法则却需要纯粹道德意志化的思想主体。这种超越在老子那里是通过辩证性认识而达到的，这个辩证原理可引用老子“有之以为利，无之以为用”(第十一章)的说法为喻。“自我”，像器物一样，有了这个实物，是有所利用的前提，但要挖空它、虚化它才能得以发挥出它的作用。换句话说，实体自我是前提，但是超越它才能让它发挥道德的作用。

老子恰当地肯定了人在宇宙中的地位，他说：“故道大，天大，地大，人亦大。域中有四大，而人居其一焉。”[①](第二十五章)这里的

① 两“人亦大”，帛书、王弼注本、郭店楚简本、河上公本均为“王亦大”。审诸本章上下文，应作“人亦大”。范应元说：“然按后文‘人法地’，则古本文义相贯。况人为万物之最灵，与天地并立而为三才，身任斯道，则人实亦大矣。”(范应元：《老子道德经古本集注》，华东师范大学出版社2010年版，第46—47页)

“人”理应理解为一般的个体。老子也对人的存在包括价值作了限定，他说：“是以万物尊道而贵德”，“夫莫之爵而恒自然也”（帛书《老子》甲本第五十一章），“万物得一以生”（第三十九章）。从这些命题出发，可以进一步演绎出这样的结论：万物和人都来自“道”，是具体的、各自独立的、自我完善的。老子把这个推论称作万物“自化”、民“自正”（第三十七章）。这些论述是老子对人类及其个体的道德内涵的总体规定。

道德自我的规定性必定包含着感性主体的自我批判和否定，其本质是同于自我超越。关于自我的建立和超越，他的论述更加具体。他说：

名与身孰亲？身与货孰多？得与亡孰病？（第四十四章）

这是说从内外划分来衡量自身和外物的轻重关系。他显然认为自身是目的性存在，外在的事物仅是自我的工具。要确立自身，需要从外在关系中识别和保守内在自我。他又说：

五色令人目盲；五音令人耳聋；五味令人口爽；驰骋畋猎，令人心发狂；难得之货，令人行妨。是以圣人为腹不为目，故去彼取此。（第十二章）。

塞其兑，闭其门，终身不勤。开其兑，济其事，终身不救。（第五十二章）。

这两段论述的文意是密切相关的，表明老子对道德心灵状态的认识。道德来自于理性对欲望的驾驭。第十二章拒斥了享乐主义、感觉主义的道德观。其意思是：纵情于声色犬马、吃喝玩乐、难得之货等感觉快乐，会发散人的道德心灵，败坏人的道德行为，因此圣人重视吃饱以滋养生命，而不追求奢靡浮华的感官刺激。关于《第五十二章》数句的解释，河上公颇得要领，兹将其注文集中抄录于下：“兑，目也。（使）目不妄视。门，口也。使口不妄言。人当塞目不妄视，闭口不妄言，则终身不勤苦。开目视情欲也。济，益也。益情欲之事。祸乱成也。”（《老子道德经河上公章句》，第 199—200 页）可见第五十二章的文句与第十二章有衔接之处。第五十二章将听从欲望和摆脱欲望的两种人生结局作对比，“开其兑，济其事，终身不救”指完全感性化地生存，追求欲望的满足，一身忧苦不堪；“塞其兑，闭其门，终身不勤”指控制住欲望的主宰，终身轻松无累。

最为重要的是保持道德认识或思维能力。老子说：

> 自见者不明，自是者不彰，自伐者无功，自矜者不张。（第二十四章）
>
> 是以圣人自知不自见，自爱不自贵，故去彼取此。（第七十二章）
>
> 自知曰明。（第三十三章）
>
> 致虚极，守静笃。（第十六章）

这几段意思相同，主要是为了论述：有我而不蔽于我。“自知”“自爱”即自己认识自己、自己珍惜自己，“自见”“自贵”即是己非人、贵己贱人。前两者是设立主动而自觉的自我，后两者属于多余的自我扩张。他要求人自知，即要人明智，具备自我反思的能力；要求人虚己，即将主观最大化地客观化，借以防止感性主体逾越自身有限性而成为独断者，同时保持心灵具有接纳外界的能力与包容能力。

具体自我具有排他性，道德自我主体的确立会不会增强对他人的妨碍？最难能可贵的是：老子虽身处宗法家长制和专制政治的社会环境中，却得出了完全相反的伦理主张。他说：

> 道生之，德畜之，物形之，器成之。是以万物莫不尊道而贵德。道之尊，德之贵，夫莫之命而常自然。故道生之，德畜之。长之育之，亭之毒之，养之覆之，生而不有，为而不恃，长而不宰，是谓玄德。（第五十一章）

“生而不有，为而不恃，长而不宰，是谓玄德”四句也出现在《第十章》中，王弼在《第十章》中注曰：

> 不塞其原，则物自生，何功之有？不禁其性，则物自济，何为之恃？物自长足，不吾宰成，有德无主，非玄而何？凡言玄德，皆有德而不知其主，出乎幽冥。(《老子道德经注校释》，第24页)

王弼的注很精微，凸显了老子所讲的道德属于“自然的道德”，这是与自我存在和完善一致的道德。如果结合我国上古时代和文化背景，该章的伦理意思就更明显了。该章实际上是对家长制、封建人身依附和财产占有制度等的极端反动。“玄德”指的是像大道一样，繁衍生育万物而不据为私有，有贡献而不居功自傲，引领万物而不主宰他们。老子称这是“玄德”即最深层、深远的道德。笔者认为，这种道德说明老子捍卫人人自主的道德，与现代社会结构和生活方式是完全契合的。

道家被称为是“为己之学”，指的就是强调道德自觉，从上文分析再次印证了这一点。老子反对自见、自是、自伐、自矜，坚持自知（第三十三章、第七十二章）、自胜（第三十三章）、“不自为大”（第三十四章）、自化、自正（第三十七章、第五十七章）、自爱（第七十二章），致虚守静，都是为了提高人们的道德自觉和自律以及自我修养能力，这些主张不论是从历史还是从当代来看，都有积极价值，而且它们显然是真正的伦理价值观。

三　对伦理名教的批判分析

不假名教，是老子伦理思想中克服道德异化的重要观点。老子说：

> 绝圣弃智，民利百倍；绝仁弃义，民复孝慈；绝巧弃利，盗贼无有。此三者以为文，不足。故令有所属：见素抱朴，少思寡欲，绝学无忧。（第十九章）

望文生义者恐怕会认为老子无条件地否定圣、智、仁、义。是不是这样呢？老子说："与善仁"（第八章），"民复孝慈"（第十九章），还多次言圣人具备"玄德"（第十章、第五十一章、第六十五章）、"孔德""常德"（第二十八章）、"上德"（第三十八章、第四十一章）、"建德"（第四十一章）等等，都是指高尚深厚的道德品质。何况第十九章前后文对照，显然是为了批判圣智仁义被滥用，要求人们回归质朴的人性。那么，如何恰当地理解他所谓"绝""弃"的意思？原来他并不反对有圣、智、仁、义之实质，他反对的仅仅是这些被抽象化、工具化、狭隘化的"名"。① "绝""弃"后面的圣、智、仁、义等都要打上引号，以表明它们属于某些有名无实的伪善称号或学派，与老子自己所理解的意思不一样。"绝""弃"是通过批评而赋予伦理核心语汇以新意。

老子说："（天下）皆知善之为善，斯不善已。"（第二章）按照传统伦理学，他似乎在反对伦理学的中心范畴，漠视善恶区分。如此一来，伦理学似乎被取消了。实际上，老子指出"知善之为善"是"不善"，并不是否定现实生活中善恶的实有，更不是取消伦理对象。参照其他章句，这种观点的提出有两个目的：其一，教人辩证地看待善恶关系。其二，道德概念本身并不等同道德，道德概念的价值被实行了才具有道德意义。他不但不反对"善"之实，相反更主张"上善若水"（第八章），肯定不发生异化的（"若水"）、最高的善（"上善"）的存在。

在一般人看来，"名"有什么好反对的？此中问题并不简单。但凡在价值领域中，名相概念都与存在和实际效果有很大距离甚或矛盾。在老子眼中，为名而名是使得道德价值和认知限入矛盾旋涡的开始。"名"都有肯定、否定，立此必失彼，是此必非彼。比如一旦立"仁"

① 《郭店楚墓竹简》老子抄本有对应通行本此章的文字，但是写作"绝智弃辩""绝伪弃诈"（《郭店楚墓竹简》，文物出版社 1998 年版，第 111 页）。不过如果认定郭店版本必为古本、正本，由此而推断王弼本"绝圣弃智""绝仁弃义"是后人改窜，证据显然不足。其实宗本老子思想的战国的《庄子》和汉代的《淮南子》有许多论述足以旁证王弼本近乎老子本意。

名，则“不仁”之名随之而来，思维容易限入“仁”与“不仁”之名的争端。如果拿这个思想造成的矛盾妄加于事实，则会造作和加剧事实争端。事实本来是不含有这些人为的“名”的，伦理生活世界也不是那些对立的名相构造而成的。“圣”“智”“仁”“义”等名，是圣、智、仁、义之实际行动留下的陈迹，之所以发生这些行动是因为有伦理精神实质，这些行动的“名”则是行动的“印记”。

一旦泥执许多“名”目的陈迹，就会有人以此效尤，为名而名，为名而争，从名弃实，殊不知这都是陷入空洞不实的道德名相世界，从而背离道德的本质！这在人类伦理经验的历史上并不鲜见。这样一来，名教就异化了，名教有时候甚至为欺诈、伪善之徒利用而使他们如虎添翼。老子主张“善行，无辙迹；善言，无瑕谪；善计，不用筹策；善闭，无关楗而不可开；善结，无绳约而不可解”（第二十七章）。大意是说：善于行走的，不是跟着别人留下的痕迹走，自己也不留踪迹；善于言谈的，言之在理，不会漏洞百出；善于计算的，因物之数，不利用筹码；善于隐藏的，让事物自然存在，不设开关机制；善于约束的，不用外在强制，却不会解体。这段话有些高深莫测，其实不神秘，不能作投机取巧理解。这里说的只是一个意思：尊道贵德，顺其自然，不假人为。我们还可以加上一句：善为道德者，不由名教而有道德之实。加上这句话，老子的目的更明了：他是要人弃名从实，要人先识“道”这一大体，从“道”贯到“德”，因任“自然”。在中国伦理学史中，讲得最多的是仁、义、礼等，但在中国伦理生活史中，异化最严重的也恰是仁、义、礼等！这是为什么？值得深思。看来老子这种废名而求实的思想有特别的伦理学批判价值。在中国历史上某些时期，确实存在统治者将名教用作工具的现象。有些时候，名教的异化、政治的异化其实和人的异化同步上演，令人扼腕。

老子明确地说：

> 圣人处无为之事，行不言之教。（第二章）
>
> 是以大丈夫居其厚，不居其薄；居其实，不居其华。（第三十八章）

这些都是警示名相及言说的道德的限度。他批判名教，有捍卫道德认知能力和实践能力优先之实，这和他全书的基本思想是一贯的。《第一章》中他说：

道，可道，非常道。名，可名，非常名。

即那些真正可以付诸言说和称道的东西，都不可能是永恒的。言下之意，不断的、更深的思考和探索才是值得保持的。伦理思想也要去除教条主义、独断主义，因此他更强调身教和道德能力培养的重要性。

他对道德名相的批评很有现实意义。道德认知、推理和抉择是不能让别人代理思考的。从根本上说，造就道德的人和社会，不在于用道德名相灌输他人，而在于发展人的道德理智，即道德判断能力。道德主体如果具备了道德判断力，在道德困境面前，则会主动地分析和选择。反之，脱离理智教育的过分说教，只能使人道德判断力机械而低下。几千年封建社会历史所昭示的结局与老子的批评若合辐辙，由于统治者一直把外在名教的灌输当成道德教化的关键，使教化带有了愚民的色彩，结果人们只晓得少数名教教条，道德心灵没有得到发展，因此道德觉悟和抉择力相对不成熟。

四　知性和伦理的关系

道德知识是一种有自身规定性的知识，道德认知能力即实践理性能力也具有自己的特殊性。在儒家那里，孔子说过“君子道者三，我无能焉：仁者不忧；知者不惑；勇者不惧”（《论语·宪问》）。可见他将“仁”和“智”区分得很清楚，熟知智慧不等于道德。到了北宋张载，他率先明确地划分开“闻见”之知（参见《正蒙·乾称》、《系辞下》等）与“德性之知”（《张载集·学大原上》）。《张载集》中有十余处对“闻见之知”展开批评，认为闻见等感性知识、经验知识不是从道德本源产生的，不能成为普遍道德原理，这种知识再多也无补于良知的确立；非但如此，如果一个人被闻见之知牵着鼻子转，道德良心反而会受到蒙蔽。从现代学科划界标准和伦理学科特性看，科学认识能力和道德理性能力无论从起源、对象、功能和归宿，都有不可混淆的差异。可惜，这一简单明了的区分常常容易被人们忽视。

老子对道德和一般知识进行了清楚的界分。他特别关注道德智慧和狡诈放任的智能的差异，极力否定以智代德的行为。据学者考证，“人心之危，道心之微”是《老子》的逸文[①]。老子反复强调“天道”和“人道”的差异和对立，批判“人之道”存在诸多局限，诸如判断不公、贪婪自私、势利卑琐、恃强凌弱、尔虞我诈、厚此薄彼、亲疏有等、贵贱分明等。他也从“无为”和“有为”二者的差异区分了人类顺道和逆道两种行为。可以说，在他道德思想的结构中确实存在着对道德（无为）之心和人道（有为）之心的划分。

从知识形态看，老子认为有合于道的行为知识和违背道的行为知识，后者在伦理上不可能是善的，他常常直接称之为“知”或“智”，实质是指在道德问题上滥用非道德的知见。他说：

> 明白四达，能无知乎？生之、畜之，生而不有，为而不恃，长而不宰，是为玄德。（第十章）
>
> 知常曰明。（第十六章、第五十五章）
>
> 含德之厚，比于赤子。（第五十五章）
>
> 知人者智，自知者明。（第三十三章）

概括言之，欣赏和追求无知无识绝不是老子的真意，他的用意在于揭示：道德心像赤子那样真诚不伪，道德心合乎永恒的道，道德心包含对自我的反思。

应该承认，知识是工具，知性不一定合乎德性。知性更多地属于中性的、手段性的方法，既能成为有德者的工具，也往往可以为奸诈

---

① 《荀子·解蔽》引《道经》有“人心之危，道心之微”。参见王仁俊《玉函山房辑佚书续编三种》，上海古籍出版社 1989 年版，第 446 页。

伪善者利用，以达到道德投机的目的。老子要求知性主体收敛知性：

圣人无常心，以百姓心为心。善者吾善之，不善者吾亦善之，德善。信者吾信之，不信者吾亦德之，得信。圣人在天下，歙歙焉，为天下浑其心，圣人皆孩之。（第四十九章）[①]

绝圣弃智。（第十九章）

绝学无忧。（第二十章）

学不学，复众人之所过。（第六十四章）

沌沌、昏昏、闷闷。（第二十章）

知者不博，博者不知。（第八十一章）

为学日益，为道日损，损之又损，以至于无为，无为而无不为矣。（第四十八章）

这样的论述是老子伦理思想的深刻性所在。众所周知，学、智，皆属于知性活动项目，知性要收集现象，用概念和范畴统摄经验，要借助分析和综合的办法，以查明事物现象的因果秩序，获得确定性的知识。其本质在于理性与经验的合成作用，作用的成果的主要内容是经验知识的规律。这是研究自然对象必须用的方法，本质上适合运用于自然科学的知识领域。但道德行动者是有意志、有情感、有思想的人，道德行动的普遍根据不在于经验，如其这样，便失去普遍有效性而难以存在，或者是用死的规律控制自由的道德主体。老子哲学目的不是求得科学知识，而是要建立一门普遍的德性学说。对于“知性”，老子告诫我们要知道它的限度，他说：

知不知，上，不知知，病。夫唯病病，是以不病。圣人不病，以其病病，是以不病。（第七十一章）

所谓“知不知”，即知道知性所不能及的，知道知性的限度，不把知性

① 帛书《老子》甲乙本第十九章作“恒无心”，文意更优长。

的知识绝对化。“不知知”，指的是强不知而以为知。前者清醒而明智，后者蒙昧自欺欺人。我们一般容易为知性左右，总是乐于把有限知识加以绝对化、加以滥用，而不是加以真实恰当的运用。老子说对于实践学问，“治人事天莫若啬”（第五十九章），就是说要吝惜理智，少用理智独断。那么需要什么呢？老子对知性知识与德性知识、知性能力与德性能力双双之间所作的划分具有深刻的意义，实际上是要求人类知性自律。这既属于一般的伦理哲学反思，也开启了知识伦理学思考的先河。有的德性伦理学仅仅立足于人性的德目展开探讨，不免显得欠缺深度。老子对知性的批判，迂回曲折地捍卫德性，因为他是结合“道”论哲学而探讨的，可以说他接近于康德意义上的“道德形而上学”的层次。

五　慈爱

根据老子，慈爱是统治者的责任。他认为，“道”不仅生成万物，而且像伟大无私的母亲一样，让作为有限存在的万物“复守其母”，在不断返还中逐渐完善，让人类通过保持本真、复归本性而维护健康生成，让宇宙整体通过万物的复归而得以正常运转和进化。老子称颂说：

> 大道汜兮，其可左右。万物恃之而生而不辞，功成而不名有。衣养万物而不为主，可名于小；万物归焉而不为主，可名为大。以其终不自为大，故能成其大。（第三十四章）
>
> 生之、畜之，生而不有，为而不恃，长而不宰。是为玄德。（第十章）

大道的崇高伟大就体现在：它首尾一贯地执行着其创始和复归的职责。也就是说，老子的大道自始至终参与万物的演化，不仅参与万物的创始，而且维护着万物自然而然的运化、复归和绵绵长存。可以说，大道像尽责的母亲一样，永恒无私地瞻顾着、拥抱着万物，但是它厚生载物并不索取万物的回报，生长万物而不占有万物，蓄养万物而不倚仗功劳，导引万物而不主宰万物。大道是这样的，圣人或统治者也应该是这样的，统治者应该时刻以生民的性命和幸福为自己的天职，或者说，统治是且仅仅是为了人民，正如荀子所说的："天之生民，非为君也；天之立君，以为民也"。(《荀子·大略》)

慈爱的行为本身也不能超脱伦理的约束，因此不是人人能够轻易为之的。关键是不能著迹。老子提出：

> 上善若水。水善利万物而不争，居众人之所恶，故几于道。居善地，心善渊，与善仁，言善信，政善治，事善能，动善时。夫唯不争，故无尤。(第八章)

本章要求人们要善于做慈善，最高的慈善应该像"水"一样，水性柔弱顺从，无目的性、无竞争心，利物而不争胜、不害物。章中后面八个"善"字特别耐人寻味，强调的是道的方法论、艺术性、技术性的意义，这跟后来《庄子·养生主》中强调的"技进于道"的理论一先一后，可以相互诠释。老子是说，慈善行为是要求极高的事情，做慈善的人需要掌握时机，心地诚恳，做到恰到好处，不贻害他人，尤其不能邀集名利。庄子反对一切伪善，将老子思想发展为"为善无近名，为恶无近刑"(《庄子·养生主》)，即法律上不触犯底线，道德上舍弃浮名，意思更为明确简练。真正的慈善本应该不留痕迹，不求名闻，完全出于自觉自愿的奉献原则而为之。

施行慈爱还需要公正的条件，要做到不偏不党、一视同仁。在老子看来，道生养万物，不过是顺辅万物，使万物各正性命，各是其是，各适其适。圣人的慈善应该具有最广泛的包容性，而不局限于有偏私的选择。老子说，"人之不善，何弃之有？"(第六十二章)这就是说，对那些不善的人，怎么忍心弃之不顾呢？不管是与生而来的自然的不善，还是后天的、社会带来的不善，不问造成不善的原因何在，在慈善面前一视同仁，老子明确地说：

> 圣人无常心，以百姓心为心。善者吾善之，不善者吾亦善之，

德善。（第四十九章）

“德善”即真正的善德，指能宽容和善待百姓那些苛刻的意见。老子又说：

> 善行，无辙迹；善言，无瑕谪；善数，不用筹策；善闭，无关楗而不可开；善结，无绳约而不可解。是以圣人常善救人，故无弃人；常善救物，故无弃物。是谓袭明。故善人者，不善人之师；不善人者，善人之资。不贵其师，不爱其资，虽智大迷。是谓要妙。（第二十七章）

概括而言，“善于”做任何事都不会留下遗憾，不会引起副作用和反作用。由此进而得出，“圣人”要善于救济人，善于拯救物，不要放弃任何人和物。那些不善的人，在老子看来正是善人慈爱拯救的好对象。

慈爱是超越的大爱，这与儒家仁爱形成明显对照。儒家讲的“仁”，字源上本来指出于恻隐之心性，但是在孔子那里被转换为仁者爱人的挈矩之道，这是平行对等的爱。这样一转化，“仁”成了互惠性的施报关系，它需要施受双方互相约束，最后容易流于恩恩报报、善善恶恶的纠结。比较起来，“仁”是有差等、有条件的小爱，而慈爱是纯粹的、无条件的大爱。老子的慈爱精神更加广博超迈。可以说，道家主张的是超越的道德观。据《论语·宪问》：

> 或曰：“以德报怨，何如？”子曰：“何以报德？以直报怨，以德报德。”

“以直报怨”是儒家的道德主张，它是底线而却不是道德底线。这个命题仅仅是公式而不是道德律，因为它里面没有道德义务的内涵，它更适合用作道德之外的底线心理机制。老子则说：

> 大小多少，报怨以德。（第六十三章）

意思是：大怨化小，多怨化少，受到怨恨都以德相报。从另一面看，道德重在施与而不求回报，他说：

> 圣人不积，既以为人己愈有，既以与人己愈多。天之道，利而不害；圣人之道，为而不争。（第八十一章）

或许可以说，这才是纯正的道德。关于政治道德，他说：

> 是以圣人执左契而不责于人。有德司契，无德司彻。（第七十九章）①

圣明的统治者保留欠账的凭证，但是不向债务人索要，不是逼人民还债的讨债鬼。

可以设想，如果将缺乏包容性的仁爱推广到社会实践中去，势必要引发礼仪之类的外在强制性规范。而一旦引入了外在而保守的规范，就必定会引申出以义节仁的理论解释。这会使仁爱的有限性转换为仁义的紧张，即“厚于仁，薄于义，亲而不尊；厚于义，薄于仁，尊而不亲”②，那么究竟仁和义哪一个更优先？这可是更大的理论麻烦。笔者以为，现代社会人民首先需要的是公正，所以正义理当优先。当然，这不等于说儒家的仁爱丝毫没有存在的必要，其实正如沈清松先生说的，在目前条件下的现实社会中，儒家的对等的爱也可以补老子所倡导的无条件的慈爱的脆弱性。③

---

① 孙以楷先生认为：“‘左契’，古代契约分为左右两片，左片称为‘左契’，由负债人收执。右片称为‘右契’，由债权人收执，作为索债的根据。‘左契’，帛书甲本作‘右契’，是。诸本及帛书乙本均误作‘左’。”见孙以楷《老子注释三种》，安徽人民出版社2003年版，第266页。

② 《望由望生》（原题《语丛一》），见李零《郭店楚简校读记》（增订本），中国人民大学出版社2007年版，第207页。

③ 沈清松：《论全球化与道家的慷慨精神》，见陈鼓应主编《道家文化研究》第二十二辑，生活·读书·新知三联书店2007年版。

结语：宇宙伦理、人类自律与环境哲学

近年来，老子的哲学思想对西方环境哲学产生了广泛的影响，老子被他们认作环境哲学的先知。《天网》的作者马希尔说：道家是首选的生态形上学概念资源；“生态思维首次清晰的表达在大约前6世纪出现于古代中国”；“道家们提供了最深奥、雄辩的、空前详尽的自然哲学和生态感知的第一激发”；阴阳是力量，阴阳互补，它们组成气（质—能，matter-energy），进而产生万物；道不能被定义，它无名，无形式，道反映了宇宙工作方式，产生万物和维持万物的自然秩序；道不是固定的，而是流动和创造的过程，宇宙在流动中，一切变化着；存在和非存在是道的两个方面；“道家持整体宇宙观，因为认识到多样性统一的生态原理”；“‘自然’的字面意思是自己如此（of itself so），这概念强调自然创造的自发性（spontaneity）。”① 深层生态学的创立人奈斯直接受到老庄道家思想的影响。作为目前世界上影响广泛的环境哲学流派之一，深层生态哲学理论结构中包含一个自我实现的理论环节，这个部分的核心是讲大写的生态自我。对此，奈斯曾经直言不讳地说：“自我实现是生命潜能的实现。……多样性越大，那么自我实现的程度就越大。……我称作‘大我’（大写的自我，the Self）的，中国人把它称为‘道’。”②

笔者认为，老子讲的“自然”不等于今天人们讲的大自然、自然事物或者自然性质。然而，不可否定的是：他的“自然”与现代自然观有许多交叉内容，特别是，老子首先从根源上捍卫“道”的普遍至上性和包容性，而这个“道”显然是包罗自然、生态及其规律在内的。所以，确实可以视其为环境哲学的始祖。在此，笔者就此略作勾勒和疏证。

在老子的世界观中，人没有突出的至上价值或优越地位，万物各

---

① Peter Marshall，*Nature's Web*：*Rethinking Our Place on Earth*, M. E. Sharpe, Armonk, New York, London, England, 1996, pp.9,11–3,125.

② Bill Devall & George Sessions, *Deep Ecology, Live As If Nature Mattered*, Gibbs M. Smith , Inc., Salt Lake City, p.76.

有其固有的价值，它们组成了价值多样性和平等性的世界，而“道”像天地一样覆载无私。中国古代伦理思想家大多共同信奉自然的形上伦理，根据日月普照、天无私覆、地无私载等而类推普惠的道德规范。有所不同的是，老子更为明确地指出了“人之道”的缺陷。为了张扬“天之道”，他不惜否决人类某些贪婪的自我意识。老子在世界历史上第一次给出了一套严格的非人类中心主义思辨哲学构架和方法论。其要点可以概括如下：

（1）在老子哲学里面，人（道）和天（道）是协同存在、不可隔离的，二者没有中心与边缘之分。他讲人类要致虚、守静、无为、遵循自然，让万物自然而然地归根复命，为非人类存在腾出空间和机会。这和保护自然异曲同工。

（2）老子讲道、德、天地、人、生命、万物的内在连续性，否认主客二元论基础上的隔离的世界观，捍卫了多样性并存的、有机的生态世界观。

（3）老子讲“道法自然”，这是一种维护社会常态和自然常态的基本立场。传统伦理学多建立在人本化立场之上，必然导致自由与自然的脱节。传统伦理学只讲自以为合乎人伦日用的道德，放弃了对人类道德与客观性真理之冲突的解决。老子以“自然”为标准的伦理学原理正可以用来校正传统伦理学的自由观、善恶观。

（4）老子讲“生而不有”的“玄德”，讲“玄同”“无为”，正是发明整体性和深层性的道德律，捍卫各种自然事物自身的价值，提出了非人类中心主义道德的方法和规则。特别是，“无为”的理念给人类全体的自律提出了原则。

（5）老子讲“道－德”一体，含有部分和整体、个别和一般、多与一统一的辩证法，是对天地之德、江海的德性、万物的德性相互依存的肯定。

（6）老子讲道的至上性，正是合乎对人类中心观的批判否定。

（7）老子讲的返璞归真，是合乎生态人性论的健康观点。

（8）老子讲生而不有、长而不宰，包容万物。这些不只是主观选择，实际上它是“天条”，是客观世界的命令——人类不得不维护自然常态。

论司马光对《老子》的诠释及其思想史意义*

刘固盛
（华中师范大学 历史文化学院）

摘　要： 司马光的《老子》诠释，首先对老子之道的根本性意义进行了揭示，认为宗本之道是无和有的统一，其体为无，其有为用，一切变化有形则为德，而道德不可分开。其次，阐扬黄老之学，表现出了鲜明的经世致用倾向。再次，以性命之学阐释《老子》之道，这是对宋代儒学复兴这一时代精神的呼应。

关键词： 司马光；老学；黄老；性命之学

司马光是北宋著名的政治家与史学家，他十分重视《老子》，并有《道德真经论》传世。其注虽然十分简要，但内容颇精辟，体现他“站在儒家立场上对老子进行的回护”，认为“老子之学与儒家并不相悖”。① 当然，该注除了儒道相通的诠释外，对老子道论的理解，对黄老之学的阐述，以及对政治与道德关系的阐发等，都很有见地，体现出北宋思想发展的时代精神。对此，本文试论之。

---

* 项目基金：国家社科基金重大项目“中国老学通史”（项目批准号：14ZDB004）阶段性成果。

① 萧汉明：《道家思想在北宋传统哲学转型期的意义》，《道家文化研究》第 26 辑，生活·读书·新知三联书店 2012 年版。

一　对道的理解

在《道德真经论》中，司马光首先对老子之道的根本性意义进行了揭示，如第五十二章注："始谓道也。道者，万物之所生。"道是万物产生的根源，司马光将其称之为"宗本"："宗本无形谓之道。气象变化谓之德。聚而成物，质性散殊。生必长，长必成，自然之势。"（《道德真经论》，熊铁基、陈红星主编：《老子集成》第二卷，宗教文化出版社 2011 年版，第 550 页。）宗本之道是无形的，一切变化有形则为德，当然，道德是不可分开的：

> 太史公曰：老子著书上下篇，言道德之意。后人因其篇首之文，名上篇曰道，下篇曰德。夫道德连体，不可偏举。（《老子集成》第二卷，第 539 页）

这是司马光在其注之始所强调的。他认为虽然《老子》文本在流传的过程中，经过后人的整理改造，并裁定为道经、德经两部分，但并不是上经只言道，下经只言德，道德之意是互相关联的，不可偏废。对于道德的理解，即可以放眼宇宙万物，如上面提到的注文，在道的作用下，德指气象变化，聚而成物，万物自然生长成熟。当然，道德之意也可以从社会、人事层面加以解读，如第二十八章的注文："有武而不用，处卑而为众所归，由德以归道。"这里指用道的原则治理天下，不以强凌弱，自处卑下，天下反而归附，这就是德化。

对于老子"道生万物"的宇宙论，经典的表述是第四十二章："道生一，一生二，二生三，三生万物。万物负阴而抱阳，冲气以为和。"对此，司马光注云：

> 自无入有，分阴分阳，济以中和。负犹背也，抱犹向也。万物莫不以阴阳为体，以冲气为用。

“道生一”即“自无入有”,“一生二”即“分阴分阳”,“二生三”即“济以中和”。在万物化生的过程之中，道自无而有，产生阴阳二气，阴阳二气相互交感形成中和之气，然后万物禀中和之气而生。阴阳与冲气为体用关系，互不可分。这一诠释，实际上还是体现了道德不可偏举的思路。又如第三十九章之注同样如此：

一者，道之子，物之祖也，故莫不赖之以成功。以事言之，常久不已，所谓一也。

老子在此章言：“昔之得一者，天得一以清，地得一以宁，神得一以灵，谷得一以盈，万物得一以生，侯王得一以为天下正。其致之一也。”从天地运化、万物生长到天下治理，都是由于一在起作用，溯其根源是道，观其现象是德。以物言之，一是物之祖；就事而论，一是常久。司马光的注文，抓住了老子道论的实质。

除了阐发老子之道的本体意义外，司马光还论述了道的玄妙和抽象。如第六章注：“中虚故曰谷，不测故曰神。天地有穷而道无穷……天地由之以生。”又如第四章注：

深不可测，常为物主。锋角猛露，道所恶也。事为烦乱，道所鄙也。辉华显赫，道所贱也。污辱卑下，道所贵也。湛然不动，若有若亡。言其先天地生，物莫能逾。

道先于天地万物而存在，为万物之宗主，它玄妙莫测，无法用语言来描述。不过，对那些不属于道的现象还是清楚的，如锋芒毕露、张扬显摆、烦琐混乱等，这些都是道的对立面，道是处下不争的。

此外，司马光特别论述了无、有两个范畴对于老子之道的重要价值。从天地万物的生成来看：

天地，有形之大者也，其始必因于无，故名天地之始曰无。万物以形相生，其生必因于有，故名万物之母曰有。(《老子集成》

第二卷，第 539 页）

这是《老子》首章“无名天地之始；有名万物之母”的注文，从无、有断句，彰显出道含有无的本体意义。从圣人体道的角度来看：

万物既有，则彼无者宜若无所用矣。然圣人常存无不去，欲以穷神化之微妙也。无既可贵，则彼有者宜若无所用矣。然圣人常存有不去，欲以立万事之边际也。苟专用无而弃有，则荡然流散，无复边际，所谓有之以为利，无之以为用也。(《老子集成》第二卷，第 539—540 页）

这是对经文“常无欲以观其妙，常有欲以观其徼”的解释，这里的断句与王安石一样，读为“常无，欲以观其妙；常有，欲以观其徼”，无、有断句，突出了道的哲理性，使老子思想更具抽象思辨的特点。注文强调了有无不可分割的道理，指出理解和运用老子之道，不能仅仅执着于无。再看第十四章的注：

无色，无声，无体，皆归于无。皦，明也。道之升，万物以生而不可见。道之降，万物以息而未尝亡。……曰有曰无，皆强名耳。欲言无邪，则物由以成。欲言有邪，则不见其形。若有若无，无始，无终。古之道，无也。道以无为纪。

道是视之不见、听之不闻、搏之不得的，因而难以捉摸，用无和有两个范畴来定义它，也是不得已的权宜之策。而在有无的作用中，无处于更加根本性的位置，这也是由道的特点所决定的，即“物出于无，复入于无”，道是无和有的统一，其体为无，其有为用。

二　老子思想与经世致用

司马光注解《老子》，具有明显的经世致用倾向。因此，他除了阐述道之体，对道之用更为重视。《老子》首章注云：

> 世俗之谈道者，皆曰道体微妙，不可名言。老子以为不然，曰道亦可言道耳，然非常人之所谓道也。名亦可强名耳，然非常人之所谓名也。常人之所谓道者，凝滞于物。所谓名者，苛察缴绕。

按照一般的认识，老子之道玄妙难识，似乎是不可言说的。其实不然，道是可以理解的，也可以用名指称。道之可道可言即指道之用，但常人的理解或滞于物，或滞于事，无法把握老子之道的微妙高明，如第二章注："凡事有形迹者，必不可齐。不齐则争，争则乱，乱则穷，故圣人不贵。"按照司马光的认识，"礼至于无体，乐至于无声，刑至于无刑，然后见道之用"（《老子集成》第二卷，第542页）。道之用不拘于形式，其妙在于"无"，即老子所谓"有之以为利，无之以为用"，无体、无声、无刑，这就是道之用的具体体现，反映出礼、乐、刑三者在推行过程中由有入无的理想状态。而以道行事，其效用是无与伦比的："宝用有尽，道用无穷。有求而循道者，无不得。有过而从道者，无不免。"（《老子集成》第二卷，第553页）

司马光认为，在老子思想中，道的运用者并非普通人，而是圣人或者说主政者。如第二十五章注："明王者，不得以位自骄。"第三十二章注："侯王守道，则物服，气和，民化。"第二章注："其身正，不令而行。"等等。这些注文都是从主政者的立场出发，抓住了老子思想的宗旨。司马光又言："道之见者谓之象，圣人执之，以为天下王。"（《老子集成》第二卷，第547页）象乃道之呈现，圣人执象也即发挥道之用，则可王天下，正如第二十七章注所言："固国不以山溪之险。域民不以封疆之界。"对于天下百姓，不是强制管理和束缚，而是出于爱护之心："夫贵重天下者，天下亦贵重之。爱利天下者，天下亦爱利之。未有轻贱残贼天下，而天下贵爱之者也。故圣人之贵爱天下，所以贵爱其身也，如此则付以大器，必能守之。"（《老子集成》第二卷，第542页）贵爱天下如贵爱自己的身体，这才是道的体现，所以司马光在第六十一章注又指出：“所贵于道者，为其兼容敦化，若中者弃不中，才者弃不才，不得为有德。”圣人以道治理天下，要做到人尽其才，物尽其用，如是便是有德。

司马光作为一个儒家学者，注《老子》时并没有表现出明显的偏见，而是阐发儒道并行不悖的道理。例如他解释《老子》第六十七章说：“仁者必有勇，约省则有余。”“仁者，众之所附。”肯定了儒家核心思想“仁”的巨大作用。又如他对老子“不尚贤”的注解：“贤之不可不尚，人皆知之。至其末流之弊，则争名而长乱，故老子矫之，欲人尚其实，不尚其名也。”意思是说，真正的贤肯定是需要崇尚的，这是人人皆知的道理，但如果只为名而尚贤，则将陷入争名的弊端，徒以添乱，故老子加以矫正。至于《老子》第三十八章“夫礼者，忠信之薄而乱之首也”一句，一般被当作老子反对儒家礼制的例证，而司马光注云：“忠信，礼之本也。守其文，忘其本，则巧伪横生矣。”司马光认为，老子并不反对以忠信为本的礼，而是对失去其本的礼教所导致的巧伪进行批评。这样的解读，老子思想便不再是儒家的对立面，儒道之间是相融的。再如第十九章的注文：

> 圣智所以利民也，至其末流之弊，乃或假圣智以害民，故老子矫之云尔。孝慈，仁义之本也。巧于利民，圣智之本心也。盗贼乃窃巧以利己。属，著也。圣智、仁义、巧利，皆古之善道也，由后世徒用之以为文饰，而内诚不足，故令三者皆著于名而丧其实。

这是司马光对老子“绝圣弃智”“绝仁弃义”等思想的辩护。与尚贤一样，真正的圣智仁义都是要加以维护和肯定的，后世之徒做不到圣智仁义，故为其名而变得虚伪，甚至有害于民，这才是老子所要反对的。司马光还把圣智仁义巧利称为“古之善道”，再次证明了他儒道相通的立场以及对老子思想的认同。

司马光在肯定老子思想的合理性的基础上，强调了其在政治实践中的重要价值，其理论内核即“因顺自然”。如第四十九章注：“随时因物，应变从道。”第二十八章注：“材见于外则如器，各有所能。圣人因其所能，用为众官之长。”第十章注：“善爱民者，任其自生，遂而勿伤。善治国者，任物以能，不劳而成。”这都是强调治国理政要遵循因顺的原则，要“去华务实，还淳反朴”，防止“奸诈乱政，上下相欺”（《老子集成》第二卷，第 554 页）。第六十五章注又云：“王道正直。知用智不若不用，非有精微之德，其孰能与于此。物情莫不贵智，而有玄德者独贱之，虽反于物，乃顺于道。”按照一般的认识，大家以智为贵，也主张以智治国，但老子认为以智治国不如无为而治，司马光根据老子思想进一步阐述，体道高明之人即玄德者能够做到不尚智，这虽然与一般的认识不符，却与道相合，是“顺于道”的表现。那么，如何做到因顺呢？司马光在第七十章注中进行了回答：“易简，精一，体要，返本。”注文仅仅八个字，却包含四条原则：第一，易简，即清静无为。第二，精一，即集中高效。第三，体要，即抓住要领。第四，返本，即返璞归真，回归于道。这些原则与老子思想特别是黄老思想完全相符。

除了因顺，司马光在注中还突出了自然。如第十三章注文：“及吾无身，归之自然。”第二十八章注文：“故大制不割。因其自然。”司马光指出，要尊重万物的自然之性，做到“任物自然”，而尊道贵德，本质上也就是与“自然相应”。第六十四章“学不学，复众人之所过，以辅万物之自然而不敢为”一句注言：“众人用心过分，更成赘疣，故人所学者在于不学，以复众人之所过。万物生成，皆不出自然，圣人但以辅之，不敢强有所为也。”用心过分，便失自然。万物的生成都不在自然之外，故有道者对待万物，一定是顺其自然，不会强自作为。而这样做的效果却是最好的：“任物自然，物莫能违。随其顺逆，应以吉凶。不疾而速，不行而至。不忽遽，而事无不成。”（《老子集成》第二卷，第 556 页）

当然，司马光认为，老子主张的因顺自然，并不是毫无作为。如第二章注：“圣人于天下不能全无所为，但不恃之以为己力耳。不自满假。汝惟不矜，天下莫与汝争能；汝惟不伐，天下莫与汝争功。”圣人即有道者治理天下，不是不为，而是为而不居功，无心而为。注中引用《尚书·大禹谟》中的名句“汝惟不矜，天下莫与汝争能；汝惟不伐，天下莫与汝争功”解释《老子》“夫唯不居，是以不去”之意，很贴切。又如第五十二章注：

> 始谓道也，道者万物之所生。因道以立礼乐刑政，不可忘本弃道。

注中把《老子》“既得其母，以知其子”解释为“因道以立礼乐刑政”，颇值得注意。道为万物之本，礼乐刑政因道而立，那么道也是礼乐刑政之本。这里，司马光显然视道为儒家礼乐刑政的形上依据，礼乐刑政的合法性得到了一个本体意义上的阐明。那么，在上位者推行礼乐刑政，就不能妄自为之，而应遵守道的原则：

> 圣人得道，必制而用之，不能无言。虽以有名教民，亦务简要，勿令滋彰。有为之教，比之于道，大小绝殊，然亦终归于道。（《老子集成》第二卷，第547页）

《老子》的“始制有名”被解释为“圣人得道，必制而用之，不能无言”。司马光把儒家的礼乐刑政制度视为“道之用”，所谓“制而用之”，就是要把礼乐刑政作为治理国家的道德规范和政治举措。而以道为本，故为政要清静简要，但也不能放弃必要的有为：

> 有为之德，不修则废。因民所利而利之，制而用之。立制度以强民，民不肯从，则用刑以威之。（《老子集成》第二卷，第548页）

作为德政，一方面要以民为重，另一方面也必须制定制度和法律对民众加以约束。从上述诸条注文可以看出，司马光十分注意阐发《老子》的现实价值，他的主张颇合黄老之旨。

司马光确实崇尚黄老思想的，并与王安石进行过讨论：

今介甫为政，首建制置条例司，大讲财利之事，又命薛向行均输法于江准，欲尽夺商贾之利，又分遣使者散青苗钱于天下，而收其息，使人愁痛，父子不相见，兄弟妻子离散，此岂孟子之志乎。老子曰：“天下神器，不可为也，为者败之，执者失之。”又曰：“我无为而民自化，我好静而民自正，我无事而民自富，我无欲而民自朴。”又曰：“治大国，若烹小鲜。”今介甫为政，尽变更祖宗旧法，先者后之，上者下之，右者左之，左者右之，成者毁之，矻矻焉穷日力，继之以夜而不得息，使上自朝廷，下及田野，无一人得袭故而守常者，纷纷扰扰，莫安其居，此岂老氏之志乎。(《中华道藏》第 11 册，华夏出版社 2004 年版，第 485 页)

显然，司马光不仅反对王安石变法，而且认为其变法违背了黄老思想。司马光还针对当时学黄老者以心如死灰、形如槁木为无为的错误认识，作《无为赞》，云：“治心以正，保躬以静，进退有义，得失有命，守道在己，成功则天，夫复何为，无为自然。”(《中华道藏》第 11 册，第 485 页）司马光认为黄老之要旨就是以无为自然为原则去做成有为之事，这也是老子思想中最可取的内容。

三　诚与性命之学

《宋元学案》云：“温公之学，主之以诚，守之以谦。”(《宋元学案》卷八《涑水学案》）可见，“主诚”是司马光思想学术的重要特征。此点在他的《道德真经论》中也有所体现。试看第十八章的注文：

道者涵仁义以为体，行之以诚，不形于外。故道之行，则仁义隐；道之废，则仁义彰。

前面提到，司马光以道为礼乐刑政之本。这里又提出了“道者涵仁义以为体”的观点，即道为仁义之本。由此可见，司马光试图为儒家的仁义道德寻找一个形而上的本体论依据，从天道中推衍出人道，以天道作为仁义道德的最后归宿。

卢国龙教授曾指出，司马光注《老子》的基本思路“可以分述为穷理和尽性两个层面”①，那么，司马光所言道为礼乐刑政之本，道为仁义之本，“不可忘本弃道”，便是其“穷理”的实质之所在。至于他对“尽性”的阐发，则认为其要义在于“行之以诚，不形于外”，即修养时不假外求，而要求通过内心反省，达到“诚”的境界。他又在《老子》第五章注说：“能守中诚，不言而信。”第三十八章注说：“推至诚而行之，不自以为德。”看来，司马光所强调的是一个“诚”字，诚出于本来心性，“推至诚而行之”，即为“尽性”，如此便并非拘于形式上的道德，而能够“与天合德”了。对“诚”的重视，确是司马光学术思想中的一贯特点。司马光进而指出，一个人如果内诚不够，则将丧道失德。他注《老子》第十九章说：

> 圣智、仁义、巧利，皆古之善道也。由后世徒用之以为文饰，而内诚不足，故令三者皆著于名而丧其实。

这里先肯定儒家的道德仁义本是“古之善道”，老子也并不是要真正反对、绝而弃之。只是世人都只注重名义上的圣智、仁义、巧利，耽于形迹，遂使至诚之本性被离散，而“尽性”，就是要人们复归于这种至诚之本。怎样复归呢？司马光提出了“正心”“治心”的修养方法。他注《老子》第六十四章云：“众人用心过分，更成赘疣，故人所学者在于不学，以复众人之所过。”众人由于用心过分，本性被迷，那么复归本性的关键便在于治心，所谓“大人之道正其心而已矣，治之养之，以至于精义入神”（《温公易说》卷三），“学者所以求治心也”（《温国文正司马公文集》卷七一）。

道德性命之学是北宋儒家普遍关心的时代性课题，故司马光在注

① 卢国龙：《北宋儒学三派的〈老子〉三注》，《道家文化研究》第8辑，上海古籍出版社1995年版。

解《老子》的时候也进行了阐发。司马光注《老子》，不仅有对老子思想的阐释，更包含其对儒家政治思想、道德哲学等一系列问题的重新思考。苏轼在《司马温公行状》中说司马光“不喜释老”[①]，看来不够准确。如果“老”指道教，或者可信，至于老子，司马光是非常重视并且欣赏的。

四 结语

司马光的老学思想有两个主题：一是阐发黄老之学。从老学宗旨来看，这一点与王安石学派的老学思想是一致的。王安石注《老子》，显然是为其政治改革服务，因此其老学宗旨必然重视老子之道的政治智慧，其注也与黄老思想一致，只可惜王安石在变法的政治实践中没有做到知行合一，未能发挥黄老政术的优势。相反，如司马光所批评的，王安石变法走向了黄老政术的反面，因而最终导致了失败。但从理论上看，不唯王安石本人，其跟随者有不少人注《老子》，同样重视老子政治思想的阐发。如他的儿子王雱的《老子注》、吕惠卿的《道德真经传》等亦大力提倡黄老之政术。从司马光到王安石学派的老学思想，是北宋盛行的黄老之学的具体映射[②]。二是阐扬性命之学。这一注解《老子》的思想主旨，和当时的儒学复兴相关。由于对性命之学的重建，是宋代整个儒学复兴运动的中心和主旨，那么司马光（也包括王安石、苏辙）以性命之学阐释《老子》之道，正是对这一时代精神的呼应。

---

① 萧汉明先生对苏轼的这个判断进行了具体分析，认为乃牵强之论，不足据信。参萧汉明《道家思想在北宋传统哲学转型期的意义》，《道家文化研究》第26辑，生活·读书·新知三联书店2012年版。

② 关于北宋黄老思想的具体情况，可参拙文《论北宋的黄老思想》（《四川大学学报》2020年第1期）的相关论述。

《淮南子》“道法自然”观论析 *

黄 熙

（西北大学 中国思想文化研究所）

摘 要：《淮南子》综合了先秦道论的两种倾向，既重本体之道，又重具体之道。《淮南子》还进一步明确了“自然”的归属性，认为“自然”归属于“道”本身，显示出其“道性自然”的特点。不仅如此，《淮南子》中的“自然”归属性进一步下移到万物之上，即具体之道也要根据万物的属性进行治身与治政。《淮南子》通过对无为的改造，将儒家思想融入“道法自然”观中，丰富了“道法自然”观的内涵，对后世产生了深远影响。

关键词：《淮南子》；道法自然；道；自然

天道与人道的关系，自古便是哲人们重点思考的问题。老子用一个“法”字连接了天道与人道，提出了“人法地，地法天，天法道，道法自然”（《老子·第二十五章》）的观点。自此，“道法自然”成为道家思想的核心观念之一。《淮南子》作为先秦道家思想的集大成者，在继承道家思想的同时，对“道法自然”观念亦多有发展。关于《淮南子》的“道法自然”观，学术界虽已有所关注，但未深入探讨，缺

---

* 基金项目：陕西省教育厅哲学社会科学重点研究基地项目“先秦‘道法自然’观念研究”（17JZ069）。

乏系统的研究[①]，同时也缺乏对《淮南子》“道法自然”观地位和特点的研究。本文通过对《淮南子》“道”的界定及“自然”归属性的探讨，概括出《淮南子》“道法自然”观的内容，并对其进行适当定位。

一 本体之道与具体之道：《淮南子》对“道”的界定

从字面上来理解“道法自然”，其直接含义便是“道”效法“自然”。因此，要探讨《淮南子》的“道法自然”观，就要理清《淮南子》对“道”的界定。

道，原意指道路，后来其意发生了变化。老子最早用“道”来命名“有物混成，先天地生”（《老子·第二十五章》）的实体，“道”开始作为哲学范畴而被广泛使用。自战国学术大融合以来，对“道”的使用和发展愈发呈现出多样化的趋势。葛晋荣认为：“纵观先秦道论，从纵向看实际上是老庄的实体之道不断地向规律之道的分化过程。”[②]也就是说“道”不断由本体（形而上）分化到具体（形而下）的实践上来，这也影响了《淮南子》对“道”的界定。

学界大多着眼于本体的层面来论述《淮南子》中的“道”：有学者认为《淮南子》的“道”是从“道之体、道之用以及道之体用关系三个方面来展开”[③]的。这涉及《淮南子》的“道”作为形而上的本原与

---

① 目前学术界对《淮南子》“道法自然”观的研究多散见在对其“道”与“自然”的研究之中：第一，从“道”与“自然”的关系作为切入点，普遍认为《淮南子》中“道”之本质就是自然。“自然则是道之本质所在”（刘艳：《〈淮南子〉道论思想述评》，《齐鲁师范学院学报》2012 年第 4 期）；“道之展开过程表现为纯粹的自然流程”（钱善刚：《〈淮南子〉自然哲学述论》，《安徽教育学院学报》2000 年第 1 期）。第二，从《淮南子》“法自然”的方式进行研究，学术界认为《淮南子》发展出“因循自然”之意。“《淮南子》第一次做了澄清，认为‘自然无为’，绝不是‘无所事事’。而只是因循自然而为”（王中江：《道家学说的观念史研究》，中华书局 2015 年版，第 148 页）；“《淮南子》继承老子道法自然，庄子顺物自然，将因导入自然无为”（付晓青：《试论先秦两汉“自然”哲学观》，《宝鸡文理学院学报》2007 年第 7 期）；“《淮南子》通过以‘因’这一概念使无为与有为有机结合……将民性与风俗文化纳入无为的实际内容中”（雷健坤：《论〈淮南子〉对道家无为观的创造性诠释》，《中共中央党校学报》2002 年第 2 期）。虽然学术界已经开始关注《淮南子》中“道”与“自然”关系及“法自然”的方式，但是对其“道法自然”观则缺乏系统的研究。

② 葛晋荣：《中国哲学范畴通论》，首都师范大学出版社 2001 年版，第 160 页。

③ 刘艳：《〈淮南子〉道论思想述评》，《齐鲁师范学院学报》2012 年第 4 期。

形而下的实践（即无为）及其体用关系的研究。也有学者认为“它的道应是存在论、过程论与发展论的整合统一”[①]，此说法对《淮南子》中本体之道的论述相对完整。以上两种观点缺乏对《淮南子》具体之道的论述和总结。应该指出的是，“道”在《淮南子》中无处不在，《要略》[②]曰：“今专言道，则无不在焉。”“道”不仅有形而上的本体之道，还有形而下的具体之道。孙以楷等则将《淮南子》的“道”视作具体之道，认为“刘安笔下，道则主要指的是自然和社会规律”[③]。无论是自然规律还是社会规律，都可看作是《淮南子》中的“道”在自然和社会方面的具体体现，属于具体之道中的天道。由此，可将《淮南子》中的“道”大致划分为本体之道与具体之道两个方面。[④]

首先是作为本体的道。《淮南子》中的第一篇即以《原道》命名。该篇集中体现了《淮南子》对老庄道家本体之道的继承，明确指出“道”是宇宙的本体，并把这种本体之道作为全书的立论依据。正如《要略》所言：“《原道》者，卢牟六合，混沌万物”，这个本体之道规划了天地万物，是万物存在的依据。《原道训》对本体之道的特点进行了非常多的说明，如“夫道者，覆天载地，廓四方，析八极，高不可际，深不可测，包裹天地，禀受无形”，这里重点论述了本体之道的无限性、广阔性和不可知的神秘性。除此之外，这种道还难以用语言描述，因此《淮南子》多采取比喻的方式来形容这种道，“用了各种形象来呈现道的大”[⑤]。《淮南子》认为：“道至高无上，至深无下，平乎准，直乎绳，圆乎规，方乎矩，包裹宇宙而无表里，洞同覆载而无所碍。”（《缪称训》）这种道没有顶点，没有底部，比规圆，比矩方，包容宇宙

① 丁原明：《〈淮南子〉道论新探》，《齐鲁学刊》1994年第6期。

② 刘文典撰，冯逸、乔华点校：《淮南鸿烈集解》，中华书局1989年版。本文所引《淮南子》皆选自本书，下引该书仅随文夹注篇章名。

③ 孙以楷主编，陈广忠、梁忠华著：《道家与中国哲学·汉代卷》，人民出版社2004年版，第91页。

④ 本文将《淮南子》的“道”分为本体之道与具体之道两种。此处的具体之道指的是本体之道在具体情况中的表现或规定，在天道（自然）方面表现为规律，在人道（社会）方面表现为各种具体的规则、法则等。

⑤ 陈静：《自由与秩序的困惑——〈淮南子〉研究》，云南大学出版社2004年版，第177页。

天地而没有内外之分。总的来说，本体之道虽然难以说明，但是它的确存在。"往来古今谓之宙，四方上下谓之宇，道在其间，而莫知其所"（《齐俗训》），它只存在于宇宙之间，而不见踪迹。

在《淮南子》中，本体之道还是万物赖以产生的根据。《淮南子》曰："夫太上之道，生万物而不有，成化像而弗宰。"（《原道训》）太上之道即至高无上之道，万物都由这个本体的道所生成。它还用"一"来替代这个本体的道，用"气"来解释"道"生成万物的过程。有的学者认为《淮南子》"用'道'来统一宇宙万事万物，它等同于'一'，是包容两极和谐的统一体"[①]，如"道者，一立而万物生矣"（《原道训》）便是用"一"来替代"道"的形体。有学者认为"《淮南子》以气解道，恐怕主要是接受了稷下道家精气说的启发"[②]，"在描述宇宙生成的过程中，突出了'气'的作用"[③]。笔者认为《淮南子》不仅具体发挥了老子"道生一，一生二，二生三，三生万物"（《老子·第四十二章》）的宇宙生成论，而且还将先秦道论进一步与汉代兴起的气化宇宙论相结合。《淮南子》对"道"生万物的过程做了具体的阐述："道始于虚霩，虚霩生宇宙，宇宙生气。气有涯垠，清阳者薄靡而为天，重浊者凝滞而为地。清妙之合专易，重浊之凝竭难，故天先成而地后定。天地之袭精为阴阳，阴阳之专精为四时，四时之散精为万物。"（《天文训》）可以看出《淮南子》对宇宙生成过程的论述就是以"道"为本源，以"气"为介质来实现的。应该指出，《淮南子》用"一"代"道"，并用气解释"道"生成万物的过程，都为本体之道的具体化奠定了基础。

其次是作为具体的道。《淮南子》中的具体之道内涵非常丰富，主要表现为天道与人道。在《淮南子》中，天道主要指自然规律。《淮南子》对天道进行观察："欲知天道，以日为主，六月当心，左周而行，分而为十二月，与日相当，天地重袭，后必无殃。"（《天文训》）它对

---

① 章晓丹：《〈淮南子〉的自然整体主义世界观》，《西北大学学报》（哲学社会科学版）2007年第6期。

② 丁原明：《〈淮南子〉道论新探》，《齐鲁学刊》1994年第6期。

③ 刘爱敏：《〈淮南子〉道论探微》，山东大学博士学位论文，2006年，第69页。

天道的认识，就是在对自然现象进行观察的基础上所总结出的自然规律。《淮南子》还经常将“天道”“地理”与“人情”联系在一起，如“明于天道，察于地理，通于人情”(《泰族训》)。可见“明于天道”主要是指对自然规律的认识。

《淮南子》提出“遍知万物而不知人道，不可谓智”(《主术训》)，表明《淮南子》不仅要讲天道，还要讲人道。《淮南子》从治身与治政两个层面对人道进行了各种划分与规定，见表1。

表1

治身层面	君人之道，处静以修身，俭约以率下。(《主术训》) 若夫神无所掩，心无所载，通洞条达，恬漠无事，无所凝滞，虚寂以待……此真人之道也。(《俶真训》) 故圣人之道，宽而栗，严而温，柔而直，猛而仁。(《汜论训》)
治政层面	成国之道，工无伪事，农无遗力，士无隐行，官无失法。譬若设网者，引其纲而万目开矣。(《缪称训》) 治国之道，上无苛令，官无烦治，士无伪行，工无淫巧，其事经而不扰，其器完而不饰。(《齐俗训》) 故礼因人情而为之节文，而仁发怦以见容。礼不过实，仁不溢恩也，治世之道也。(《齐俗训》)

由表可知：从个人治身的层面进行的划分有君人之道、有真人之道还有圣人之道等；从治政的层面进行的划分有成国之道和治国之道等。除此之外，《淮南子》中甚至还有“用人之道”“衣食之道”等各种具体的道。这些各种各样的道全方面地展现出《淮南子》中人道的丰富与多样。

关于《淮南子》中本体之道与具体之道的关系，学术界普遍认同《淮南子》中“道”存在本体之道向具体之道转变的倾向。刘爱敏认为：“《淮南子》‘道’论由玄虚性向务实性的转变。”[①]谢君直也认为：“《道原》的论述仍在为圣王的治世实践作为寻求客观根源，这就是‘道’。”[②]《要略》中也明确指出《淮南子》一书的目的：“夫作为书论

① 刘爱敏：《〈淮南子〉道论探微》，山东大学博士学位论文，2006年，第149页。
② 谢君直：《〈道原〉中的道论》，《鹅湖月刊》2000年第8期。

者，所以纪纲道德，经纬人事，上考之天，下揆之地，中通诸理。"无论是效法天道还是参考地理，其最终仍然是为了整治道德，规划人间事务。这种由虚到实的转变很明显受到了黄老道家的影响。在《黄帝四经》中，开篇便提出了"道生法"（《经法·道法》）的观点。陈鼓应也提到"黄老之学的两个极端表现其中之一便是极力向人事倾斜"①。应该指出，《淮南子》所重视的具体之道只是《淮南子》道论的一个主要方面，这并不能否认本体之道在《淮南子》中的重要性。《淮南子》对本体之道的论述及其对老庄言论的引用都是其他黄老道家所不能及的。可以说，《淮南子》偏重的是兼具"形而上"与"形而下"的"道"，本体之道是具体之道的依据，具体之道反过来又使本体之道在现实生活中有了实际意义。

总之，在《淮南子》中既有对本体之道的论述，又有对具体之道的展现；既有天道，又有人道。本体的道，是难以描述的，是万物的根源：具体之道是本体之道在实践中的具体体现。本体之道与具体之道这样的划分在先秦道家中已经有所体现，并非《淮南子》独创。根据先秦道家对"道"的侧重大致可分为两派：一派以老庄为主，倾向探讨本体之道；一派以黄老为主，更加侧重"道"下移到具体事务上所呈现出来的各种具体之道。《淮南子》的"道"综合了两种倾向，既重本体之道，又重具体之道，大有全面总结先秦道论的趋势。

二　自然的归属性：《淮南子》对"法自然"的阐释

深层次探究"道法自然"，必然引出"道"效法何物之"自然"的思考。据学界研究，对老子的"道法自然"主要有"道遵循万物之自

① 陈鼓应：《黄帝四经今注今译：马王堆汉墓出土帛书》，商务印书馆2007年版，第102页。

然”“道效法自身的自然”或者“万物以自然为本”几种看法[①]。可以看出，当前学术界对“道法自然”理解的分歧主要在“自然”的归属性上。至于《淮南子》中的“自然”究竟是“道”的“自然”，还是万物的“自然”，抑或是“自然”作为万物之本呢？这就得从《淮南子》中“自然”的含义进行挖掘。

在“道法自然”的语境中，“自然观念的基本含义是自己如此和顺其自然”[②]。在《淮南子》中“自然”一词也表示一种自己如此的状态，如“且喜怒哀乐，有感而自然者也”（《齐俗训》），这里的“自然”便是形容自然而然的状态。《淮南子》还进一步将这种状态引申为一种规律，如“夫舟浮于水，车转于陆，此势之自然也”（《主术训》），这种“势之自然”便是自然界的一种规律。由此可知，“自然”一词在《淮南子》中主要是指一种状态或者规律。这种状态或规律属于谁？也就是说在治身与治政的过程中应该按照谁的属性行事，这就涉及《淮南子》“道法自然”观中“自然”的归属性。基于前文对“道”的界定（“道”有本体之道与具体之道的划分）可以将《淮南子》的“道法自然”分为本体之道法“自然”与具体之道法“自然”两种思路。

从《淮南子》对本体之道的描述来看，本体之道的“自然”体现在本体之道生成万物的过程是自然而然的。本体之道具有“生物不有，成像弗宰”[③]的特点，意即“道”生成万物却不将它们占为己有，造就物象却不成为万物的主宰，本体之道生成万物是自然而然的过程。“是故至道无为，一龙一蛇，盈缩卷舒，与时变化……引楯万物，群美萌

---

① 关于老子“道法自然”的含义，学术界有三种观点：第一种认为道遵循万物之自然，认为道是宇宙之始的终极存在，是形而上的最高实体，他是产生万物的本原；法自然就是效法万物自然而然的状态，顺外物的变化而发展变化，不加干涉（王中江：《道与事物的自然：老子“道法自然”实义考论》，《哲学研究》2010年第8期；肖玉峰：《“道法自然”的现代诠释》，《自然辩证法研究》2012年第9期；王绪琴：《老子道法自然思想研究》，东北师范大学硕士学位论文，2005年，第8页）。第二种认为“道纯任自然，自己如此”（陈鼓应：《老子注译及评价》，中华书局1984年版，第163页）。第三种认为万物法自然（于民熊：《“道法自然”新解》，《贵州社会科学》2005年第5期）。

② 夏绍熙：《老庄“自然”观念的产生和变化》，西北大学博士学位论文，2009年，第110页。

③ 《淮南子·原道训》曰：“夫太上之道，生万物而不有，成化像而弗宰。”

生"(《俶真训》),本体之道依据自身的自然无所作为,只是像龙蛇一般,盈缩卷舒,随时自然变化便能萌生万事万物。"山以之高,渊以之深,兽以之走,鸟以之飞,日月以之明,星历以之行,麟以之游,凤以之翔。泰古二皇,得道之柄,立于中央,神与化游,以抚四方。"(《原道训》)在这里《淮南子》认为无论是高山与深渊等自然事物,还是上古时代伏羲与神农治理的社会事务等,万事万物都必须凭借本体之道的"自然"状态而自然运行。总的来说,本体之道的"自然"表现出"道"的属性就是自然无为的。《主术训》曰:"无为者,道之宗。""道"的宗旨便是无为。"在老子哲学中,'自然'是从属于'道'的,'无为'是从属于'自然'的。"①在《淮南子》中本体之道也呈现出"道体无为"的特点。无为是在"自然"属性的前提下而呈现出的具体要求。本体之道"法自然"实际上是效法"道"自身的自然属性,突出表现为虚静、无为。

具体之道中治身与治政也要效法本体之道的属性。对治身来讲,《淮南子》提倡体道。"是故体道者,不哀不乐,不喜不怒,其坐无虑,其寝无梦,物来而名,事来而应"(《缪称训》),能体会"道"的人,也就能做到不过度哀愁,不过度欣喜,对一切事务应对自如,一切都能够呈现出自然而然的状态。体道之人所具备的这种自然而然的状态,实际上就是本体之道所呈现出来的状态。"道在于人,是人性;性即道"②,因此,《淮南子》还提倡"体道反性"。只有体道之人,才能返回到人性最自然的状态,也就是"道"的状态,也只有回归人的本性才能够遵循"道"。这也就是说修身应该效法"道",如"道"一般虚静、无为。这些都是本体之道的"自然"所表现出来的特征。对治政而言,更要效法本体之道从而倡导无为而治。《诠言训》曰:"夫无为,则得于一也。一也者,万物之本也,无敌之道也。"这句话中"一"是"道"的代名词,万物之本指的便是本体的道,也就是说无为来自于"道"本身,是本体之道体现出来的特点。《主术训》曰:"无

---

① 罗安宪:《论老子哲学中的"自然"》,《学术月刊》2016年第10期。
② 张茂泽:《道论》,人民出版社2016年版,第145页。

为者，道之宗。故得道之宗，应物无穷，任人之才，难以至治。”这句话表明，在具体之道上只有掌握了“道”无为的性质，才能够应对任何变化，并且还表明要反对任用人的才智。《诠言训》中更是直接指出，治国安邦的根本在于遵循“道”的特点：“为治之本，务在于安民……去载则虚，虚则平。平者，道之素也。虚者，道之舍也。”这段话推出安民治本的关键在于君主要做到虚静无为。一言以蔽之，在《淮南子》中，本体之道是治身与治政的总则，如《汜论训》曰：“故圣人所由曰道，所为曰事。道犹金石，一调不更；事犹琴瑟，每弦改调。”这里的“事”可以看作具体之道，也就是万事。通过《淮南子》对“道事”关系的说明，可以看出具体之道要效法本体之道所具有的自然特点或状态行事。

除了提倡具体之道要效法本体之道的“自然”外，《淮南子》还强调要因循人性的“自然”。“故古之治天下也，必达乎性命之情”（《俶真训》），“达乎性命”便是指要依据人性的特点对社会进行治理。《淮南子》的人性论既不属于性善论，也不属于性恶论。在人性论的问题上，《淮南子》表现出自然人性论的倾向。在《淮南子》中，人性自然的表现与治身、治政有着密切的联系，如表 2 所示：

表 2

人性自然的表现	治身	治政
人生而静，天之性也。（《原道训》）	静漠恬澹，所以养性也。（《俶真训》）	求寡而易澹，不施而仁，不言而信，不求而得，不为而成。（《主术训》）
水之性真清而土汨之，人性安静而嗜欲乱之。（《俶真训》）	嗜欲者使人之气越，而好憎者使人之心劳，弗疾去则志气日耗。（《精神训》）	
凡人之性，乐恬而憎悯，乐逸而憎劳。（《诠言训》） 人之情，于害之中争取小焉，于利之中争取大焉。（《缪称训》）		故圣人因民之所喜而劝善，因民之所恶而禁奸。故赏一人而天下誉之，罚一人而天下畏之。故至赏不费，至刑不滥。（《齐俗训》）

由上表可知，“人生而静”即人的自然本性表现为安静不作为，因此在治身的过程中要做到安静无为来修身养性，在治政过程中要做到无为而治。《淮南子》还认为人类社会之所以会产生动乱，是源于人们的欲念对自身自然人性的影响。所以在治身过程中，它反对嗜欲和纵欲，认为去欲便能够保存人的志气，这也是保存性命的重要方法。但是《淮南子》并非要完全剥夺人的自然欲望，去欲只是要去除过度的欲望，防止嗜欲。《淮南子》认为“民有好色之性，故有大婚之礼；有饮食之性，故有大飨之谊；有喜乐之性，故有钟鼓筦弦之音；有悲哀之性，故有衰绖哭踊之节”，因此在治政过程中，便要因循人性的这些特点制定礼仪和法律，“故因其性，则天下听从；拂其性，则法悬而不用”（《泰族训》）。《淮南子》还认识到人性有好逸恶劳、趋利避害的特点，因此在具体的赏罚中，便要考虑民众的这种特性，合理利用赏罚，引导民众向善，如此才能够实现无为的大治。

具体之道因循人性治身与治政可看作是人道法具体之道之“自然”的表现。除此之外，具体之道中还有天道。对天道而言，也要因循自然界中的物性。《淮南子》曰：“天致其高，地致其厚，月照其夜，日照其昼，阴阳化，列星朗，非（正）其道而物自然。”（《泰族训》）自然界的一切都呈现出一种自然的状态，因此在具体的实践过程中，就要因循自然界的这种属性，突出表现为因循物性的“自然”。“夫物有以自然，而后人事有治也”（《泰族训》），只有根据物性的“自然”行事，人间的事务才能够得到更好的治理。《淮南子》还列举出诸多自然现象并揭示其规律，如“夫萍树根于水，木树根于土，鸟排虚而飞，兽庶实而走，蛟龙水居，虎豹山处，天地之性也。两木相摩而然，金火相守而流，员者常转，款者主浮，自然之势也”（《原道训》）。自然界的这些现象都是自然而然产生的，因此《淮南子》还提出“权自然之势”的观点。“若夫水之用舟，沙之用鸠，泥之用輴，山之用蔂，夏渎而冬陂，因高为田，因下为池，此非吾所谓为之。”（《修务训》）无论是舟行于水上，輴行于泥上，还是依据地势高低修田整地，修建水池等，这些都是依据万物自身属性而做到的“无为而为”。所以人们在行事的过程中也要依据物性的“自然”进行活动。“是故禹之决渎也，因水以为师；神农之播谷也，因苗以为教。”(《原道训》)大禹治水和神农播谷都因循物性的特点，因此才能够取得成功。尽管万物属性各不相同，但总的来说，万物都有其自身的“自然”。无论物性如何变化，在处理具体事务中都要因其“自然”而行事，“是故天下之事，不可为也，因其自然而推之”(《原道训》)。“因其自然而推之”的实质就是根据万事万物的自然规律进行生产活动与生活实践。这种“自然”实际上便是物之“自然”，这里体现出“物性自然”的特点。

《淮南子》中“因循自然”之“自然”主要是万物的“自然”(人性也可看作是万物的一个方面)。“乃至天地之所覆载，日月之所昭諰，使各便其性，安其居，处其宜，为其能”(《齐俗训》)，也就是说天地万物各宜其性，各个具体之道法各自道的“自然”。

值得指出的是，万物的属性归根到底还是由“道”下移而来的。《淮南子》认为本体之道是具体之道的根据，具体之道的性质(即物性)是由道性转化而来的，道性是物性的根源。“道出一原，通九门，散六衢，设于无垓坫之宇，寂漠以虚无。非有为于物也，物以有为于己也。是故举事而顺于道者，非道之所为也，道之所施也”(《俶真训》)，本体的道从本原出发，最终布施到万物之上，这里的万物万事便可看作具体之道。本体之道无意产生万物，而万物万事都顺着本体之道有所作为。尽管《淮南子》的这一段话与《文子·微明》中“道者，寂寞以虚无，非有为于物也，不以有为于己也，是故举事而顺道者，非道者之所为也，道之所施也”一句大致相似。但是仔细分析可以发现，《文子》只看到了顺应物性就是顺应道性，它所侧重的仍旧是法本体之道之“自然”的一面，并没有认识到道性到物性的转变，更没有论述道性下移到物性的过程。《淮南子》在《文子》的基础上，进一步详细论述了道性到物性的转变，为“自然”归属性的下移做足了准备。在这里，“道”生万物的过程将本体之道与具体之道连接了起来，具体之道的性质是本体之道所转化而来的。因循自然界中的物性，实质上便是根据自然界万事万物的规律行事。这种规律便是本体之道在自然界中的体现。人性亦是如此，《淮南子》的自然人性论明显具有“道性自然”的倾向。所以，从根本上来说，《淮南子》中“法自然”

其实主要是法本体之道的自然属性。但也要注意，《淮南子》中治身与治政在“法自然”时并不止步于此，它除了要法本体之道做到虚静和无为外，还提倡要依据人性的特点（如人性中趋利避害的属性）。从这一方面来讲，“自然”归属性在《淮南子》中具有向万物转移的倾向。有学者指出“‘自然’作为万物属性的观点在黄老道家那里得到明显加强”[①]，应该说是十分正确的。

综上所述，《淮南子》中的“自然”主要归属于本体之道本身，本体之道自然生成万物，“自然”是“道”的“自然”，在治身和治政过程中都要效法本体之道的“自然”。另外，《淮南子》进一步将“自然”归属性明确化并下移到万物之上。不过，《淮南子》并没有明确指出“法自然”是法万物的“自然”。或者说，《淮南子》虽然认识到人有趋利避害的自然属性，但是其论述总的来说没有完全脱离本体之道的“自然”。直到魏晋玄学家，围绕“自然与名教”的关系，将“自然”归属性完全下移到万物上，认为“自然”或是人的自然属性，或是人的社会属性，“法自然”便是要效法人的自然属性或社会属性行事，这才开启了“道率万物之性”[②]的路径。综上，《淮南子》的“道法自然”观可以表述为本体之道性自然，具体之道不仅要法本体之道的自然属性，而且要因循各自道（万物）的特点。

三　评价

《淮南子》的“道法自然”观既继承了老庄道家天道自然无为的基本理论，又兼具黄老道家侧重人事的特点，从整体上看，偏向于“道性自然”的解释，但同时也出现了“道率万物之性”的倾向。《齐俗训》曰：“率性而行谓之道”，也就是说各道都依据各自道的属性前行和发

---

① 郑熊：《从“道性自然”到“道率万物之性”——汉晋道家对道与自然关系界定的变化》，《哲学研究》2016年第6期。

② 参见郑熊《从“道性自然”到“道率万物之性”——汉晋道家对道与自然关系界定的变化》，《哲学研究》2016年第6期：“万物是道（即产生天地万物的根据——无）率（遵循、顺）万物之性而产生的。”

挥。可以看出《淮南子》中“自然”归属性有着进一步下移到万物上的倾向，这是《淮南子》“道法自然”观最显著的特征。在《淮南子》中“自然”既是本体之道的属性，又是具体之道的特点。因此，依据万物属性做事，依据人性治身与治政是《淮南子》对具体之道在具体问题上的进一步探讨，但万物的属性（包括人性）都来自于本体之道，“道”在下降过程中将自然属性也一并下降到万物之中。有学者认为战国时期的《文子》“‘循性而行谓之道’这个命题显然比‘道性自然’之命题要早”[①]。实际上纵然先秦诸多思想家均已注意到万物的自然属性，注意到在具体事务中要法万物的“自然”一面，但是他们没有深入探究这个问题，更没有解释“自然”归属性是如何下移到万物之上的。尤为重要的是，先秦时期的黄老学者们关注的焦点着重在具体之道上，对本体之道缺乏充分的重视，因此他们自然而然走向了法万物之“自然”的道路上去。《淮南子》通过论述道性到物性的转变，详细阐述了“道”的自然属性下移到万物上的过程，将“自然”与本体之道进一步联系了起来。

“自然”归属性之所以会出现向万物转移的倾向，除了《淮南子》本身思想体系庞杂的原因之外，还与其试图兼综老庄及黄老道家的思想息息相关。可以说，《淮南子》的“道法自然”观既保留了老庄思想中“道”的本体意义及其对人事的指导功能，又注重了人事的具体特性，具有一定的合理性。许多学者认为从《淮南子》开始，道家思想“由战国时期以来的黄老道家，向与之立场不同的老庄道家转变”[②]。《淮南子》看似回归老庄，实际上体现出以《淮南子》为代表的道家思想对老庄思想和黄老道家思想的一次大综合。老庄道家和黄老道家对“道法自然”观采取了两种不同的诠释路径，老庄道家侧重“道性自然”，认为“自然”是“道”的属性，是“道”所表现出来的特点，治身和治政都应当法“道”的自然属性做到无为；黄老道家更侧重对具

① 曹峰：《从因循万物之性到道性自然——“自然”成为哲学范畴的演变历程》，《人文杂志》2019 年第 8 期。

② ［日］谷中信一著，孙佩霞译：《论西汉黄老道家的去向——以〈淮南子·道应训〉所引〈老子〉为中心》，《文史哲》2016 年第 3 期。

体之道的应用。《淮南子》兼综老庄和黄老，既承认本体之道是具体之道效法的根据，是万物属性的根源，又强调在治身与治政过程中要注意利用万物各自的本性和特征。

《淮南子》在继承先秦“道法自然”观的同时，还进一步丰富和完善了“道法自然”观。首先，它丰富了无为的内涵，具有进步意义。无为在老子那里，是“绝圣弃智”的，是反对人为的。《淮南子》则进一步指出：“无为者，非谓其凝滞而不动也，以其言莫从己出也。”（《主术训》）无为并不是真的无所作为，而是要有所为，但是为的前提是不依据人的意志，不违背自然规律，“使‘无为’成为一种特定的‘有为’”[①]，依据自然规律而有所作为。春秋战国时期，生产力的大幅提高加速了奴隶制经济基础的瓦解，封建统治阶级的代言人逐渐登上了历史的舞台。社会资源的分配已不能满足封建地主们的需求，随之而来的便是诸侯国之间对生产资料的掠夺与纷争。诸侯国纷纷行“霸道”，相互攻讦，导致民不聊生。这便是老子“道法自然”观中所反对的人为，其实质是反对以一切人为的方式进行攻伐和掠夺。汉代的建立，结束了纷争的局面，大一统的国家有利于集中社会的资源进行建设。汉初虽仍以无为为指导思想，但此时的无为是有利于调动社会力量的。加之汉武帝以来，对儒家思想的利用也开创了一番盛世。这些都迫使以《淮南子》为代表的汉代道家思考无为的真谛。因此，《淮南子》对道家无为做了重大的修正，完成了无为由反对人为到反对妄为的转变，即反对忽视自然规律而任意妄为。

其次，正因《淮南子》综合老庄与黄老的特色，在《淮南子》中“常常可以看到来自庄子的自由思想与儒家的安顿秩序尖锐冲突，同时也可以看到来自黄老道家一系的思想对儒家思想的包容”[②]。因此，《淮南子》还将儒家思想融进道家思想体系之中，进一步发展了“道法自然”观。《淮南子》认为“己自以为独擅之，不通于天地之情也”（《俶真训》）。坚持己见便是不通晓天地规律，说明天地之道在于能化异为

① 任继愈：《中国哲学发展史（秦汉）》，人民出版社1998年版，第261页。

② 陈静：《自由与秩序的困惑——〈淮南子〉研究》，云南大学出版社2004年版，第142—143页。

同，道家学说也应该吸收儒法等其他思想。《淮南子》的人性论不完全同于先秦道家。《淮南子》虽然是自然人性论，但是也含有善性的一面。只不过不同于儒家的天赋善性，《淮南子》的善性是由道性自然而然在人身上的体现，“所谓为善者，静而无为也”（《氾论训》），人“体道反性”即是要人向善。不仅如此，《淮南子》还重视仁义的作用，认为“国之所以存者，仁义是也”（《主术训》）。《淮南子》还进一步论证了伦理等礼仪制度也是符合自然要求的，如“损年则嫌于弟，益年则疑于兄，不如循其理，若其当”（《说林训》）。顺应自然，顺应事理，自然也就有了礼制。《淮南子》将其他思想纳入“道法自然”的框架之中，完成了以道融儒的过程，是汉代儒道融合的一个缩影，“与汉初思想先崇黄老而终归儒术的趋势是一致的”[①]。与其说是融合儒家思想，倒不如说是《淮南子》希冀借道家思想来改造甚至抵抗儒家思想，从而达到刘安的政治目的。

除此之外，“道”（此处的“道”既指本体之道也指具体之道中的自然规律）是人事的法则，自古至今，儒道皆有此信奉。汉初除了《淮南子》外，董仲舒也讲人事法天（道）。然而，在董仲舒那里，天是有意志的，并非是道家的自然之天。他是为了“屈民而体君，屈君而伸天”（《春秋繁露·玉杯》），在他看来就如同君主要服从天的意志一样，民众也要服从君主的意志。尽管董仲舒提出“天”来限制君权，但是他的目的却是论证“君权神授”的合理性，最终天也为君权而服务。这种思想颇得统治者的青睐。《淮南子》恪守道家传统，企图以道家无为的思想限制具有雄心壮志的汉武帝去实现他心中的宏图大业，这显然是不现实的。此外，这种在政治上自然无为的思想虽然在汉初“自天子不能具醇驷，而将相或乘牛车”（《史记·平准书》）的局面下引起了积极的反响，但是进入封建盛世之后，正如晁错《论贵粟疏》所言：“勤苦如此，尚复被水旱之灾，急政暴赋，赋敛不时，朝令而暮改。有者半贾而卖，亡者取倍称之息。于是，有卖田宅者、鬻子孙以

① 陈静：《自由与秩序的困惑——〈淮南子〉研究》，云南大学出版社2004年版，第146页。

偿责者。”（《汉书·食货志》）此时社会贫富差距逐渐扩大，土地兼并严重，如若依旧遵循黄老道家放任无为的政策，短时间内难以解决社会的主要矛盾。社会矛盾的变化已经无法让自然一派发挥拳脚，因此在“与秦汉帝国的时代相适应的思想就是天人相关说的一方，而‘自然’思想则始终只有甘于不受惠的地位”①。

观念的发展，虽然在一定程度上受着时代和政治的影响。但是从长远来看，作为核心观念的“道法自然”观，却随着时代的前进而不停地注入新的内涵和养分。《淮南子》的“道法自然”观不仅没有随着汉代道家的黯淡而消失，而且还深深影响了后来的学者们。《淮南子》在不剥夺“道”之“自然”主导性的同时，又强调万物的自然属性，对之后《河上公章句》的“道性自然”及魏晋玄学家的“道率万物之性”的提出都产生了影响。它直接启示了《河上公章句》将“道法自然”解释为“道性自然，无所法也”(《象元》)，也启示了王弼提出“道不违自然，乃得其性”（《老子道德经注校释·第二十五章》）的观点。在观念史的发展中，无论“道法自然”观的形式怎么改变，它都深深地融进了中国文化的血液之中，对当今社会仍然具有巨大的影响。

① ［日］池田知久：《道家思想的新研究：以〈庄子〉为中心》，王启发、曹峰译，中州古籍出版社2009年版，第532页。

近代思想史专题研究

抗战时期侯外庐的民族主义与民主主义思想*

王　勇　梁严冰

（西北大学 历史学院；西安理工大学 马克思主义学院）

摘　要： 抗战爆发后，面对日益严峻的民族危机，作为马克思主义史学工作者的侯外庐，对当时事关民族前途与命运的民族主义及民主政治问题，从理论方面进行了认真而深入的思考与探讨，使国人对于这些问题的认识与理解更加科学与明了，并对抗日战争的最终胜利起到了至关重要的作用。

关键词： 抗日战争；侯外庐；民族主义；民主主义

侯外庐是中国现代著名的历史学家、思想家、教育家，20世纪马克思主义阵营中“新史学五大家”之一。他对中国现代历史学科及中国思想史学科的形成、发展作出了多方面的卓越贡献，尤其是对几千年来的社会史和思想史的贯通，做了广泛而深入的探讨，并取得了巨大的成就，影响深远，学界对此多有关注。抗战时期，面对深重的

---

* 基金项目：陕西省高校哲学社会科学重点研究基地计划项目：“大学精神与大学生人文素养提升研究”（项目编号：17JZ050）；陕西高等教育教学改革研究重点项目：“新时代高校思想政治理论课教学改革研究”（项目编号：19BZ024）；2018年、2019年度教育部高校示范马克思主义学院和优秀教学科研团队建设项目（项目编号：18JDSZK039、19JDSZK029）的阶段性成果。

民族危机，作为一名马克思主义史学工作者，侯先生从不讳言其学术研究是为了民族的独立、自由、解放及民主政治的实现，以往的研究对此有所涉猎，[①]但相对比较薄弱。本文在史料重建的基础上，对抗战时期侯外庐的民族主义与民主主义思想进行较为详细的考察与梳理。

一 民族主义思想

民族主义不仅是近代中国历史上的一股重要社会政治思潮，而且还表现为110年前后相继的一次次民众实践运动。1937年“七七”卢沟桥事变后，抗战全面爆发，中华民族的危机与灾难进一步加重。如何解决民族危机？怎样才能实现民族的独立与富强？侯外庐进行了认真的思考与探索，并付诸学术实践。

首先，侯外庐充分肯定与发掘中国传统文化，培养、激发国人的民族意识与民族情绪。

抗战爆发后，面对强敌的入侵，国土的大片沦陷，除了在军事、经济上要做长期抵抗的战略，还要发掘与弘扬中国传统文化，起到团结人心，激发民族意识，培养民族情绪，增强民族自信心与凝聚力，以战胜日本帝国主义的侵略。这很自然地成为思想文化方面的重要工作与当务之急。针对当时存在的激进的西化主义与批判中国传统文化的倾向，侯外庐努力发掘和弘扬中国传统文化的结晶，力图用历史来培养民族情绪、鼓舞士气以赴国难。对此，他做了大量艰苦细致的工作。继1934年6月在山西国际学社出版其研究中国古代历史与思想史

---

① 相关主要研究成果参见：方光华：《中国思想学术史论稿》，陕西人民出版社2002年版；张茂泽、侯且岸、方光华：《中国现代学术思想史论集》，陕西人民出版社2003年版；罗志田：《乱世潜流：民族主义与民国政治》，上海古籍出版社2001年版；李华兴：《民主与近代中国》，上海社会科学院出版社2006年版；李文海、耿云志等：《“中国近代史上的民族主义”笔谈》，《史学月刊》2006年第6期；卢钟锋：《侯外庐与马克思主义历史科学的中国化》，《中国社会科学院院报》2003年10月30日；兰梁斌：《侯外庐中国思想史研究的民族性与时代性》，《西北大学学报》2011年第2期，及刘程程：《侯外庐清代学人研究的再思考》，华东师范大学硕士学位论文，2011年等。

的“处女作”——《中国古代社会与老子》，1938年又出版了《抗日民族统一战线论》及《抗战建国论》。1938年9月侯外庐从山西来到重庆，一面从事抗日民族统一战线的工作，一面主编《中苏文化》，并进一步从事其深入、系统的关于中国历史的研究工作。侯外庐相继于1939年9月发表《社会史论导言》（后改为《社会史导论》），1943年1月出版《中国古典社会史论》（后改为《中国古代社会史论》），1944年1月发表《中国古代文明起源考》，同年6月出版《中国古代思想学说史》，11月出版《中国近世思想学说史》上卷，1945年6月又出版了《中国近世思想学说史》下卷。1945年3月发表《章太炎关于民族、民主的政治》，同年4月发表了《康有为与变法运动历史》，6月发表《古代文献最初发现的中国古代文明考》，7月发表《谭嗣同的社会思想》与《戊戌政变健者谭嗣同的思想流派》。抗战胜利前夕，1945年8月发表《苏联历史学界诸争论解答》及《我对于“亚细亚生产方法”之答案与世界历史学家商榷》等重要论著。这些论著的出版与发表，不仅形成了侯外庐关于中国历史与思想史的基本思路与基本观点，而且彰显出自己学术研究的鲜明特色，体现了其强烈的民族主义情怀与民主主义思想，并十分注意用历史来教育与培养人们的爱国主义思想与民族主义情绪。

在《抗日民族统一战线论》及《抗日建国论》中，侯外庐系统地阐述了其民族主义与民主主义思想；在《中国古代社会史论》中，侯外庐第一次系统研究了中国文明和国家起源的特殊规律；在《中国古代思想学说史》中，对先秦思想、诸子出于王官的问题及诸子思想所反映的各自阶级性问题等进行了具体研究；在《中国近世思想学说史》中，对17世纪至清末民初的中国思想史进行了整理，指出：“中国先秦诸子思想之花果，固然可以媲美于希腊文化，而清代思想之光辉，亦并不逊色于欧西文艺复兴与宗教改革以来的成果。”我们应“认识与继承这两个时代惊心动魄的文化遗产”[①]。另外，在《中国革命同盟会的精神》（《时事类编》1939年5月1日，第36期）、《中山先生遗教的

① 侯外庐：《中国近世思想学说史》上卷《自序》，三友书店1944年版，第1页。

核心精神》(《中苏文化》1940年3月12日，第5卷特刊)、《章太炎关于民族、民主的政治》(《民主政治》1945年3月，第2卷第6期)等文章对近代以来的民族主义思想尤其是孙中山先生的民族主义思想进行了深入探讨与研究。这些研究显然具有明确的目的性及时代特征，即在民族危难之际通过历史研究来培养与树立广大民众的现代民族观念，进而抵抗并战胜外侮，建立统一的现代民族国家。1942年，在完成《中国古代思想学说史》的研究之后，侯外庐很快调整了他最初拟定的按顺序撰写秦汉以后的中国封建社会思想的研究计划，开始了其“近世思想学说史”的研究，不仅在短短两年之内，以惊人的速度完成了上、下两卷合计78万言的《中国近世思想学说史》，而且发表了大量关于近代历史与思想的研究文章。

侯外庐之所以调整其研究计划，重视研究中国历史的两端，显然与“九一八”事变以来民族危机的日益严重及政治局势的不断恶化密切相关。特别是抗战全面爆发后，民族主义进一步高涨，加之1941年1月皖南事变发生后国共关系恶化，这一切促使侯外庐思索如何解决民族危机。当然，更为现实的原因或意义，也有从近代民族主义与民主主义思想演变的历史过程中继承其“惊心动魄的文化遗产”，总结历史经验，吸取其精华，从而为促进中华民族的觉醒，克服民族自卑感，增强民族自信心和凝聚力，进而实现民族独立，建立现代民族国家的努力有关。侯先生从不讳言他的学术研究是为了民族的独立与自由，他常说：研究历史，既不是如冬烘先生们之读书，以为古人一切言行都是今人的宝筏，也不是把古人当作今人和他争辩；主要的工作是要实事求是地分析思想家的遗产及其时代意义，批判其腐朽的糟粕，发掘其优良的传统。[①]

值得注意的是，侯外庐对民族文化的批判、发掘与继承，与同时代的其他学者如钱穆、胡适、陈序经等在立论及观点上表现出根本的不同。

---

① 张茂泽、侯且岸、方光华：《中国现代学术思想史论集》，陕西人民出版社2003年版，第570页。

比如，钱穆在抗战时期强调一国的历史文化对于国家、民族的重要意义，认为“民族与国家者，皆人类文化之产物也。……人类苟负有其一种文化演进之使命，则必抟成一民族焉，创建一国家焉……若其所负文化演进之使命既中辍，则国家可以消灭，民族可以离散。……世未有其民族文化尚灿烂光辉，而遽丧其国家者；亦未有其民族文化已衰息断绝，而其国家之生命犹得长存者”[①]。其实，钱穆这种思想古已有之。清初顾炎武有“亡国”与“亡天下”之叹，晚清黄节、邓实、章太炎等人，亦有“国”与“史”之辩，高唱“国可亡，史不可灭”。国与天下、国与史，皆类似于钱穆这里所说的国家与文化之关系。历史与文化乃民族赖以存在之基础，则“国史”之重要性自不待言。问题在于，钱穆在其著作中强调：“知识在水平线以上之国民，对其本国以往历史，应该略有所知。”只有这样，“其国家乃再有向前发展之希望”[②]。客观地讲，持这样信念的当然不只应是知识分子，尤其是在抗战时期，民族危亡，国破家亡，更应该培养、激发广大普通民众的民族意识与民族情绪，即侯先生所言“抗战应依赖‘民力’”“唤醒民众与改革政治机构”，[③]以形成全民族共同抗战的局面，进而将日本法西斯赶出国门，争取抗战的最终胜利。

“自由主义”或“西化派”学人的代表胡适、陈序经等，在抗战时期也表达了他们的民族主义情怀，但与侯先生的民族主义思想同样是不同的。胡适在抗战开始后，打破了其先前“不问政治”的诺言，参与国民政府的抗战工作，去美国做中国大使。但是对于日本的侵略，虽然不像“九一八”后“一味主张温和冷静，不以无力抵抗，幻想与日本和平交谈、谈判”[④]。但到底中国应该如何应付呢？其实他并没有作出明确的回答。其民族主义显然还没有从抗战前的“世界主义中的民族主义关怀”[⑤]中彻底摆脱出来。其著作与思想一贯带有明显的“西

① 钱穆：《国史大纲·引论》，商务印书馆 1996 年版，第 31—32 页。
② 钱穆：《国史大纲》，第 1 页。
③ 侯外庐：《抗战建国与中国宪政之路》，《中苏文化》1940 年第 5 卷第 1 期，第 2 页。
④ 易竹贤：《胡适传》，湖北人民出版社 2005 年版，第 316 页。
⑤ 罗志田：《再造文明的尝试：胡适传（1891—1929）》，中华书局 2006 年版，第 93—109 页。

化”特征。胡适的成名作《中国哲学史大纲》，正如金岳霖在1930年代所言：“所谓中国哲学史，是中国哲学的史呢？还是在中国的哲学史呢？……胡适之先生的《中国哲学史大纲》就是根据了一种哲学上的主张而写出来的。我们看那本书的时候，难免一种奇怪的印象，有的时候简直觉得那本书的作者是一个研究中国思想的美国人。”[①]此话虽然是针对胡适在抗战之前的言论，但“西化派”流风在抗战时期仍然十分盛行。比如陈序经就坚定地认为，全盘西化是抗战建国的唯一出路。[②]他认为：“七七事变发生以后，不但在理论上我们觉得全盘西化的必要，就是在事实上我们也是朝着这条路走。……在文化精神方面，所谓民族至上、国家至上，不只是一种口号，而是一种事实，这可以说都是西化的结果。所以我们相信全盘西化不只可以持久抵抗我们的敌人，而且可以建设一个强有力的国家。”[③]对此，侯外庐坚决予以反对，他认为：“‘五四’以来，史学界出现一种盲目仿效外国的形式主义学风，企图按照西方历史模式来改铸中国历史，搞所谓‘全盘西化’，往往因此跌入民族虚无主义的泥坑。我对这种学风深不以为然，在40年代我就说过：我们中国学人应当学会使用自己的语言来讲解自己的历史与思潮，学会使用新的方法来掘发自己民族的优良文化传统。在这一方面，我是用了一些精力的。”[④]此话虽然讲的是史学研究的理论与方法，却明确地表达了侯外庐对“五四”以来以胡适等为代表的“自由主义”和“西化派”持批评态度，又渗透出其强烈的批判性地“接受民族遗产或继承优良传统”的民族主义情怀。[⑤]

其次，侯外庐主张建立广泛的民族统一战线，形成全民族共同抗战的局面。

---

① 金岳霖：《冯友兰〈中国哲学史〉上册审查报告》，冯友兰：《中国哲学史》下册，中华书局1984年版，“附录”。

② 赵立彬：《民族立场与现代追求：20世纪20—40年代的全盘西化思潮》，生活·读书·新知三联书店2005年版，第204—222页。

③ 陈序经：《抗战时期的西化问题》，《今日评论》第5卷第3期，1941年1月26日。

④ 中国社会科学院历史研究所中国思想史研究室编：《侯外庐史学论文选集》（上）《自序》，人民出版社1987年版，第18页。

⑤ 侯外庐：《抗战文艺的现实主义性》，《中苏文化》1941年，《文艺特刊》，第23页。

前面已经谈到，中国近代史上民族主义的内容与作用差异性很大，学术界对此也有不同的争论与交锋。但有一点是清楚的，即中华民族如何从西方列强的侵略与压迫下解放出来，实现民族的独立，进而建立现代民族国家，是大家共同的目标与追求。这一目标与追求，在抗战爆发后显得尤为紧迫，客观形势要求全世界爱好和平的民族及国内各党派、各阶级及各种政治势力集合在民族统一战线的旗帜之下。为此，侯外庐进行了不懈的努力。1938 年，在其出版的《抗日民族统一战线论》《抗战建国论》及以后的一系列论著中对抗日民族统一战线理论进行了较为系统的论述，并从国际主义即民族主义的世界性及国内各民族、各党派的平等性上进行了具体阐述。

侯外庐认为世界上一切民族都是平等的，但在抗战时期，国际主义表现为世界上一切爱好和平的民族，共同团结起来一致反对法西斯主义的侵略与压迫。他认为世界各民族“在目前反法西斯战争并争取民主运动的现阶段中，具有革命的一致性”。因此，中国应该“联合一切反对日本帝国主义侵略之势力，制止日本侵略”①。并认为：“中国的民族解放战争，必然形成全世界民主运动的一个具体斗争，中国民族问题的解决，必将形成全世界民主运动的一个缩图，同时也是全世界社会主义运动的一个节目。”总之，“中国为和平而进行的民主运动，即民族解放战争，是全世界广泛的民主斗争之一部”②。与此同时，侯外庐特别强调抗日战争时期中国国内建立抗日民族统一战线的重要性，并对孙中山在中国革命初期的民族统一战线予以高度评价，认为孙中山“最先表示了革命前卫者联成民族同盟的意义，以领导全民的解放战争”。孙中山的这一丰厚遗产在抗战时期值得国民党努力继承与发扬光大。他还引用友人黄松龄的一段精辟论述号召国民党建立广泛的抗日民族统一战线：“统一战线不是国民党以外的一个东西，是国民党自我发展的一个更高形态，与国民党为不可分离的统一物，即是国民党

① 侯外庐：《抗战建国论》，张岂之主编：《侯外庐著作与思想研究》第二十六卷，长春出版社 2016 年版，第 82 页。

② 侯外庐：《抗战建国论》，张岂之主编：《侯外庐著作与思想研究》第二十六卷，长春出版社 2016 年版，第 83 页。

的内在发展之外在表现，同时也是三民主义具体化、现实化的一个运动。”[①] 侯外庐还对希特勒等的法西斯主义进行了尖锐而深入的批判，认为希特勒等的法西斯主义行为，实际上成为日耳曼人的“民族自决”，它既不是民族运动也不是民主运动，“反之正是法西斯对于全世界的兼并的问题，这没有把民族问题和缓，反把民族问题从种族问题的仇视的空气中混乱起来，尖锐化起来。这正所谓‘民族解放斗争在某种情形之下，会被其他另一个大国所利用，以遂其同样帝国主义的目的。’马克思在过去世纪之四十年代主张赞助波兰人与匈牙利人之民族运动，而反对南斯拉夫与捷克人之民族运动，因为当时南斯拉夫与捷克是反动的民族，为俄国专制主义的前锋，而波兰与匈牙利为革命的民族。同样的，在目前，我们反对奥地利与捷克的日耳曼人的所谓的民族运动，因为他们是纳粹第三帝国兼并世界的前锋”[②]。总之，侯外庐对外号召全世界的各民族要分清楚正义与非正义，在目前抗战的形势下世界各民族应“赞助中国与西班牙的民族主义”，因为“他是保障世界和平的”[③]。对内应建立广泛的抗日民族统一战线，“以答复法西斯日寇侵略的革命方式，他不是策略，而是政治路线”[④]。这种政治路线是由民族解放战争的性质及历史任务决定的。

侯外庐还特别强调与倡导国内各民族平等、民族团结，以及各党派、各阶层共同团结抵御外辱，及其在抗日民族统一战线中的重要作用。他在《中国同盟会的精神》中讲：“革命同盟会的政纲中，虽然没有三民主义的文义，而自由、平等、博爱三点则明白宣布，即后来中山先生的解释，‘他们的自由即我们的民族主义，他们的平等即我们的

① 侯外庐：《中国同盟会的精神》，张岂之主编：《侯外庐著作与思想研究》第二十七卷，第92—93页。

② 侯外庐：《抗战建国论》，张岂之主编：《侯外庐著作与思想研究》第二十六卷，第83—84页。

③ 侯外庐：《抗战建国论》，张岂之主编：《侯外庐著作与思想研究》第二十六卷，第85页。

④ 侯外庐：《抗战建国论》，张岂之主编：《侯外庐著作与思想研究》第二十六卷，第80页。

民权主义，他们的博爱即我们的民生主义’。”[①] 所以，侯先生认为中国革命的先行者孙中山一开始就非常重视民族平等及民族团结，“中国革命初期的民族统一战线——中山先生常说，中国要抵抗侵略，必须使受民族压迫的国民，‘结成一个民族的大团体’或‘联成一个大民族团体’”，只有这样“才能领导全民的解放战争”。[②] 抗战时期，面对强敌压境，侯先生认为我们还应该重视民族统一战线中具体制度的建立，“我们要建立相当的民主机关，尽量容纳诸少数民族的参政地位，例如参政会尽量可能地使少数民族的代表参与，根据民族间的民主号召，打击日寇的阴谋离间，亦只有根据民主的方式速求各民族的团结，始能克服敌人的民族分化政策”[③]。也才是抗战建国中“对于各民族共负大业的前提”。[④]

二　民主主义思想

作为马克思主义史学工作者的侯外庐，对于在抗战时期如何使马克思主义精髓的民主精神回到革命实践，并被人民群众所接受，从而成为战胜前进道路上的一切障碍及转化为改造社会的巨大物质力量，进行了认真的思考与实践。

第一，在政治上反对专制统治，倡导民主精神。早在“五四”时期，侯外庐即深受民主精神的熏陶与影响，在思想上坚决反对封建专制统治，积极追求民主自由，正如他自己后来回忆说：“‘五四’象春日振聋发聩的一声雷响，把我这个一向以分数第一为最高目标的‘好学生’从蛰梦中惊醒。为强烈的爱国心所驱使，使我进入学生运动的

---

① 侯外庐：《中国同盟会的精神》，张岂之主编：《侯外庐著作与思想研究》第二十七卷，第 92 页。

② 侯外庐：《中国同盟会的精神》，张岂之主编：《侯外庐著作与思想研究》第二十七卷，第 92 页。

③ 侯外庐：《抗战建国论》，张岂之主编：《侯外庐著作与思想研究》第二十六卷，第 86 页。

④ 侯外庐：《抗战建国论》，张岂之主编：《侯外庐著作与思想研究》第二十六卷，第 87 页。

行列，并开始渴望变革。”[①]之后，侯先生“上下求索”，力图把马克思主义精髓的民主精神应用到革命实践，并对实践加以指导。为此，侯先生在学术研究中对中国的启蒙思想及抗战民主进行了梳理与考察。他将中国的启蒙思想分为早期启蒙思想和近代启蒙思潮两个阶段。其中早期启蒙思想自 17 世纪中叶（明末清初）至 19 世纪初叶（鸦片战争以前），又有三个发展阶段：“十七世纪的启蒙思想”（明末清初）、“十八世纪的启蒙思想”（清中叶）和“十八世纪末和十九世纪初叶的启蒙思想”（清后期）。侯外庐认为，17 世纪的启蒙思想“气象博大深远”[②]，其主要代表人物为王夫之、黄宗羲、顾炎武等，他们在政治上表现为反对封建君主专制的民主精神，并含有“从平均主义到形式的平等主义”的近代“法权”思想[③]，在伦理上表现为人个性的解放与自由，体现出自由、理性、平等、民主等近代启蒙思想属性。对于 18 世纪清朝的文化专制政策，侯外庐给予激烈批判，他认为汉学：“自康熙以至乾嘉二朝，已成为中国文化的统治政策，其间指导的主流，是企图腰斩清初活文化的人民性与社会性。”[④]18 世纪末至 19 世纪上半叶，中国思想与社会发生“巨大转变”，以魏源、龚自珍为代表的早期改良主义变法思想兴起，侯外庐对他们的变法思想及对封建专制政体的揭露与批判给予充分肯定，认为龚自珍的“思想中心是他的社会批判论”，“他批判了当时的封建制度，譬之为满身疥癣的病体，没有法子治疗”。并且“他已经预言着，不要怕破你们皇帝的成例，异日破例者不可设想是什么力量”。“他敢于把国家事，在君臣之间作为‘坐而论道’的平等看待，这含有近代的开明思想。”总之，龚自珍“已经触及到了封建政治的要害”，“憧憬到‘山中之民’的大声疾呼，天地风云的扬沙走

① 侯外庐：《韧的追求》，张岂之主编：《侯外庐著作与思想研究》第一卷，第 7 页。

② 侯外庐：《近代中国思想学说史》上册《自序》，张岂之主编：《侯外庐著作与思想研究》第三十二卷，第 1 页。

③ 侯外庐：《近代中国思想学说史》上册，张岂之主编：《侯外庐著作与思想研究》第三十二卷，第 62 页。

④ 侯外庐：《近代中国思想学说史》上册，张岂之主编：《侯外庐著作与思想研究》第三十二卷，第 427 页。

石。”[①] 近代的启蒙思想是指 19 世纪下半叶至 20 世纪二三十年代的进步思想，它包含了以康有为、谭嗣同、梁启超等为代表的改良派，以孙中山、章太炎等为代表的民主革命派，以提倡“民主”“科学”的“五四”新文化运动三个渐次发展的阶段。并对这三个阶段及其代表人物进行了深入的研究，认为近代启蒙思潮既受到中国早期启蒙思想的影响，也从西方民权、法治丰富了近代的民主主义思想。侯外庐指出谭嗣同是“维新思想的健者”[②]，他的人权思想，“在当时是颇为激烈的言论”。其“一方面批判封建社会束缚于自然经济的静止生活，他方面则崇拜个人主义的进取精神，这在他的社会思想中是最富朝气的，尤其是他无顾虑的批判态度，最可珍贵。”[③] 而作为民主革命派的章太炎，其学术研究不仅表现了史学与科学的统一认识，而且具有“反对专制主义的主观理想”。[④] 特别是其政论：“充满了和当时改良立宪派的斗争，通过了经、史、名、法、宗教、学术史等没有一处不包含着针对变法派的理论而立说，这是他最光辉的民主精神。”[⑤] 章太炎作为民主主义者的本质，表现最为明显的体现在两个方面“第一为排满革命，第二在直接民权。”所谓“排满革命”就是废除封建专制制度；所谓“直接民权”就是他批评欧美的代议制度，“痛斥以财产纳税为标准之选举法”，“根本的问题，民主制度必须废除土地独占，”即“他以平均地权与民主制度结合而论，卓见可惊！”这“正表现出近代平民的法权思想，大体上是清末民主主义者的本色”[⑥]。侯外庐对孙中山及其领导的辛亥革命在中国社会的历史与现实意义作了专门研究。认为辛亥革命废

① 中国社会科学院科研局组织编选：《侯外庐集·第十九世纪初中国思想界的一个号筒——龚定庵思想》，中国社会科学出版社 2001 年版，第 371—382 页。

② 侯外庐：《近代中国思想学说史》下册，张岂之主编：《侯外庐著作与思想研究》第三十三卷，第 743 页。

③ 侯外庐：《谭嗣同的社会思想》，中国社会科学院历史研究所中国思想史研究室编：《侯外庐史学论文选集》（下），人民出版社 1987 年版，第 314—325 页。

④ 侯外庐：《章太炎基于“分析名相”的经史一元论》，张岂之主编：《侯外庐著作与思想研究》第二十三卷，第 189 页。

⑤ 侯外庐：《近代中国思想学说史》下册，张岂之主编：《侯外庐著作与思想研究》第三十三卷，第 854 页。

⑥ 侯外庐：《近代中国思想学说史》下册，张岂之主编：《侯外庐著作与思想研究》，第三十三卷，第 812、854—857 页。

除了两千多年的君主专制制度，建立了各民族平等的共和国家，是中国历史上的伟大创举。辛亥革命还是一场“文化革命”，粉碎了中国人民两千余年的“皇帝的偶像”观念，使民主共和的观念深入人心，并广泛传播了民主、自由、平等、博爱精神。辛亥革命开启了中国历史中半个多世纪的民主革命，促进了中国民主革命的高涨，是中国近代启蒙思想链条中承上启下的重要环节。[①] 侯外庐对“五四”时期的民主思想及鲁迅等人也有很深入的理解，他认为“五四”时期一个毫不能忽视的特征，就是革命民主主义“仇恨过去，信仰将来”的进步文艺思想的出现与发展。而“‘五·四’时代中国革命民主主义的伟大作家鲁迅，就是针对着这一观念形态，在‘翻了一个身’的时代，向群众所吸进去的习惯，传统，信条，做了很美的再现与批评，《阿 Q 正传》，《狂人日记》正在这一‘拆散’时代产生着。”并且“鲁迅一向就对那些自由派学者君子，猛放‘枪头’，给这些陈腐词句、庸俗巧辩，闪烁不定的文明化的谎言，当面一记耳光。”[②]

对于抗战期间的民主问题，侯外庐予以特别关注。侯外庐认为，自然，历史上没有这个名词，也没有这样的民主阶段，这是半殖民地民族解放过程中特有的一种国家形式，是反法西斯世界战争中半殖民地革命任务所自己规定的一种民主制。其意义有两方面：其一，“民主的意义就是平等”，在世界反法西斯暴力的革命过程中，半殖民地的民族解放运动和先进资本主义国家的无产阶级所领导的人民战线奋斗，形成了“两级相逢”的双翼，这一伟大的全世界的反法西斯运动，主要的号召是保障“民主”，要求“民主”。所以“在工人阶级反对资本家而为自己解放的斗争中，民主制有极伟大的意义。但是民主制却决不是一个不可超越的界限；他是从封建制度到资本主义和从资本主义到共产主义的发展过程中的阶段之一”。在先进国家今日推翻法西斯资产阶级的斗争中，民主运动成了一种基本的任务。中国的民族解放战

---

① 方光华：《侯外庐的中国史观及其文化自觉价值》，陕西省公祭黄帝陵工作委员会办公室编：《传承黄帝文化精神　激扬文化兴国正声　学术研讨会论文集》，陕西出版集团、陕西人民出版社 2012 年版，第 305 页。

② 侯外庐：《抗战文艺的现实主义性》，《中苏文化》1941 年，《文艺特刊》第 15 页。

争，如果不是一个简单的两国军事战争，而是反法西斯保障世界和平运动的一环，那么中国在全世界大民主号召的空气中，中国不能不有配合世界潮流前进的运动，而且必然要在抗战过程中培养扶植起中国社会特有的民主，这一性质是具有世界意义的。其二，在中国抗战的过程中，一方面适应战争的发展，中国须依赖所谓“民力”的动员，这与民主相为因果的民力动员应依于政治的民主改进。另一方面，抗战时期的民主应该是对内民主服从对外民主，对外民主是指对外政治上的民主，即民族解放。因此，抗战时期所谓民主自然是指中华民族整个的独立意思。[①]

第二，在伦理上反对封建道德教条及封建儒学正统思想。在近现代史的研究中，他借用龚自珍、魏源等人的言论“比喻晚清王朝为日之将夕的黑暗社会”。对那些在“封建制度束缚机关中所寄生的奴性人物”及封建道德教条给予激烈批判。对于谭嗣同的“冲决君主之网罗”“冲决伦常之网罗”“冲决佛法之网罗”等反纲常之说比喻为“有人权宣言的意向”[②]。对于“五四”新文化运动中反“吃人礼教”，及抗战时期反对专制独裁而要求“广衷民主”等潮流给予充分肯定。从而反对封建正统思想，反对等级秩序，反对安于现状，恪守封建义务。侯外庐“总是把各个时代的思想学术置于相应的时代条件之下，认为各种学派都是对时代课题的不同回答。……而他们之间的相异折射出思想家们不同的思想倾向和价值追求”[③]。因此，侯先生在其研究中特别强调：“我们要批判地接受中国文化古代的优良传统。”[④]进而培养国人在抗战时期的民族气节与民主精神。侯先生的这样一种研究，与同时代的其他人相比表现出截然的不同与差异。如，以研究康德和黑格尔而爆得大名的哲学家贺麟，同样主张在抗战时期应弘扬中国传统文

---

① 侯外庐：《抗战建国与中国宪政之路》，《中苏文化》1940年第5卷第1期，第3页。

② 侯外庐：《谭嗣同的社会思想》，中国社会科学院历史研究所中国思想史研究室编：《侯外庐史学论文选集》（下），人民出版社1987年版，第319—320页。

③ 张茂泽、侯且岸、方光华：《中国现代学术思想史论集》，陕西人民出版社2003年版，第548页。

④ 侯外庐：《中国古代思想学说史·自序》，张岂之主编：《侯外庐著作与思想研究》第八卷。

化，但他主要是提出要重建儒家精神、复兴儒家文化。他认为：抗战的时代“是一个民族复兴的时代。民族复兴不仅是争抗战的胜利，不仅是争中华民族在国际政治中的自由、独立与平等，民族复兴本质上应该是民族文化的复兴。民族文化的复兴，其主要的潮流、根本的成分就是儒家思想的复兴，儒家文化的复兴。假如儒家思想没有新的前途、新的开展，则中华民族以及民族文化也就不会有新的前途、新的开展”①。贺麟的探讨当然有其合理的价值成分，但近代以来中国已不是传统的中国，也不是儒家思想独霸天下的时代，社会本身在“西潮”的冲击下发生了急剧而频繁的变动，尤其是抗战以来，民族危机不断加深，随之以共产党为主的新的政治力量也在迅速崛起。而其立论的基础仍然是中国固有政治及传统伦理哲学的正统思想，因此，在当时是不符合时代潮流的，显然也就有害于中国民主化的进程。

三　民族主义与民主主义的关系

侯外庐认为，在抗战时期民族问题的核心是民族独立与解放，而民族解放与民主主义又是互相联系，不可分离的统一体。因为抗日民族解放战争首先是民主的民族解放运动，因而民族解放战争，不但是民主运动的一部分，而且是民主运动的一个侧面。抗日民族解放战争是要求民族平权的政治上的民主权利。尤其是对于弱小民族的民主运动而言，本身包含有民主的两个侧面，一是要求民族独立权的政治上的民主，二是对内要求的少数民族平权的与公民平等的民主。抗战时期，所谓抗日高于一切，是指在抗日过程中对内民主要以争取对外民主为准则，对内民主要以不妨害争取对外民主为界限；尤其在对内经济上的民主，要以不妨害争取对外政治上民主为界限，如果挑拨阶级内乱，便违背了这一原则。这一民主侧面服从于彼一民主侧面，说对内民主要服从于对外民主，“抗战民主”形成“民主抗战”（对外要求民族的民主）的一个手段性的东西。这样，在抗战过程中，不是把民

① 贺麟：《儒家思想的新开展》，《思想与时代》1941年8月第1期，第14页。

族问题降低，反而是把民族问题提高，当然，也是为了达到总的民主的要求，同样把民主的内容更具体化罢了。[①]

侯外庐还认为，抗日民族统一战线本身就是一种民主的形式，并且是抗战过程中主要的有力的民主形式，对外要求民主之革命战斗性的民主形式。没有对内的低级的民主形式，便争取不到对外要求的民主的胜利，即争取不到民族解放的最后胜利。同样，抗日民族统一战线的巩固与扩大，倒不是别的任务，主要是充实并加强这一民主形式，使民主形式高度化，逐渐扩大民主的范围。抗日民族统一战线还是一种革命的机构，以答复法西斯日寇侵略的革命方式，它不是策略，而是政治路线。因为，民族解放战争所以是革命的，在于根据内部的民主形式的充实而达到争取外部民族独立权的政治民主的解放。所以，我们的革命的号召，是内外民主的，没有内的民主根据，就达不到外的民主目的，反之经过外的民主胜利，使内的民主始能健全建立。此二者，一方面是互为因果的；另一方面是一个问题的两个侧面。[②]

针对当时一些人认为民族解放与民主是两件事，侯外庐给予了积极回应与辩驳。侯外庐认为持这样观点的人不了解民族独立权的要求本身便是民主问题之一，同时也不知道民主就是平权的意思，以及内的平权和外的平权之不可分离性。如果把民族解放和民主分离独立起来，那不是取消革命的意义便是歪曲民族解放的历史性质。所以，侯外庐认为民主抗战与民主建国实际上是一个问题，只不过表示着历史演进的步骤与进程；它不是一个抽象的形式问题，而是有其具体内容的。比如，在帝国主义的本国削弱民族主义的基础是历史的进化，是民主的要求；在殖民地弱小民族削弱其反民族主义的基础同样是历史的进化，也是民主的要求。

侯外庐深信：中国的民族解放战争，必然形成全世界民主运动的

① 侯外庐：《抗战建国论》，张岂之主编：《侯外庐著作与思想研究》第二十六卷，第80页。

② 侯外庐：《抗战建国论》，张岂之主编：《侯外庐著作与思想研究》第二十六卷，第80页。

一个具体斗争；中国民族问题的解决，将会形成全世界民主运动的一个缩图，同时亦是全世界社会主义运动的一个节目。为此，我们必须了解以下两个意义，第一，保障世界和平是民主的运动，中国为和平而进行的民主运动即民族解放战争，是全世界广泛的民主斗争之重要部分；第二，反法西斯侵略是斗争，不是抽象的和平，中国的抗战和全世界反侵略的力量的结合，便是现阶段中国的主要任务。[①]总之，民族解放是民主的运动，是被压迫民族争取真正平等的问题，是实实在在的问题，而不是一个一般的纯粹的空虚概念。

侯外庐还特别强调“对内民族问题之民主解决”。他认为，中国诸少数民族在自由意志之统一与联合之民主精神上，和汉民族成立共同的共和国，这是中国民族问题中之对内民主的性质。日本帝国主义曾利用中国民族问题的距离障碍，也提倡中国各民族的自治，搞“大蒙自治”或“大回自治”，其目的是让少数民族做其附庸。这不是民主的号召，而是阴谋。[②]因此，在抗战过程中，我们要建立相当的民主机关，尽量提高各少数民族的参政地位，例如参政会应尽可能地使少数民族的代表参与，根据民族间的民主号召，打击日寇的阴谋离间。只有根据民主的方式速求民族问题的团结，始能克服敌人的民族分化政策。当然，侯外庐认为民族团结与各党派的团结，以及各阶层的团结，在抗日民族统一战线中，都是民主的形式、平等的号召。并且民族团结的发展，也是随着民主的逐渐扩大而进一步巩固起来的。总之，“我们在抗战建国的途程中，如果把民族问题这样民主式地对世界，对侵略者，对国内各民族，坚决地执行起来，那么，这真的实现了‘落后的欧洲，而进步的亚洲’之教训了。”[③]

---

① 侯外庐：《抗战建国论》，张岂之主编：《侯外庐著作与思想研究》第二十六卷，第83页。

② 侯外庐：《抗战建国论》，张岂之主编：《侯外庐著作与思想研究》第二十六卷，第85页。

③ 侯外庐：《抗战建国论》，张岂之主编：《侯外庐著作与思想研究》第二十六卷，第87页。

结　语

总之，抗战时期侯外庐的学术研究具有强烈的民族主义与民主主义思想，他的民族主义思想最为重要的特征或表现，就是面对亡国灭种的民族危机，力图通过历史研究来发掘、弘扬中华优秀传统文化，以达到鼓舞士气和增强民族凝聚力的作用，从而形成国内各民族、各党派、各种政治势力共同抗战的局面。而要形成抗日民族统一战线，把日寇赶出国门，最终实现民族的独立，就必须实行民族的民主抗战，以民主求团结，以团结争取抗战的最终胜利。因此，抗战时期侯外庐的民族主义与民主主义思想是互相联系，密不可分的统一体。也正因此，侯外庐的民族主义与民主主义思想就成为抗战时期一种动员、鼓舞和激励广大中华儿女投身抗战事业的伟大精神力量！

抚今追昔，中国的政治、经济与社会面貌与20世纪三四十年代相比较，已发生了翻天覆地的变化，但当今世界同样处于大发展、大变革、大激荡的历史时期，各国间综合国力的竞争也不断加剧，而综合国力的竞争，自然也包括民族精神与民主意识在内，我们要实现中华民族伟大复兴的“中国梦”，弘扬与培育民族精神是不可或缺的重要组成部分。因此，研究抗战时期侯外庐的民族主义与民主主义思想，不仅具有重要的学术理论价值，也具有重大的现实意义！

中国近代自由主义者国家思想之演进特点及流弊探究 *

兰梁斌

（西北大学　历史学院）

摘　要：近代中国的国家思想经历了从传统的家国一体、朝廷国家含混向现代的转换。作为近代国家思想的一部分，中国近代自由主义思潮之主要代表人物严复、梁启超、胡适等的国家思想，由于社会背景和理论渊源不同，经历了国家有机体论到积极国家的转变，在国家的起源、职责、权限等方面形成了既与其他思潮有交叉，又具有独特特点的思想。西方自由主义的国家思想随着社会变迁有不少变化，但也存在大量流弊。对西方国家理论的横向移植，造成中国自由主义者的国家思想虽具现代意义，但也先天不足、后天失调。由于缺乏历史文化土壤，不适合中国的国情，近代中国自由主义者的国家思想的命运与近代中国的自由主义一样以失败而告终，这说明任何照抄照搬现成的理论或模式都是行不通的。

关键词：中国近代自由主义者；国家思想；马克思主义；权利；阶级

* 项目基金：国家社会科学基金项目（项目编号 18XZS003）阶段研究成果。首次在“通古今之变：中国思想史研究的理论与实践”国际学术研讨会上宣读，得到张昭军等学者点评指导，特此致谢。

自由主义是17世纪以来西方最重要的政治思潮，在尊重个人自由的前提下，西方自由主义的国家思想经历了保障个人权利的有限国家、为最大多数人的最大利益服务的功利国家、强调对社会干预调控的积极国家发展为哈耶克的有限国家、罗尔斯的公正国家和诺齐克的最低限度的国家。推翻专制主义中央集权制度，建设现代民主国家，是近代中国的时代主题。因理论渊源不同，对现代国家的内涵、形式、功能等的认识不同，中国近代三民主义者、马克思主义者、国家主义者、国家社会党及自由主义者形成了不同的国家思想。中国近代自由主义者的国家思想虽在不同时期，以及个别自由主义者人生的不同阶段存在差异，但总体特征为横向移植西方自由主义的国家理论，强调保护个人自由，力图建立君主立宪或民主共和式的国家，批判、否定传统政治文化，对近代中国国情缺乏深刻理解。本文拟从思想史视角评析中国近代自由主义者国家思想的演进特点及其流弊。[①]

一　从晚清时期的国家有机体论到民国时期的积极国家

近代中国自由主义者的国家观大致经历了两个阶段的演变。中国近代自由主义的先驱严复、梁启超猛烈批判传统国家观念。严复认为："中国自秦以来，无所谓天下也，无所谓国也，皆家而已。""顾其所厉害者，亦利害于一家而已，未尝为天下计也。"[②]整个社会只是君主的私产，君主拥有不受约束的权力，"君王而外，其余皆奴婢仆妾而已"[③]，人民完全被排斥在政权之外，"中国之言政也，寸权尺柄，皆属官家。"[④]这种情况导致国家兴亡于人民而言完全无关，国家观念淡薄。

① 学界有关国家思想的研究成果丰硕。中国学界对马克思主义的国家思想阐发最为充分，对近代中国自由主义者国家思想的个案研究已有涉及，但尚未从整体上研究近代中国自由主义者国家思想的演进及其流弊。

② 严复：《法意按语》，王栻主编《严复集》第4册，中华书局1986年版，第948—949页。

③ 严复：《社会通诠按语》，《严复集》第4册，中华书局1986年版，第935页。

④ 严复：《社会通诠按语》，《严复集》第4册，中华书局1986年版，第930页。

百姓“其与国也，无尺寸之治柄，无丝毫应有必不可夺之权利”，导致“君上之责任无穷，而民之能事，无由以发达”。[①] 人们不仅跟君主处于不平等的地位，而且没有自由可言，因此“秦以来之为君，正所谓大盗窃国者耳”[②]。

梁启超指出中国只有作为私产的朝廷，“且我中国畴昔，岂尝有国家哉？不过有朝廷耳”[③]。只有天下和一己观念，没有国家观念。整个国家不过是君主私物。即便是专制统治鞭长莫及的情况下，人民获得很大社会自由，但并不是现代政府予以人民的政治自由，君主仍把人民当作盗贼加以防范，“夫既以国民为家贼，则防之之道，固不得不密。……故今日文明诸国所最尊最重者，如思想之自由……皆一一严监而紧缚之”[④]。没有形成人民作为现代公民所具有的公德思想，“吾中国所以不成为独立国者，以国民乏独立之德而已”[⑤]。

在批判传统国家观的同时，严复、梁启超提出了一种带有自由主义色彩的国家思想。由于受到民族危机影响，严复、梁启超不仅强调国家应保证个人自由，而且提出国家有机体论，力图统一个人自由和国家富强。严复受到斯宾塞社会有机体论影响，认为人类社会如同生物一样，是一个有机体，“夫一国犹一身也，击其首则四肢皆应，刺其腹则举体知亡”[⑥]。人民是国家的重要器官，国家和人民相互依存，就好比细胞与生物体的关系一样，个人不能离开国家享受无限制的自由，国家的进步也离不开个人素质的提高。从这种观点出发，他提出鼓民力、开民智、兴民德，指出“未有三者备而民生不优，亦未有三者备而国威不奋者”[⑦]。主张建立民主国家，本质是“自由为体，民主为用”，他指出“吾未见其民之不自由者，其国可以自由也；其民之无权

---

① 严复：《社会通诠按语》，《严复集》第4册，中华书局1986年版，第928—929页。

② 严复：《辟韩》，《严复集》第1册，中华书局1986年版，第33—35页。

③ 梁启超：《少年中国说》，《梁启超全集》第二卷，北京出版社1999年版，第410页。

④ 梁启超：《中国积弱溯源论》，《梁启超全集》第二卷，北京出版社1999年版，第422页。

⑤ 梁启超：《十种德性相反相成义》，《梁启超全集》第二卷，北京出版社1999年版，第428页。

⑥ 严复：《原强》，《严复集》第1册，中华书局1986年版，第7页。

⑦ 严复：《原强》，《严复集》第1册，中华书局1986年版，第18页。

者，其国之可以有权也”[①]。与西方不同的是，严复强调个人自由，还强调国家自立对个人自由的意义，他认为一旦国家丧失自主性，人民生不如死、存不如亡，个人与国家之间唇齿相依。

戊戌变法失败后，梁启超逃亡日本，短暂大肆鼓吹革命共和。但1903年初，他去美国考察，发现中美两国政情民俗的巨大差异，认为中国根本没有实行共和政体的条件，其国家思想发生巨大变化。因此，回国之后于11月初发表了《政治学大家伯伦知理之学说》，引进德国学者伯伦知理和波伦哈克的国家思想。伯伦知理一方面批判了中世纪的国家理论；另一方面对卢梭的人民民主的主权原则予以否定。这些学说满足了梁启超批判卢梭、反对革命，强调君主通过自上而下的教育民众，逐步改良政治的想法。后来又发表《过渡时代论》《开明专制论》介绍西方建立现代国家的种种道路，反对用革命建立民主共和，说明根据国情，中国无条件建立民主共和或君主立宪政体，不如以开明专制为过渡，逐步实行民主。伯伦知理认为国家是一个有机体，强调社会的秩序和统一。梁启超亦强调个人与国家的有机统一，“凡人不能以一身而独立于世界也，于是乎有群……以一国论，则国之强也生长于其国者罔不强，国之亡也生长于其国者罔不亡。故真能爱己者，不得不推此心以爱家、爱国”[②]。认为个人与国家是相互依存的关系。严复、梁启超的国家有机体论反映晚清时期的时代特点，不仅要批判封建专制统治，高扬个人自由，而且要挽救民族危亡，实现国家富强。他们力图统一二者，严复指出“夫所谓富强云者，质而言之，不外利民云尔”[③]。强调“故所急者，乃国群自由，非小己自由也”。“以合力图强，杜远敌之觊觎侵暴，为自存之至计也”[④]。

民国时期的自由主义者仍希望建立一个理想的现代国家。胡适指出“今日当前的大问题依旧是建立国家的问题：国家有了生存的能力，

① 严复:《国富论》(严复译文卷)，上海世界图书出版公司2013年版，第1212页。

② 梁启超:《十种德性相反相成义》,《梁启超全集》第二卷，北京出版社1999年版，第431页。

③ 严复:《原强》,《严复集》第1册，中华书局1986年版，第27页。

④ 严复:《法意按语》,《严复集》第4册，中华书局1986年版，第981、985页。

政府有了捍卫国家的能力，其他的社会经济问题也许有渐渐救济解决的办法”[①]。张佛泉指出建设现代国家必须要有现代的国家观念，“譬如什么是国家，个人与国家的伦理关系又如何，这一类的问题，可以不问，却不能没有回答。许多外人说中国人没有现代国家观念，这话我们自己不能否认。我们本也有国家观念，对于个人与国家的关系，本也有固定的看法。然而我们如想建设一个新国家，运用新政治，我们便须赶快换上新的基本政治概念”[②]。围绕建立现代国家，自由主义者从20年代末开始以《新月》《独立评论》《观察》为阵地，展开了关于“人权与约法”“民主与独裁”“自由主义向何处去”等讨论，这些主张虽不完全一致，但体现了自由主义者的共性。

首先，对国民党一党专制的批判。晚清时期严复、梁启超主要批判封建国家观念，而民国时期还要面对国民党以党治国的统治。1929年胡适质疑国民政府发布的保障人权的命令不仅没有对身体、自由、财产的权利给予明确规定，而且对自由究竟是哪几种，财产又该受怎样的保障都没有明确规定。他认为“今日有何种法律可以保障人民的人权”，国民政府通过乱贴标签，个人的“身体可以受侮辱，自由可以完全被剥夺，财产可以任意宰制”。[③] 40年代储安平对国民党的批判有代表性，他指出：“现在中国的一般人民都在饥饿线上挣扎，绝大多数的知识分子则被摈弃于购买圈外，沉沦在生活的水平线以下。不仅民怨沸腾，到处是‘反饥饿’的吼声，据我们所知，就是在国民党党团内部，最近也发生了‘这个党到底是代表哪几种人的利益’这样一个极端严重的问题。”[④]

其次，抗战时期自由主义者们希望建立一个统一有力的国家领导

---

① 胡适：《建国问题引论》，1933年11月19日《独立评论》第77号，欧阳哲生编《胡适文集》（11），北京大学出版社1998年版，第357页。

② 张佛泉：《周著〈国家论〉书评》（1936年），《自由与权利：宪政的中国言说》，清华大学出版社2010年版，第233—234页。

③ 胡适：《人权与约法》，1929年4月10日《新月》第2卷第2号，《胡适文集》（5），第524、525页。

④ 储安平：《政府应对纽约〈下午报〉的攻击采取步骤表明态度》，《储安平文集》下，东方出版中心1998年版，第149—150页。

全国人民抗日。胡适认为“必须先有个国家，然可以讲抗日救国”①。受到民族危机影响，国家并未简单被当成一个保护个人权利的工具，而是承担了凝聚全国人民向心力的中心。他主张建立一个中央与各省互相连贯的中央政府，方才可以有一个统一国家的起点。只有团结全国的力量，才能抵抗日本的侵略，“简单说来，只是用政治制度逐渐养成全国的向心力”②。张佛泉直接指出“中国现正在国难期间，政府的权力必须集中，这是大家都同意的”③。只有一个强有力的政府才能代表国家领导人民渡过国难时期，自由主义者对蒋介石寄予厚望。抗战时期的自由主义者面临民族主义和自由主义的矛盾，一面强调应该有一个强有力的政府组织抗战，一面又害怕政府过度集权，“我们在必要时与可能时固然需要审慎地运用统制，但永不要忘记想出一种方式来，不使这种统制对于个性的发展有所损碍”④！

最后，国际形势发生了变化：一方面，英美国家在20世纪上半叶发生严峻的经济危机，加上两次世界大战，西方国家纷纷转向凯恩斯主义，强调宏观调控和加强国家功能，国家不再仅仅是一种保障自由的工具。自由主义者吸收杜威、拉斯基的新自由主义思想，一面继续强调国家应保障基本权利；另一方面又强调国家应积极发挥作用，为个人实质上具有自由的力量而创造条件。随着十月革命的胜利，世界范围内的社会主义运动空前发展，西方国家内部的劳资矛盾日益突出，社会主义不仅强调政治平等，而且主张经济平等，这也对西方自由主义产生了重要影响，拉斯基的费边社会主义即是这种影响的反映。

在上述因素的影响下，此时期的自由主义者的国家观念具有以下特点：一是继续强调国家在保障个人自由中的工具价值。胡适反复指

---

① 胡适：《福建的大变局》，1933年12月3日《独立评论》第79号，《胡适文集》(11)，第366页。

② 胡适：《政治统一的途径》，1934年1月21日《独立评论》第86号，《胡适文集》(11)，第397页。

③ 张佛泉：《我们为甚么要说长道短》(1937年)，《自由与权利：宪政的中国言说》，清华大学出版社2010年版，第304页。

④ 张佛泉：《论统制之宜审慎》(1935年)，《自由与权利：宪政的中国言说》，清华大学出版社2010年版，第181页。

出自由对国家政治的重要性，“我们要我们的思想自由，言论自由，出版自由”[①]。罗隆基认为“国家的功用，就在保障人权”[②]。一个国家不能保障人权，这个国家的功用就失去了，人们对于这个国家就没有继续服从的义务了。储安平指出“我们要求自由，要求各种基本人权”[③]，而国民党统治下的中国却给人民造成很多苦痛，“一党专政在精神上的主要特征和主要苦痛，是人民的各种基本公民权利没有保障”[④]。民国时期自由主义者的国家思想基本摒弃了严复、梁启超的国家有机体论，而是持一种积极国家观，国家被赋予提高全体人民福利的功能。早在20年代，胡适等就希望建立一个积极有为的国家，提出“好政府”的主张，要“充分运用政治的机关为社会全体谋充分的福利”[⑤]，不仅需要容纳个人自由，还应为社会全体谋福利。1929年胡适指出“现代政治重在有意识的计划，指挥，管理而无为之治重在不易自然”[⑥]。二是提出一个现代国家应该打倒“贫穷、疾病、愚昧、贪污、扰乱等五大仇敌。”从而“建立一个治安的，普遍繁荣的，文明的，现代的统一国家”[⑦]。张佛泉指出：“我们需要有整个的计划改造落伍的社会，我们需要有整个的计划建设一个现代的国家。”[⑧]罗隆基虽然认为国家的功用在保障人权，但是他的人权的内涵不再只是那些消极权利，而是指“维持生命”“发展个性，培养人格”“达到人群最大多数的最大幸福的目的”，“国家的功用，是保障全体国民的人权。国家的目的，谋全民最大多数的最大幸福”[⑨]。带有功利主义国家的特点，也是一种积极国家观。

---

① 胡适：《我们要我们的自由》(1929年),《胡适文集》(11)，第144页。

② 罗隆基：《论人权》，1929年7月10日《新月》第2卷第5号。

③ 储安平：《我们的志趣和态度》,《储安平文集》下，东方出版中心1998年版，第53页。

④ 储安平：《我们对于美国的感觉》,《储安平文集》下，东方出版中心1998年版，第63页。

⑤ 胡适：《我们的政治主张》，1922年5月14日《努力周报》第2期,《胡适文集》(3)，第328页。

⑥ 胡适：《从思想上看中国问题》(1929年),《胡适文集》(11)，第157—158页。

⑦ 胡适：《我们走那条路》，1929年12月10日《新月》第2卷第10号,《胡适文集》(5)，第356页。

⑧ 张佛泉：《宪法修正案中之中央体制》(1934年),《自由与权利：宪政的中国言说》，第62页。

⑨ 罗隆基：《专家政治》，1929年4月10日《新月》第2卷第2号。

在强调积极功能的同时，不少自由主义者受社会主义影响，增强了国家协调经济民主的功能。1930年，胡适说“现今的世界，已不知不觉的趋于社会主义之途了”[①]。这一点在40年代末表现最为明显，大多数自由主义者基本认同了经济平等的主张。1947年胡适指出当时世界文化的趋势之一时指出，“用社会化的经济制度来提高人类的生活”[②]，社会化的经济制度就是要顾到大多数人民的利益的经济制度。储安平指出“要改善民生，先须有一个有较强行政能力而又有良好政治道德的政府……中国的分裂足以威胁世界的和平。所以，我们必须希望并使中国能成为一个安定、团结、民主、强盛的国家”[③]。一个现代国家必须要有一个强有力的政府来承担改善民生的任务，“政治的目的只有一个，就是保障并增进人民的自由、权利与幸福”[④]。他认为国家不仅要实现政治民主，还应实现经济民主，“国家政策必须容许人民讨论，政府进退必须由人民决定，而一切施政必须对人民负责、民主的政府必须以人民的最大福利为目的：保障人民的自由，增进人民的幸福。同时，民主不仅限于政治生活，并应扩及经济生活；不但政治民主，并须经济民主”[⑤]。

二　近代中国自由主义者论国家的起源、职责和权限

西方古典自由主义以社会契约论来论证国家的起源。洛克认为国家产生之前的自然状态是一种自由状态、平等状态，但是自然状态总有一些人无视自然法约束，侵犯别人的权利。这就需要一个公正的裁判来惩罚犯罪者，但由于存在个人的自私、心地不良、感情用事及报复心理等缺点，所以自己充当裁判并不合适，可能会造成过多伤害和

① 胡适：《东西文化之比较》（1930年），《胡适文集》（11），第191—192页。

② 胡适：《眼前世界文化的趋向》，1947年8月3日北平《华北日报》，《胡适文集》（12），第669页。

③ 储安平：《敬告马歇尔元帅》，《储安平文集》下，东方出版中心1998年版，第32页。

④ 储安平：《以万变应不变》，《储安平文集》下，东方出版中心1998年版，第40页。

⑤ 储安平：《我们的志趣和态度》，《储安平文集》下，东方出版中心1998年版，第53页。

无秩序。为了对犯罪者实施公正的惩罚，给予成员一致保护，人们结束自然状态，建立国家和政府进入政治社会，“公民政府是针对自然状态的种种不方便情况而设置的正当救济办法”[①]。国家的产生是为了克服自然状态的不得已的原因。

严复吸收了“国家起源于不得已”的观点，他指出“君臣之伦出于不得已乎？有其相欺，有其相夺，有其强梗，有其患害”，人民的生命财产受到威胁，又忙于“通货财与凡相生相养之事”，因此根据“通功易事”的原则，选择能够主持公正而且贤明的人立为君主，成立国家，“此天下立君之本旨”。简言之，“君臣之伦，盖出于不得已”，而国家的职责就在于“卫民之事”，保护人民的生命财产安全。[②]

梁启超认为“国家之立，由于不得已也，即人人自知仅恃一身之不可，而别求彼我相团结、相补助、相捍救、相利益之道也。而欲使其团结永不散，补助永不亏，捍救永不误，利益永不穷，则必人人焉知吾一身之上，更有大而要者存”[③]，必须有一个高于个人之上的国家来协调个人之间的利益冲突。他指出政府之所以成立，其原理在于“民约”，自然状态下，由于缺乏更高的裁判权威，很容易形成暴政，为此人民订立契约，产生公正的国家，保护个人权利，“国家之所以成立，乃由人民合群结约，以众力而自保其生命财产者也。各从其意之自由，自定约而自守之，自立法而自遵之，故一切平等。若政府之首领及各种官吏，不过众人之奴役，而受托以治事耳”[④]。

受进化论影响，严复指出国家的产生经历了图腾社会、宗法社会、军国社会的演变，现代国家就是军国社会，军国社会之所以是文明社会，因为它保护人民的自由和财产。[⑤]严复认为国家是由一定数量的人民组成的有特殊性的团体[⑥]，他指出：“民人熙熙扰扰，生于大地之

---

① ［英］洛克：《政府论》下篇，瞿菊农、叶启芳译，商务印书馆1964年版，第3、8页。

② 严复：《辟韩》，《严复集》第1册，中华书局1986年版，第34页。

③ 梁启超：《新民说·论国家思想》，商务印书馆2016年版，第55页。

④ 梁启超：《论学术之势力左右世界》，《梁启超全集》第三卷，北京出版社1999年版，第558页。

⑤ 严复：《政治讲义》，《严复集》第5册，中华书局1986年版，第1264页。

⑥ 严复：《政治讲义》，《严复集》第5册，中华书局1986年版，第1245页。

上，结合团体，以其言语风俗之同，于是据一领土，内足自治，外可御侮，而国成焉。”[①]进而论证不同的国家由于文化传统不同，都有自己独特的国性，国性是一个国家存亡的基础。他区别了种族与国家，认为二者“绝然两事”，种族相同，不必同国，不同种族的人民可以同为一国之国民。梁启超认为国家最初起源于家族，“古者国之起源，必自家族。一族之长者，若其勇者，统率其族以与他族相角，久之而化家为国。”[②]由家族逐渐演化而形成较大的国家。

1921年，胡适指出政府“乃由人民的组织渐渐扩大而来。社会中有家族有乡党，凡团体中之利害，与个人的利害，小团体与小团体的利害，或大团体与其他大团体的利害，均不免时有冲突。这冲突委实不是个人所能了的……所以欲消弭个人与个人、小团体与小团体、或小团体与个人交互间底冲突，非有超于小团体及个人的公共机关不可——这是政府成立的要因。前面说，政府是人造的一种工具，他的缘起，是为的大众的公共的需要”[③]。国家、政府是个人为了保护自身利益而建立的一种社会组织。

中国近代自由主义者在国家的职责、权限等方面的认识具有一些共同特点。

首先，是认为国家的职责是保障个人的自由。严复认为：“侵人自由，虽国君不能，而其刑禁章条，要皆为此设耳。”[④]他认为西方国家的大事，人民自己完成的占7成，而政府完成的仅3成，政府主要是“明刑、治兵两大事”，“知民所求于上者，保其性命财产，不过如是而已”。国家权力的限度是保护人民的生命、财产和自由，“为国家者，但能永其秩序治安，而真能为民保性命财产足矣。至于扶植民德，演进文明，此等事任民自为可也，不必为大匠斫也”[⑤]。梁启超指出：“自

① 严复：《读经当积极提倡》，《严复集》第2册，中华书局1986年版，第329页。
② 梁启超：《论近世国民竞争之大势及中国前途》，《梁启超全集》第二卷，北京出版社1999年版，第309页。
③ 胡适：《好政府主义》，1921年11月17日至18日《晨报副镌》，《胡适文集》（12），第716页。
④ 严复：《论世变之亟》，《严复集》第1册，中华书局1986年版，第3页。
⑤ 严复：《政治讲义》，《严复集》第5册，中华书局1986年版，第1253页。

由者，权利之表证也。”[①] “盖西国政治之基础，在于民权。”国家及其政府的职责在于保护人民的权利免遭侵害，“政府之义务虽千端万绪，要可括以两言：一曰助人民自营力所不逮；二曰防人民自由权之被侵而已”[②]。

胡适等对国家的职责和功能有所扩大。胡适指出国家及政府不仅应消极地保障权利，而且应积极地为社会谋福利，促进个性发展。[③] 储安平认为“国家的政治目的乃在使社会安定，经济繁荣，人民快乐，文化进步。我们要求国家统一的目的，乃在使国家能于统一以后得以履行其所应负的各种责任；‘统一’本身并不是一个最后的目的”[④]。他进一步指出“政治的目的只有一个，就是保障并增进人民的自由、权利与幸福”[⑤]。

其次，强调国家应是全体国民共同的国家，而不应只是少数人或阶级的国家。严复、梁启超强调国家是国民公产。传统社会，国家只是帝王的私产，严复有言“国者，斯民之公产也；王侯将相者，通国之公仆隶也”[⑥]。帝王将相本只是服务人民的公仆。梁启超从朝廷和国家的区分来说明国家的公共性质，“朝也者，一家之私产也；国也者，人民之公产也”[⑦]。储安平对国家的公道性质寄予厚望，“惟有一个务实重行，能辨别是非、主张公道、急公忘私的人民，才能造成一个富强康乐的国家，亦才配有一个富强康乐的国家”[⑧]。

最后，主张个人是国家之本，国家应促进个人的发展。严复提出“夫所谓富强云者，质而言之，不外利民云尔”[⑨]。只有个体的智、

---

① 梁启超：《十种德性相反相成义》，《梁启超全集》第二卷，北京出版社 1999 年版，第 429 页。

② 梁启超：《论政府与人民之权限》，《梁启超全集》第四卷，北京出版社 1999 年版，第 881 页。

③ 胡适：《我们什么时候才可以有宪法？》，1929 年 6 月 10 日《新月》第 2 卷第 4 号，《胡适文集》（5），第 538 页。

④ 储安平：《敬告马歇尔元帅》，《储安平文集》下，东方出版中心 1998 年版，第 32 页。

⑤ 储安平：《以万变应不变》，《储安平文集》下，东方出版中心 1998 年版，第 40 页。

⑥ 严复：《辟韩》，《严复集》第 1 册，第 36 页。

⑦ 梁启超：《少年中国说》，《梁启超全集》第二卷，北京出版社 1999 年版，第 410 页。

⑧ 储安平：《英人法人中国人》，《储安平文集》上，东方出版中心 1998 年版，第 489 页。

⑨ 严复：《原强》，《严复集》第 1 册，中华书局 1986 年版，第 27 页。

体、德水平得到提高，个人才能真正自由，国家才能富强。梁启超主张“新民之道不可不讲”。胡适对易卜生主义的宣传，目的就是要培养有自由独立人格的个人。张奚若指出“个人固然不能离开国家而存在，国家又何尝能离开个人而存在？而且，讲到底，国家还是为个人而存在的，个人并不是为国家而存在的。国家只是一个制度，一个工具。它除过为人谋福利外别无存在的理由。这个制度，这个工具，在人的生活中虽极重要，但毕竟还只是一个为人享受、受人利用的东西”①。

除以上一些共同特点外，不同时代的自由主义者对个人自由与国家权力的看法也有一些差异。在严、梁时代，清朝统治还没有完全崩溃，更由于进化论的影响，使得他们认为政府的管理权限与人们的智力程度有关系。严复指出“但以政府权界广狭为天演自然之事，视其国所处天时地势民质何如”②。政府权限的大小随天演进化，应视人民素质的程度，程度越高，政府的权限应减小。梁启超区分了文明自由与野蛮自由，国家的产生与文明自由息息相关，“非得文明之自由，则国家未有能成立者也”③。反复强调人民素质与政府权限的关系，“政府之正鹄不变者也，至其权限则随民族文野之差而变，变而务适合于其时之正鹄”④。梁启超在接受伯伦知理的国家论后，强调国家应较多地干预社会，指出“窃计治今日之中国，其当操干涉主义者十之七，当操放任主义者十之三，至其部分条理，则非片言所能尽也”⑤。他认为当时的国民素质不高，并没有达到完全实行放任主义的程度。民国时期的自由主义者注意到没有绝对的个人自由，强调适度的限制和干预。但此时的干预与严、梁讲的干预已有所区别，是以国家的干预不侵犯个人自由为前提。

---

① 张奚若：《再论国民人格》，《独立评论》第152号。

② 严复：《政治讲义》，《严复集》第5册，中华书局1986年版，第1290页。

③ 梁启超：《论政府与人民之权限》，《梁启超全集》第四卷，北京出版社1999年版，第883页。

④ 梁启超：《论政府与人民之权限》，《梁启超全集》第四卷，北京出版社1999年版，第881页。

⑤ 梁启超：《干涉与放任》，《梁启超全集》第二卷，北京出版社1999年版，第384页。

三　近代中国自由主义者国家思想的特点与流弊

西方近代以来对国家存在三种代表看法。国家主义把国家功能最大化、神圣化，强调国家权力的绝对性，国家是普遍理性的代表，个人须完全服从。无政府主义者视国家为罪恶之源，认为国家的存在限制了人们的自由。他们希望建立没有任何政治权威和约束的社会，将个人自由发挥到极致。自由主义强调个人权利的绝对性，国家须以保障个人权利为基础。从人性恶出发，他们论证了国家产生的必要性，但又对国家权力备加防范，主张通过民主政治限制国家权力。

近代中国自由主义的国家思想来源于西方，又不完全同于西方，受民族主义影响很大。严复、梁启超强调个人和国家的协调，保障个人权利，实现国家富强，而抗战期间，自由主义者一方面批判国民党压制基本权利；另一方面又希望国家能成为凝聚力的中心以有效增强力量抗日。民族主义与自由主义的矛盾交织是近代中国自由主义及其思想观念的突出特征。

中国自由主义者批判传统的国家思想，但又或多或少受传统影响。如晚年严复强调国性的重要性，“大凡一国存立，必以其国性为之基。国性国各不同，而皆成于特别之教化，往往经数千年之渐摩浸渍，而后大著”。国性是一个国家存立的基础，中国的独特性在于独特悠久的文化，而中国文化的特点“以经为之本原”[①]，以《论语》为代表的人文经典孕育了中华民族的人文精神，是中国之所以为中国的根本。储安平指出中国“自有其独立的国格”[②]，虽然在基本制度和观念上中国需要学习西方，但国家并非千篇一律的，而与其独特的民族文化有深刻的关系，离开民族文化，民族国家也就不称其为民族国家了。虽然肤色、民族不同，但是共同的文化一样可使国家的凝聚力得到加强，多个民族可以一起建设、共享一种独特的文化。

---

① 严复：《读经当积极提倡》，《严复集》第 2 册，中华书局 1986 年版，第 331 页。

② 储安平：《读孙科谈话》，《储安平文集》下，东方出版中心 1998 年版，第 144 页。

总体来看，中国自由主义的国家思想虽几经演变，但是重视个人权利，强调国家应保障个人自由则是贯穿始终的。通过与国家主义、国家社会党及中国马克思主义的国家思想比较，就更能够看出自由主义国家思想的特点。

国家主义派代表余家菊、李璜、曾琦等强调国家的价值。余家菊直接将国家定义为"国民之共同心灵"①，土地、人民、主权只是国家的外表，共同心灵才是国家的基础。李璜注意到了国家有形的物质一面，也受到近代人民主权等观念影响，但更强调国家的精神价值，国家是"有一种特殊的文化遗留，即有一种相当感情的回顾，因而国家不独有其实质，又复有其灵魂"②。他反复指出"近代的国不是死的机械的存在，他是活的灵魂的表现，是有意识的一种有机的团体；换言之，他的统一的实现不只为图谋共有的物质利益，而且为保护共有的精神的信仰"③。在国家的起源和历史演变中，曾琦指出神权说、权力说都是荒谬的，契约说也不符合历史事实，国家有机说的类比也不恰当。他赞同休谟和边沁的实利说，即国家源于人类利益的需要，国家能够保护人民的利益。

国家至上论是国家主义派的特点，"国家则有之，如强制法规，规定人民之行为，人民须绝对服从，此种种的规定，是发源于最高主权的"④。余家菊指出，"个人所欲实现的最善之我，只有求之于国家之中"，"个人而扩大其自我，则自我与国家合一"⑤，个人只能为国家存在，不同于自由主义者个人先于国家的观点。陈启天认为"国家是一个包含一切社会组织的总体……没有比国家更高的世界组织"⑥，而"一个个人有无价值，也可从他的个人生活与国家生活是否合一而定"⑦。个

① 李璜：《国家主义教育学》，上海中华书局 1926 年版，第 2—3 页。
② 李璜：《释国家主义》，《醒狮周报》1924 年第 10 期，第 10 页。
③ 李璜：《国民教育与国民道德》，《国家主义的教育》，中华书局 1923 年版，第 48 页。
④ 曾琦：《国家主义之学理的根据》，曾慕韩（琦）遗著，台北文海出版社 1971 年版，第 141、143 页。
⑤ 余家菊：《教育原论》，上海大陆书局 1934 年版，第 26—31 页。
⑥ 陈启天：《新社会哲学论》，上海商务印书馆 1946 年版，第 15 页。
⑦ 陈启天：《新社会哲学论》，第 5 页。

人价值服从国家，不再有独立价值。

国家社会主义是三四十年代以张君劢为首的国家社会党的思想。张君劢认为个人自由权利的享受不应损害国家利益。英美的民主政治虽然“能养成独立人格与健全公民”①，但过分的个人自由会造成政府权力有限，行政效率低下。而德意等国的政治虽然损害了人民的自由，但是权力集中，行政效率较高。张君劢的修正民主政治实质上是以英美的宪政民主为基础，吸纳德意等国集中政府权力的方法，实现政府权力与个人自由的平衡。否认国家的阶级性，认为阶级学说不利于集中国家权力。他认为国家除了包含人民、领土、政治等要素，更是体现民族精神的道德团体，道德是国家起源的基础，国家是全体人民利益的最高代表。他认为西方近代国家的强盛在于以一个纯粹的血统或种族为基础的民族作为立国的基础，而中国始终没有建立起民族国家的原因在于长期以文化作为立国基础，只有天下观念。张君劢的民族概念比较狭隘，与种族、血统混淆，指出同一个血统才是同一个民族。他企图以民族的自觉心和凝聚力为建国的基础，认为民族建国的最高原则必须从法律和道德的改善入手，只有整个民族具有共同一致的道德精神和守法精神，才能建立统一的有效率的政府，建成民族国家。

中国马克思主义者继承了马克思、恩格斯的国家观念，主要是恩格斯《家庭、私有制和国家的起源》中的观点。马克思早年接受黑格尔的理性主义国家观，后来转向从客观的历史进程和生产力与生产关系、经济基础与上层建筑相互关系的角度来理解国家，把国家从抽象的普遍理性拉回到客观现实中。恩格斯首先否定了中世纪君权神授的国家论、自由主义的社会契约论，指出国家不是从来就有的，是生产力发展到一定阶段的产物。

恩格斯从两方面论述了国家的产生。一是国家的产生是社会分工发展的结果，生产规模日益扩大，社会分工日益复杂，需要一些组织来保证生产过程，国家是这些组织逐渐完善的结果，“社会产生它不能

① 张君劢：《立国之道》，《张君劢新儒学论著辑要》，中国广播电视出版社 1995 年版，第 501 页。

缺少的某些共同职能。被指定执行这种职能的人，形成社会内部分工的一个新部门。这样，他们也获得了同授权他们的人相对立的特殊利益，他们同这些人相对立而独立起来，于是就出现了国家”[①]。恩格斯认为国家产生于原始社会末期。二是在社会分工的发展中，生产、交换的发展导致私有制的产生，私有制是阶级矛盾的总根源，因此国家是阶级矛盾不可调和的结果，是剥削者压迫被剥削者的工具，国家逐渐成为独立的共同体来协调、维持社会利益的分配。阶级的分化和社会职能的分化交织进行，是国家产生的根本原因。强调国家的阶级本质和政治统治、社会管理的双重职能是马克思主义国家思想的特点。马克思主义还从生产力、生产关系角度论述了国家形态的演变过程，即从原始社会、奴隶社会、封建社会、资本主义社会、社会主义社会的演变，指出资本主义国家是资产阶级暴力统治的机关，而在社会主义国家是无产阶级专政的工具。马克思主义者认为资产阶级国家里无产阶级是被剥削者，根本没有平等自由，因此他们认为社会主义的目标是每个人全面自由的发展。国家也不只是自由主义国家保障基本权利的工具职能，而是要通过发展生产力、再分配，实现人们之间的经济平等，为每个人的发展创造条件。

综上所述，西方自由主义的国家思想不仅随着社会变迁有不少变化，而且存在大量流弊，如信奉资产阶级的抽象人性论，过度追求个人权利，而忽视现实中人民由于经济地位不平等造成对权利运用的不同，很多时候自由不过是一句空话。自由主义及其国家思想与西方特定的历史文化、国情相适应，它在近代中国的命运主要是不适合中国国情，先天不足，后天失调，既缺少文化基础，又与现实土壤脱节，加上自由主义者的教条主义、理论缺陷，失败是必然的，这说明任何照抄照搬现成的理论或模式都是行不通的。

① ［德］恩格斯：《致康·施米特》，魏继让主编：《马克思主义导读》，浙江人民出版社 1999 年版，第 86 页。

佛教思想文化专题研究

佛教文化与契丹民族的汉文化认同*

袁志伟
（西北大学 哲学学院）

摘 要：佛教文化是契丹民族文化的重要组成部分，在契丹民族的文明化以及契汉文化的交流与认同中发挥了巨大作用，这表现为：佛教文化促进了契丹民族思想文化的进步，佛教信仰发挥了契丹民族精神支柱的作用，佛教文化是辽政权和契丹民族文化和政治自觉的重要体现。同时，佛教文化认同也是党项民族与汉民族文化认同的重要组成部分。

关键词：佛教文化；契丹民族；文明化；文化交流与认同

辽朝政权和契丹民族的发展历史一直伴随着对先进汉文化持续而主动地引进和吸收，而就精神文化领域来说，中原的佛教文化则是其中的主体。佛教对契丹民族的精神世界和现实生活产生了深刻的影响，推动了契丹民族的文明和进步，这可以从精神文化、文化和政治自觉等几方面理解。

一 佛教在精神文化方面促进了契丹民族的文明化

契丹民族对中原汉文化的吸收引进，在官制、礼仪、法律等政治

* 项目基金：国家社会科学基金西部项目“10—13 世纪中国北方少数民族的宗教思想与文化认同研究”（项目号：18XZJ014）。

文化领域以儒家政治文化为主，在宗教、哲学等精神文化领域则以佛教文化为主，而其具体内容主要是唐宋时代的中原大乘佛教，如华严宗、密宗、唯识宗、律宗、净土宗等佛教宗派及其思想。从这一角度来说，辽朝佛教文化在整体上是唐宋中原佛教文化的重要组成部分，契丹民族对佛教文化的接受，也就成为其引进吸收先进汉文化的重要组成部分。与此同时，佛教文化对契丹民族的精神文化也产生了深刻影响。

（一）佛学思想促进了契丹民族思想文化的进步

首先，佛学思想提升了契丹民族的理论思维水平。华严宗、唯识宗等佛学思想体系具有深刻的理论思辨性，它们被契丹民族接受（如对华严学、唯识学的研习等），正是契丹民族理论思辨水平提升和深入吸收汉文化的表现。以辽道宗耶律洪基为例，他在为《释摩诃衍论》所做注疏中就综合运用华严学的总义、别义，天台宗的第一义谛、真俗二谛，唯识学的能入、所入等哲学概念，将该论的三十三门内容进行了归纳总结①，体现出深刻的理论思辨性，以及对佛教哲学的精深造诣。

其次，契丹民族在接受佛教文化的同时，也接受了中原传统的儒家思想。辽朝佛教在很大程度上是对唐代佛教的选择性继承与发展。印度佛教自两汉时代传入中国后，经过南北朝以来的长期中国化，至唐代形成的中国宗派佛教已经融合了中国传统的儒家哲学及思维方式，并成为汉文化的重要组成部分。例如，华严宗、天台宗等宗派宣扬的佛性论吸收了儒学性善论的内容，反映出与儒家文化的融合，契丹民族对这些佛学思想的接受，实际上就是对中原传统思想文化的接受与认同。

最后，佛教促进了中原传统道德观念的传播。佛教中国化的重要标志之一就是佛教对“忠孝”等儒家伦理道德的吸收融合。随着辽朝民众和契丹民族接受中原大乘佛教，佛教的孝道观念也被辽朝民众所

① （辽）法悟：《释摩诃衍论赞玄疏》卷一，《大藏新纂卍续藏经》第45册，河北佛教协会2006年版，第831页中。

接受，重要表现就是陀罗尼信仰与孝道的结合，如天庆元年（1111）《奉为先内翰侍郎太夫人特建尊胜陀罗尼幢记》文称："伏欲以报昊天鞠育之鸿恩，惟仗诸佛宣传之密教。刻之贞琰，树于先茔。"[①]即主张通过刊刻密咒真言报答父母的恩德。辽朝人借建造经幢来表达对父母师长的哀思与孝心，并祈求亡故亲人解脱轮回苦难，正反映出中国固有孝道观念对辽朝社会的深刻影响。

就这些积极的作用来说，佛学思想在促进契丹民族思想文化的发展进步方面发挥了重要作用。

（二）佛教信仰发挥了契丹民族精神支柱的作用

佛教是契丹民族的主要宗教信仰，对契丹民族的精神文化产生了深刻影响，并在很大程度上成为契丹民族的精神支柱之一，这主要表现为：

一是将佛教净土作为生命永恒的归宿。通过对辽代石刻文献的研究可知，契丹民族在对死后彼岸世界的认识方面，普遍将净土世界作为归宿。如咸雍五年（1069）《萧闛妻耶律欲迷已娘子墓志铭》文称："仍于窀穸之前匠梵幢一所，庶期沾一尘，覆一影。或往生于慈氏天宫；或托质于弥陀佛国。"[②]记载了契丹贵族通过在坟墓前修建陀罗尼经幢，以祈求死者往生弥勒净土或弥陀净土。

二是在生命永恒的追求方面，将成佛证道作为终极目标。契丹民族信仰佛教之后，普遍将佛教所追求的解脱目标——成佛证道，作为人生的终极目标及对生命永恒的追求，如清宁五年（1059）《秦晋国大长公主墓志铭》记载，辽景宗长女耶律观音女崇信佛教，并"薰修胜因，迴向于佛道"[③]，也就是将成佛得道作为重要的精神目标。

三是在现实世界的生活需要方面，将佛法作为祈福禳灾的主要手段，这在辽代文献中也有大量的反映，如辽太宗耶律德光就通过礼拜

---

① 《奉为先内翰侍郎太夫人特建尊胜陀罗尼幢记》，阎凤梧主编：《全辽金文》（上），山西古籍出版社2002年版，第796页。

② 《萧闛妻耶律欲迷已娘子墓志铭》，刘凤翥、唐彩兰、青格勒：《辽上京地区出土的辽代碑刻汇辑》，社会科学文献出版社2009年版，第164页。

③ 郑绍宗：《契丹秦晋国大长公主墓志铭》，《考古》1962年第8期。

观音、饭僧来祈祷其母康复，史载会同五年（942）太宗“闻皇太后不豫，上弛入侍，汤药必亲尝。仍告太祖庙，幸菩萨堂，饭僧五万人”①；秦晋国大长公主病重弥留之际，“诸孙在旁，恻恻恳祷，焚香祝无边佛，设供饭无遮僧”②，公主的子孙亲族通过焚香拜佛、祷告、饭僧祈求其病愈。

这些例证都反映出佛教的成佛、因果报应、轮回转世等观念被契丹民族广泛接受，并成为其世界观的重要组成部分。由此可见，佛教在很大程度上发挥了契丹民族精神支柱的作用，对契丹民族的精神生活产生了积极影响。

（三）佛教深刻影响到契丹民族的风俗习惯

首先，佛教节俗成为辽朝的全民性节俗。在佛教流行的同时，以佛诞日为代表的佛教节日也成为辽朝民间的重要节日，据《契丹国志》记载，四月八日佛诞日为辽朝重要节日，每到此日，政府“放僧尼、道士、庶民行城一日为乐”③。值得注意的是，这里提到道教徒也参与这一节日，可见佛诞日在辽朝已经成为全民节日。佛诞日会举行众多的庙会和祭祀活动，辽朝帝王也会参与其中，如应历十五年（965）《重修范阳白带山云居寺碑》记载，范阳云居寺（今北京房山云居寺）举办佛诞日庙会时“香车宝马，藻野缛川”，“从平地至于绝顶，杂沓架肩”，是时“自天子达于庶人，归依福田”④；这既是对佛诞日盛况的写照，也反映出佛教对辽朝社会生活的深刻影响。

其次，佛教深刻影响到契丹民族和汉族的葬俗。这种影响主要体现在葬礼佛事及火葬习俗中。将佛事活动引入葬礼在汉族和中原地区早已有之，这一习俗也随着中原佛教的传播而为契丹民族所接受。据咸雍五年（1069）《萧闛妻耶律欲迷已娘子墓志铭》记载，出身于契丹皇族耶律氏的耶律欲迷已（萧闛妻）去世后：“日饭僧苾萏不减数十

① （元）脱脱等：《辽史》卷四《太宗纪下》，中华书局1974年版，第52页。

② 郑绍宗：《契丹秦晋国大长公主墓志铭》，《考古》1962年8期，第429—435页。

③ （宋）叶隆礼：《契丹国志》卷二七《岁时杂记》，上海古籍出版社1985年版。

④ （辽）王正：《重修范阳白带山云居寺碑》，阎凤梧主编：《全辽金文》（上），山西古籍出版社2002年版，第53页。

人，敬设道场，精诵神咒，分阅贝典，仅逾半稔，登登不绝，引卷还秩，难可胜计。”[①]举行了包括饭僧、诵持密咒、经典等规模较大的葬礼佛事活动，并且在墓前树立了陀罗尼经幢以祈求往生于弥勒净土（“慈氏天宫”）或弥陀净土（“弥陀佛国”）。从这些葬礼内容可以看到，密教陀罗尼信仰在契丹贵族的葬礼中扮演了重要角色，佛教所宣扬的净土世界也成为他们所追求的死后归宿。此外，受到佛教“毗荼”（火葬）葬法的影响，契丹民族中也普遍流行“火葬”习俗，这在考古发现的辽代墓葬中有大量的例证[②]。

与佛教思想文化相比，儒学、道教等思想文化在辽朝文化建构中并没有发挥主导作用[③]，影响力十分有限。虽然辽朝初年太祖阿保机出于政治目的而尊崇孔子，但其主要行动是为孔子立庙并举行国家祭祀，这实际上是将孔子神化，并作为神灵去崇拜，而非真正对儒家思想学说的尊崇。以孔子庙为例，自辽朝初期引进“儒教”以后，辽朝文宣王庙即孔庙不仅数量很少（仅设置在重要的京道州县城内），并且一直扮演着祈福禳灾的“神庙”角色，如辽末天祚帝乾统七年（1107）王鉴撰《三河县重修文宣王庙记》文称：“行盖毕，凡支坏补缺，垒溃覆漏，赭垩之饰尽善，可以固士民祈福之所。”[④]从中可知，文宣王庙在当时是辽朝士大夫及民众祈福的重要场所，而孔子也被等同于神灵。在某种程度上可以说，除了政治文化之外，儒家文化在辽朝民间带有某些宗教的性质。[⑤]

因此，我们可以得出这样的认识：佛教思想文化是辽朝思想文化的主体，并对契丹民族的思想和社会生活产生了重要影响。辽朝佛教

---

① 《萧闉妻耶律欲迷已娘子墓志铭》，刘凤翥、唐彩兰、青格勒：《辽上京地区出土的辽代碑刻汇辑》，社会科学文献出版社 2009 年版，第 164 页。

② 参见杨晶《辽代火葬墓》（《辽金史论集》第三辑，书目文献出版社 1987 年版）及霍杰娜《辽墓中所见佛教因素》（《文物世界》2002 年第 3 期）等文。

③ 黄震云：《辽代的宗教文化（续）》，《民族研究》1996 年第 3 期。

④ （辽）王鉴：《三河县重修文宣王庙记》，阎凤梧主编：《全辽金文》（上），山西古籍出版社 2002 年版，第 612 页。

⑤ 需要指出的是，这种宗教性在中原地区的儒家文化中也是存在的。儒家文化中的祭祀礼仪（如郊祀天地、祭祖）、天命思想都具有宗教色彩，北宋理学也吸收了佛教与道教的思想（如理学家主张的“修养功夫”“静坐”等），带有宗教成分。

文化作为唐代佛教文化的继承与发展，成为契丹民族引进、吸收先进汉文化的重要桥梁：中原佛学思想在辽朝的发展与创新，提升了契丹民族的理论思维水平；佛教节日、葬俗等佛教文化的引入也推动了契丹民族与汉民族在文化习俗方面的趋同。可以说，佛教文化作为先进汉文化的组成部分，促进了契丹民族的发展进步和文明化；从文化认同与融合的意义上说，佛教发挥了汉文化传播桥梁的重要作用，契丹民族正是通过佛教而接受中原文化，并逐步实现契汉民族之间的文化和民族认同。

二　佛教文化推动了契丹民族的文化自觉

辽政权建立以后，出于巩固政权和民族独立的现实政治需要，辽朝统治者和契丹民族也试图在契汉文化融合创新的基础上建构一种新的民族文化体系，这种建构独立文化的需求既反映出契丹民族的文化自觉[①]，也是契丹民族本身文化发展和社会进步的体现。对此，可以从以下几方面理解：

（一）佛学思想是辽朝思想文化独特性与创新性的主要代表。

从辽朝佛学的思想内涵及理论成果来说，佛学思想是辽朝思想文化的创新性和独立性的主要代表：首先，“重教轻禅”与“融禅入教”思想是辽朝佛教思想文化独特性的主要体现。辽朝佛教界继承唐代佛教，延续和复兴了唐代密宗及华严宗、唯识宗等佛教思想，并表现出“重教轻禅”“融禅入教”的思想特色。与此同时，北宋佛教以禅宗为主流，出现了天台宗的复兴；西夏佛教界则同时重视华严宗和禅宗，后期更引入了藏传佛教。相比之下，辽朝佛教表现出与北宋佛教及西夏佛教的显著差异，这种差异正是辽朝佛教思想文化独特性的体现。

① 根据费孝通先生的观点，文化自觉是指生活在一定文化历史圈子的人对其文化有自知之明，并对其发展历程和未来有充分的认识。换言之，是文化的自我觉醒，自我反省，自我创建。这里的契丹民族的“文化自觉意识”，则指契丹民族对发展自身民族文化的主动意识，一方面包括契丹民族对本民族原有文化有意识地继承与保留；另一方面还包括契丹民族主动吸收先进文化促进自身发展的意识。

其次，“显密圆融”思想也是辽朝佛教创新性的重要体现。辽朝佛教界虽然继承了唐朝华严宗和密宗的理论体系及内在理路（融会诸宗思想并强调宗派的独立性），但又表现出与唐朝佛教的不同之处，即根据自身的需要对华严宗、密宗等思想进行选择性的继承。在唐代华严学流派方面，以澄观思想为主体，而对其他宗师尤其是宗密的禅化华严的思想有所保留（坚持澄观“融禅入教”的立场并贬斥南宗禅）；在密宗思想方面，大量引用华严学思想对密宗观行论和解脱境界论进行改造（提出“心曼荼罗”“法界字门”思想等），在密咒仪轨上进行简化（以“准提法”为代表）。更重要的是，辽朝华严宗与密宗并称为“显圆”和“密圆”，两者在思想融合的基础上形成了“显密圆融”的新思想体系。这种选择性继承与新思想体系的形成，正是辽朝佛学思想创新性的主要表现。

此外，在佛经典籍的整理（如契丹版《大藏经》的编纂雕印、房山云居寺石经的雕造）、僧人赐号与授官等方面，辽朝佛教也建构了一套完整而独特的制度[①]。这与其理论思想一起组成为与中原佛教不同的独立佛教思想体系，从佛教文化的主体地位来看，这一体系同时也是辽朝思想文化独特性的代表。

（二）佛教思想反映了契丹民族的文化个性意识

从契丹民族的角度来说，辽朝佛教思想的独特性与创新性是其追求民族文化个性的重要体现，这主要表现为：

第一，契丹民族对佛教的接受和认可是其文化自觉性与主动性的重要表现。契丹民族将佛教作为主要宗教信仰的同时，还积极参与佛教思想文化的传承建设，这主要表现为对佛学理论的深入理解和发展创新，如道宗耶律洪基就是一位精通华严学的佛教大师，辽僧法悟在《释摩诃衍论赞玄疏》中称道宗皇帝：“三乘八藏以咸该，六籍百家而备究……至于禅戒两行，性相二宗，恒切熏修，无辍披玩。”[②]指出道宗

---

① 参见李富华《关于〈辽藏〉的研究》，收入杨曾文、方广锠编《佛教历史与文化》，宗教文化出版社 2001 年版。

②（辽）法悟：《释摩诃衍论赞玄疏》卷一，《大藏新纂卍续藏经》第 45 册，河北佛教协会 2006 年版，第 839 页下。

不仅精通华严学和唯识学（“性相二宗”），并且对律学和禅学也有很深的造诣。结合现存的道宗著作，可知这种评价并不过誉；另一位契丹族义学大师志智也“精究律部，又学经论，性相兼明”[①]，对佛教律学、华严学、唯识学都有深入的研究；出身于皇族的耶律氏永清公主也精通佛学：“尤精浮图氏之宗旨，常必读《华严经》为意。有大丈夫器节，加以好习理性，多以《金刚》《圆觉经》属于贵念。”[②]由此可见，华严学、唯识学等中原佛学思想也成为契丹民族思想文化的重要组成部分。实际上，契丹民族的文化正是以佛教为媒介，在综合契汉文化的基础上形成的。这种对佛教思想的深入理解，一方面体现出契丹民族自身思想文化的发展与进步；另一方面则体现出契丹民族在接受和改造外来先进文化方面的主动性与自觉性。[③]

第二，“显密圆融”思想反映了契丹民族对原有文化的传承保留。密宗修行仪轨中的真言密咒、手印、曼荼罗观想、火供仪式等内容，与契丹民族原始的萨满信仰和巫术活动[④]存在着一定的相似性。以葬俗为例，契丹民族原有的葬俗主要是火葬，根据现有的考古发现，火葬墓在辽墓中占据很大的比例，具体形式包括真容骨灰葬[⑤]及以罐、

① （辽）释即满：《妙行大师行状碑》，阎凤梧主编：《全辽金文》（上），第 614 页。

② 《永清公主墓志》，向南、张国庆、李宇峰辑注：《辽代石刻文续编》，辽宁人民出版社 2010 年版，第 227 页。

③ 需要指出的是，就现有的资料来看，精通佛教义学思想的辽朝佛教高僧多为汉族，体现辽朝佛教思想创新的也主要是汉族高僧的著作，如鲜演《华严经谈玄决择》、道㲀《显密圆通成佛心要集》等，而从现有的辽代佛教经论及金石碑刻资料来看，契丹族僧人在数量及影响力上逊于汉族僧人。此外，据张国庆先生研究，根据对有关辽代家庭佛教文化影响的石刻文字资料的分析统计，从民族分布上看，辽朝的主体民族契丹人家庭受佛教文化影响的大约占 10%，而汉族家庭大约占 90%；从地域分布上看，长城以北的辽朝腹地受佛教文化影响的家庭大约占 20%，而长城以南燕云地区的此类家庭大约占 80%，可见佛教对于燕云地区的汉族民众影响最大（张国庆：《论辽代家庭生活中佛教文化的影响》，《北京师范大学学报 · 社会科学版》2004 年第 6 期）。这实际上与契丹民族接受汉文化的程度，以及辽朝佛教的传播过程有关。

④ 参见朱子方《辽代的萨满教》（《社会科学辑刊》1986 年第 6 期），张国庆：《辽代契丹贵族的天灵信仰与祭天习俗》（《北方文物》1988 年第 4 期）及《辽代契丹人“祈禳”活动的形式、特点及其影响》（《内蒙古大学学报 · 社会科学版》1994 年第 1 期）等文。

⑤ 真容骨灰葬是按照死者的外貌，用木、石等材料雕造成偶像，内部则填充死者骨灰。这种葬俗起源于唐代，是佛教偶像崇拜和中国传统葬俗的结合。

棺、床以及龛等盛殓或放置骨灰，这类墓葬遍布辽朝全境[①]。契丹族和汉族在内的辽朝民众普遍接受了这一葬俗，如辽宁法库县契丹贵族萧袍鲁墓室中就发现有石雕头像，即真容骨灰葬的遗存。[②]此外，契丹民族在葬礼中有献酒、念咒等祭祀活动，史载“契丹父母死，以不哭为勇，载其尸深山，置大木上，后三岁往取骨而焚之，酹而咒曰……”[③]这与佛教的毗荼葬法（火葬）及葬礼佛事中的持念密咒[④]有很大的相似性，火葬一方面是其原有葬俗（“取骨而焚之”）的余续，另一方面更是佛教“毗荼”（火葬）葬法影响的结果。学术界普遍认为，这些火葬墓反映的是佛教对契丹民族和辽朝人生活习俗的巨大影响。[⑤]可见，密宗的流行实际上反映出契丹民族对本民族文化的有意识保留与传承。

最后，辽政权对中原大乘佛教的选择性继承也反映了契丹民族对文化个性的追求。契丹民族和辽政权并没有全面接受唐朝佛教，而只是有意识地选择继承华严宗、密宗等宗派的思想，其佛教体系更接近于晚唐的北方佛教。这表明契丹民族在继承唐代佛教遗产的同时，又显示出文化选择的主动性与独特性。

以上的史料显示出：辽政权和契丹民族对中原佛教思想的选择性继承与吸收，并非仅仅出于宗教信仰的需要，还与民族文化的建构有密切关系。在很大程度上说，辽朝佛教思想的独特性与创新性正是契丹民族文化自觉的重要表现：在符合本民族需要的前提下，对外来先进的佛教文化进行综合和创新，并将其融合改造为具有民族个性的文化体系，这正表现出契丹民族主动建设和发展本民族文化的一种自觉。

---

① 霍杰娜：《辽墓中所见佛教因素》，《文物世界》2002 年第 3 期。

② 冯永谦：《辽宁法库前山辽萧袍鲁墓》，《考古》1983 年第 7 期。

③ （宋）欧阳修：《新五代史》卷七二《四夷附录一》，中华书局 1974 年版，第 888 页。

④ 参见《萧闛葬礼做佛事碑》碑文，刘凤翥、唐彩兰、青格勒：《辽上京地区出土的辽代碑刻汇辑》，社会科学文献出版社 2009 年版，第 161 页。

⑤ 参见杨晶《辽代火葬墓》，陈述主编：《辽金史论集》第三辑，书目文献出版社 1987 年版。

三　佛教文化促进了契丹民族的政治自觉

从思想文化与现实政治的关系来说，辽朝统治者已自觉认识到，建构独特的思想文化体系可以为民族政权的巩固提供思想上的支持与依据。佛教文化在辽政权的巩固方面发挥了重要作用，并进一步促进了契丹民族的政治自觉，以及契丹民族的社会进步。这主要表现为以下几方面。

（一）佛教思想为辽政权的合法性提供了理论依据

首先，“重教轻禅”思想在某种程度上是辽政权标示其独立地位的思想反映。与北宋中原佛教相比，辽朝佛教在理论渊源上主要承袭了唐代的佛教传统，重视具有理论思辨色彩的华严宗、唯识宗等佛教义学宗派，并且尊崇以胎藏界密法为主的密宗。对于晚唐以来逐渐成为中国佛教主流的禅宗思想，辽朝佛教界进行了有意识的批判与贬斥，表现出“重教轻禅”的思想倾向，从而表现出与以禅宗为主流的北宋佛教的差异。同时，作为最高统治者和佛教保护者的辽朝皇帝支持佛教义学宗派，轻视南宗禅思想，这实际上正是辽朝统治者利用佛教彰显其政治独立的思想反映，辽圣宗皇帝焚毁南宗禅典籍的事件可以说是这一政治诉求的典型反映。据当时高丽僧统大师义天为北宋戒珠禅师《别传心法议》所撰的跋文称：“近者大辽皇帝诏有司，令义学沙门诠晓等再定经录，世所谓《六祖坛经》《宝林传》等皆被焚。除其伪妄，条例则《重修贞元续录》三卷中载之详矣。有以见我佛咐嘱之心，帝王弘护之志。而比世中国所行禅宗章句，多涉异端，此所以海东人师疑华夏无人。”[①] 义天记述了辽朝皇帝（圣宗）[②] 下诏将南宗禅经典《六祖坛经》《宝林传》等视为“伪妄”并加以焚毁的行动。义天

---

① （宋）戒珠：《别传心法议》，《大藏新纂卍续藏经》第 57 册，第 57 页。笔者引用时对原文的标点和断句错误做了部分订正。

② 按诠明为辽圣宗时人，校定大藏经之事在圣宗统和年间（983—1012），则这里所说的“大辽皇帝”当指辽圣宗耶律隆绪。对此，可参见李富华《关于〈辽藏〉的研究》（收入杨曾文、方广锠编：《佛教与历史文化》，宗教文化出版社 2001 年版）及罗炤《有关〈契丹藏〉的几个问题》（《文物》1988 年第 11 期）。

（1055—1101年）作为辽道宗时代的高丽佛教领袖，距圣宗统和年间不远（因此称“近者”），其记述应当是可信的，他还对圣宗的行动表示了支持和认可（“有以见我佛咐嘱之心，帝王弘护之志”）。圣宗的禁毁禅典行动与义天的议论，无疑都是对北宋禅宗（即以“文字禅”为特点的北宋禅宗）的轻视与否定。

辽朝统治者及佛教界“重教轻禅”的风气在道宗朝更为明显。道宗皇帝具有辽朝佛教界“教主”的身份，如密宗大师觉苑就称辽道宗皇帝为“密教司南”[①]，道辰殳在《显密圆通成佛心要集》中也称道宗为“天佑皇帝菩萨国王”[②]（天佑皇帝为辽道宗的尊号）。辽道宗作为辽朝政界和佛教界的共同领袖，其“重教轻禅”态度更能代表辽朝佛教界的整体认识及其背后的政治诉求。道宗对待禅宗的态度，觉苑在《大日经义释演密钞》中已经明确指出：“我天祐皇帝圣哲在躬，睿摸出俗，穷性相二教，擅南北两宗，戒勖斯流，须示佳句曰：欲学禅宗先趣圆，亦非著有离空边，如今毁相废修行，不久三涂在目前。乐道之流宜书诸绅尔，故曰着是空等。”[③]道宗在这里明确表示，修行圆宗（华严宗）是禅宗修行的前提，只有先通达华严圆宗的义理思想，才能在禅学修行方面取得成果。修禅“体空”不能离开对“法相”（义理）的体悟思辨，道宗的这段“佳句”明白地显示出对华严教学的尊崇，以及对抛离华严学而修禅的批判，可以说是鲜明的“重教轻禅”和“融禅入教”论。

从政治层面来说，辽圣宗禁毁南宗禅著作的行动，以及道宗皇帝的“重教轻禅”“融禅入教”思想，都明显反映出辽朝统治者对于南宗禅思想的否定，结合禅宗在北宋佛教中的主体地位来看，这种否定表明辽政权希望建立一种不同于北宋佛教的独特佛教体系，并以此为辽朝的正统性和政权的巩固提供思想文化方面的支持。由上文的论述

---

① （辽）释觉苑：《神变加持经义释演密钞序》，阎凤梧主编：《全辽金文》（上），第444页。

② （辽）道厄殳：《显密圆通成佛心要集》，《大正新修大藏经》第46册，新文丰出版公司1984年影印版（以下版本同），第1004页中。

③ （辽）觉苑：《大日经义释演密钞》卷十，《大藏新纂卍续藏经》第23册，第657页下。

可知，圣宗时期辽朝统治者的正统观念初步建立，道宗朝则是辽朝正统观全面建立的时期；与此同时，“重教轻禅”“融禅入教”也是辽朝统治者和佛教界的普遍认识。从这一角度来说，辽朝佛教思想界顺应了辽朝政治上巩固政权的现实需要，而佛教思想本身也成为辽政权追求正统和独立地位的理论依据和重要标志。结合当时辽宋并立、并以“南北朝”形式平等交往的政治形势来看，辽朝统治者必然要求在思想文化方面为辽朝的独立政治地位提供理论支持，而辽朝佛教界的上述思想正顺应了这种政治诉求。

其次，佛教思想界承认辽朝的正统及中国地位。辽圣宗、兴宗、道宗及天祚帝时期是辽朝正统观念和中国观由确立到不断强化的时期[①]，同时也是辽朝佛教不断发展并走向鼎盛的时期。在此过程中，辽朝佛教思想也提供了相应的思想依据：即强化宗派观念并重视对诸宗派思想的融合。以华严宗和密宗为例，辽朝的华严学匠和密宗学匠都强调本宗派是包容佛教各宗、并超越其上的最高“圆宗”，并试图围绕本宗派的思想融会其他宗派思想，鲜明地表现出对本宗派至上、唯一地位的肯定。结合当时的历史背景来看，辽朝佛教界的这一思想趋势正是辽政权追求“正统”和“中国”地位的抽象反映。此外，佛教界也对辽朝“正统”及“中国”地位给予了充分的肯定，如太康七年（1081）释行阐撰《义丰县卧如院碑记》称：“伏维今皇帝璿衡御极……礼乐交举，车书混同；行大圣之遗风，钟兴宗之正体。东韩西夏，贡土产而输诚；南宋北辽，交星轺而继好。”[②]这里提到的“礼乐交举，车书混同”是对道宗继承华夏礼乐文化的赞誉，也是对辽朝作为文化和政治的正统继承者的肯定；“东韩西夏，贡土产而输诚；南宋北辽，交星轺而继好”则是将辽朝视为与北宋并驾齐驱，并且使高丽和西夏臣服的中央王朝。从现实的政治作用来看，辽朝佛教思想为辽政

① 参见宋德金《辽朝正统观念的形成与发展》(《传统文化与现代化》1996年第1期)，郭康松《辽朝夷夏观的演变》(《中国史研究》2001年第2期)，刘扬忠《辽朝“中国”化的历史进程及其文学书写》(《华夏文化论坛》2007年第2期)，赵永春《试论辽人的“中国”观》(《文史哲》2010年第3期)等文。

② （辽）释行阐：《义丰县卧如院碑记》，阎凤梧主编：《全辽金文》(上)，第437页。

权与北宋之间的政治平等地位、辽朝的“正统”及“中国”地位提供了重要的理论支持，从而为辽政权提供了“合法性”论证。

（二）提倡佛教文化是巩固多民族政权的重要措施

从民族构成上看，辽政权是一个以契丹民族为统治民族的多民族国家。如何妥善地处理好境内各民族之间的关系并保证政权的稳定，是辽政权的重要政治课题，而佛教文化的开放性与包容性正利于多民族政权的巩固与发展，这也是契丹民族大力提倡佛教的重要原因。[①]对此可从以下几方面理解。

首先，“真心”思想为辽政权的思想和政治统一提供了理论依据。“真心”思想是辽朝佛教思想界的核心理论，在理论内涵上具有很强的包容性，并为华严宗、天台宗、唯识宗、禅宗等佛教各宗派思想的综合统一提供了重要的理论基础。从现实作用上说，“真心”思想的这一特征正迎合了辽朝统治者对思想和政治统一的要求，这在辽道宗的佛学思想中有着集中的体现。从道宗对华严圆宗的提倡及其《释摩诃衍论御解》的核心内容来看，他的主要意图是以真心思想为核心，建立一个综合性的佛教体系，并以此实现诸宗思想的圆融统一；结合辽朝统治者的现实政治需要来看，道宗皇帝试图利用佛教思想来实现统一辽朝思想界和辽朝社会的政治目的，“真心”思想则为此提供了本体论方面的理论依据。

---

① 对此，日本学者野上俊静曾指出：“原来对辽朝来说最重大的课题是如何加强国内诸民族的融合。特别是作为国家中心的契丹人和掌握文化才能的汉人之间，如何达成结合的问题。在这种场合，如果采用作为中国本土宗教思想的儒教、道教的话，就会出现意想不到的结果。这是因为儒教、道教拥有必须分辨华夏和夷狄之间优劣差别的思想。六朝以来儒教、道教方面对佛教责难的有力根据之一，就是说佛教是夷狄之教，是低劣的。认为儒教、道教是汉族的宗教思想。因此，作为夷狄国家的辽，如果采用儒、道二教作为指导理论的话，以契丹人为国家中心的局面必然遭到批判。这将导致辽朝最大的自我矛盾。总之，作为世界宗教的佛教，在这一方面是极其适合辽的需要的。佛教没有民族的阶级的差别观。不仅如此，佛教还有顺应各民族国家的性格。对容易发生民族对立意识的辽这种复合国家，具备最适宜传播性格的宗教只有佛教。”见［日］野上俊静著，杨曾文译：《辽朝与佛教》（收入北京佛教文化研究所编：《辽金佛教研究》，金城出版社 2012 年版）。对于野上俊静先生将儒家文化的“儒教”称为“宗教”，并将辽朝称为“复合国家”等说法，似乎还有继续探讨的必要，但他对于佛教对促进民族融合的作用，以及儒道思想的狭隘性等方面的结论，却是值得肯定的。

其次，“圆融”思想为缓和社会矛盾和促进民族融合提供了理论依据。从消泯民族矛盾、巩固辽政权的政治作用来看，辽朝佛教发挥了国教的作用。以辽朝华严学为例，华严学主张的“法界圆融”“理事无碍”等“圆融”思想，为消除民族间的文化差别及不同社会阶层的对立提供了理论依据；华严思想强调万法在真理本体层面是统一的，佛教的各种法门和宗派思想都是一个彼此联系的整体，这也有利于论证不同民族，尤其是少数民族与汉族之间的平等和统一。从这些方面来说，契丹民族和辽朝政权选择佛教思想文化作为其精神支柱和主体文化，正与佛教思想的平等性和包容性有关。辽朝统治者对于佛教的支持，其现实目的正在于以佛教文化为桥梁，实现政权的巩固和境内各民族的团结。

正是出于这些原因，华严学和密宗成为最受辽朝统治者青睐的思想体系。以辽道宗耶律洪基为例，他“颁行《御制华严经赞》”(《辽史》卷二十二《道宗纪二》，第267页)，以华严思想注疏《释摩诃衍论》；并礼遇鲜演、法悟、志福等华严学匠，以及觉苑等密宗高僧；此外，道宗皇帝赐予当时著名高僧的德号，多为“圆通”“诠圆”“通圆”等。结合辽政权的政治课题来看，作为辽政权的最高统治者，辽道宗对“圆融”思想的重视并非出于单纯的宗教信仰，而与消泯民族矛盾、巩固统治的政治诉求有关。从现实的政治作用来看，辽朝佛教确实发挥了国教的作用，即论证政治和思想的统一、现存统治秩序的“正统”与合理，以及消解民族和社会矛盾等，这也正是辽道宗以佛教“十善治民”[①]的用意所在。同时，这种统一思想及消解民族矛盾的政治需要，也在很大程度上促进了辽朝佛教思想的发展，并加速了各宗派思想的融合统一。更为重要的是，华严信仰和密宗信仰作为契丹与汉族的共同信仰，具有消解民族矛盾和促进民族文化认同的积极作用。佛教的“圆融”思想还与契丹民族和辽政权的“中国”观相应，在思想上消除了“华夷之别”的界限，促使契丹民族以华夏民族自居、辽政权以中

① （辽）赵孝严：《神变加持经义释演密钞序》，阎凤梧主编：《全辽金文》（上），山西古籍出版社2002年版，第444页。

原王朝自居，从而实现了契、汉民族的文化认同和融合。

此外，辽朝佛教所提倡的“忠君护国”思想也发挥了稳定统治的作用，这在辽代经幢记文及佛教题记中有许多例证，如辽圣宗开泰二年（1013）王桂撰《佛顶尊胜陀罗尼石幢记》称：“奉为神赞天辅皇帝、齐天彰德皇后万岁，亲王公主千秋，文武百僚恒居禄位。风调雨顺，海晏河清，一切有情，同霑利乐。”① 即祈求国泰民安，以及统治者的长寿；统和二十一年（1003）《称赞大乘功德经》题记则称：“庶几报诸佛恩，除小乘病，最极最大，至微至妙，利国利家，济时济物，无如此经也。”② 则强调佛教在护国护家方面的重要作用。

从辽朝佛教发挥的以上政治作用来说，辽朝佛教文化已经成为契丹民族巩固民族政权和彰显政治独立的文化标志。同时，佛教与辽朝政治之间的这种密切关系，也反映出契丹民族在改造和利用中原文化方面表现出的发展和进步。

综上所述，辽朝佛教文化在思维水平、精神生活、风俗习惯等方面促进了契丹民族的文明进步，并成为契丹民族彰显文化民族性和创新性的重要标志；从辽朝与北宋、西夏等政权并立的历史背景来看，辽朝佛教思想文化与辽朝统治者的正统意识和巩固政权的现实需要互为表里，在很大程度上为辽政权的合法性论证和社会矛盾的消解提供了理论依据。同时，契丹民族对中原佛教文化的接受与吸收，也与它们对儒家政治文化的引进与学习相辅相成，共同推动了中原汉文化的传播，并在宗教信仰、社会思想、观念习俗等方面促进了契丹民族的文明化以及契、汉民族之间的文化认同。

① （辽）王桂：《佛顶尊胜陀罗尼石幢记》，阎凤梧主编：《全辽金文》（上），第 169 页。
② 山西省文物局、中国历史博物馆编：《应县木塔辽代秘藏》，文物出版社 1991 年版。

思想史研究理论与方法

实事求是：中、韩实学的精髓及“近代转折”的思想史前提

王　锟
（浙江师范大学 孔氏南宗与传统文化研究中心）

摘　要：中、韩学术的交流互鉴，实学是非常重要的课题。中、韩均有丰富的实学传统，其兴起都源于两国思想家对性理之学空疏流弊的反动。因此，实事求是成为中韩实学家共同的主张，是中韩实学思想的精髓。比较中、韩实学实事求是思想的内涵就会发现：两者都有格物致知、经世致用和开化改良三个面向，不同处则在于其变迁转向的历史时间和程度规模。不仅如此，实事求是还是中、韩两国转向近代化的精神动力和思想史前提。

关键词：中韩实学；实事求是；近代转折

中国与韩国均有丰富发达的实学思想，两国的实学既有共享特征，又有各自特点。中、韩实学间的交流互鉴，了解双方共享特征很重要。那么，何为中、韩实学共享的特征呢？要了解中、韩实学的共通性，得先了解中、韩实学的基本特征。关于中国实学的基本特征，葛荣晋教授曾有较好的概括，他认为实学是一种“求真务实”之学，中国实学的核心价值是实事求是、经世致用、知行合一。[①] 以

① 葛荣晋：《走向世界的中国“新实学”：在“中国实学研究会成立20周年学术座谈会”上的讲话》，《哲学动态》2013年第2期。

“实事求是、经世致用、知行合一”作为中国实学的核心价值，准确地道出了中国实学的特征。其他学者虽有不同提法，但大致不出此三点概括。千宽宇在《磻溪柳馨远研究》中把朝鲜实学的特征概括为“自由性”“科学性”和“现实性”三个方面。[①]其中的“科学性”和“现实性”实质就是“实事求是”。朱红星等人在《朝鲜哲学思想史》中认为朝鲜实学有五个特点：以实证、实用为特征的实事求是；以民为本的民主思想；反对事大主义，强调民族自主精神；以“托古改制”为形式的社会改革；气一元论的哲学思想。[②]以上学者对韩国实学特征概括虽有较大差异，但都认为“实事求是”为韩国实学的基本特征之一。

比较中、韩实学的基本特征就会发现，实学的特征虽有多样性，但实事求是是中、韩实学共享的特征。可以说，实事求是为中韩实学思想的精髓，是贯穿于中韩实学思想史的红线。

一　实事求是对性理之学空虚弊病的反叛

中、韩实学的兴起及实事求是思想的提出与性理之学流弊直接相关。实事求是对性理之学空虚弊病的反叛，认为占有主流地位的性理之学流于空疏和僵化保守，难以适应问题丛生的社会现实。

1. 中国实学的兴起是对宋代理学空疏面向的反动

实事求是的观念虽可上溯汉儒的文献考据活动，但较系统的实学思想则始于浙东学派吕祖谦、陈亮、陈傅良等人对南宋道学空疏倾向的纠弊。南宋乾道、淳熙期间，主抗战恢复、反对苟安和议已成为浙东学派的主流。婺州吕祖谦反对空谈性命，主张“讲实理，育实才而求实用”[③]，成为浙东实学的思想领袖。永康陈亮批评当时士大夫耻言文章行义，而曰“尽心知性”，居官者耻言政事书判，而曰“学道爱人”，

① 葛荣晋主编：《韩国实学思想史》，首都师范大学出版社2002年版，第23页。
② 葛荣晋主编：《韩国实学思想史》，第23页。
③ （宋）吕祖谦：《吕东莱文集》卷二《大学策问》，中华书局1985年版，第21页。

相蒙相欺尽废天下之实，则亦终于百事不理而已！[①]“今世之儒士，自以为得正心诚意之学者，皆风痹不知痛痒之人也。举一世而安于君父之仇，而方低头拱手以谈性命，不知何者谓之性命乎！”（《陈亮集》卷一《上孝宗皇帝第一书》，第9页）受吕祖谦、陈亮等人的感染，永嘉陈傅良、叶适也反对儒生空谈心性，主张经世事功之学，切实力行，以图北伐恢复。南宋以吕祖谦、陈亮、陈傅良等人为代表的浙东事功之学，是中国实学思想的初鸣。

明代后期阳明后学流于空疏，人们多把明代的衰亡归因于阳明后学的空疏之弊，这刺激了明末清初经世实学的勃兴。吕思勉曾指出，明末清初对心性之学的批判，综所攻击，不外两端：一病其空虚无用，一以为不近人情而已。前说可以清之颜习斋为代表，后说可以戴东原为代表。然二家所攻，实皆理学末流之弊。[②]明末清初的实学和朴学反对宋明理学杂染佛道、溺于空虚的形上学，认为宋明理学大讲天道、性命而偏离了儒学正宗，主张回归周、孔（孟）；在为学工夫上他们反对理学家的玄思静坐，主张实学和考据之学。黄宗羲、戴震等人重新发掘儒家经籍史著中的制度礼法，开启生活世界、礼乐制度的儒学。他们不同程度上拒斥了宋明理学的“心本”“理本”，强调以气为主（理是气之条理、心是气之精）的天道观，进而强调与气质之性相关的情感欲望，强调孔孟文章制度及实学实践的重要性。戴震、颜元对宋明理学最大的批评是认为理、心、性、道（太极）来自老庄、释氏的“神识”，具有空虚寂灭的面向，相对于生活世界的万事万物，它们有超越而不食人间烟火的一面；认为宋明儒家所讲所见的道理，不是先秦儒家从生活世界中讲的道理、不是从器物中见的道理。明末清初的实学以考据学的面目呈现，这些考据大家以汉代成型的经史学为基干，力图建构“真正的孔孟”——实事求是的本色儒学，来对抗宋明程朱陆王的心性之学。明清实学家认为，儒学的本色是实事求是，程朱陆王性理之学偏离了儒学本色而趋向“虚”，而实事求是强调一个“实”。

---

① （宋）陈亮：《陈亮集》卷十五《送吴允成运幹序》，中华书局1974年版，第179页。

② 吕思勉：《理学纲要》，江苏文艺出版社2008年版，第199页。

仔细分析便发现，性理之学的“虚”可细分为“虚理”（即认为对形上学之理、气、太极阴阳的追问，对性命道理的辩论追问是空虚的、来自于佛老的）、虚心（对已发未发、寂感、体用动静、道心人心等的体认涵养而形成一个虚静境界、一个不近人情的理想的空灵之心）、虚事（即认为如汉儒那样聚焦于经典烦琐的章句训诂尤其朱、王的传注是无用的事情）、无用（即掌握这些虚理、沉溺于虚事，在对治现实问题方面无用无效）。而实学的“实”内涵着实理（人事社会、自然万物之中具有的道理）、实心（人的具体的心理性情）、实事（通过观察、实验来理解自然现象；通过考辨、训诂古代经史著作来把握圣贤之道；通过考察财税、军事、漕运、钱粮、官职等纠弊现实问题）、实用（以实理、实心、实事来对现实生活产生事功实效）。总之，明清实学以实事求是之“实”，反对宋明性理之学之“虚”，将实学思想推向了高潮。

2. 韩国实学的兴起是对性理学的反动

朱子学自 14 世纪传入朝鲜后，到李退溪、李栗谷（简称“二李”）时已达到了顶峰，成为朝鲜的主流哲学。朝鲜王朝后期，尤其在倭寇入侵（1592—1593）和女真入侵（1636—1637）后，内外交困，危机重重。两班贵族腐败无能，作为统治思想的“二李”性理学及其末流只是整日围绕“四端七性之辨”“人物性同异论”和“礼讼”等问题展开激烈辩论，在辩论中分裂成许多政治派别，性理学逐渐成为党争的工具。[①] 性理学者无法应对壬辰倭乱之后出现的社会政治危机，而引起实学家的批判。

17 世纪初，实学先驱李睟光指出：性理学“虽有志于学，不能实用”，“以致绩用无不成，治效蔑著，国事日以委靡，朝纲日以紊乱，是则无他，皆坐不实之病也”。他主张“以实心而行实政，以实功而致实效，使念念皆实，事事皆实，则以之为政，而政无不举，以之为治，而治无不成”[②]。丁若镛指出：“今之为性理之学者，曰理，曰气，曰

① 葛荣晋主编：《韩国实学思想史》，第 2 页。

② 李睟光：《芝峰集》卷二八，《秉烛杂记》卷二二，《条陈懋实札子》，转引自葛荣晋主编《韩国实学思想史》，首都师范大学出版社 2002 年版，第 3 页。

性，曰情，口体，曰用，曰本然气质，理发气发，已发未发，单指兼指，理同气异，心善无恶，心善有恶三干五桠，千条万叶，毫分缕析，交嗔互嚷，冥心默研，盛气赤颈，自以为极天下之高明，而东振西触，捉毛脱头，门立一帜，家筑一垒，毕世而不能决其讼，传世而不能解其怨，入者主之，出者奴之，同者截之，疏者伐之，自以为窃所据者极正，岂不疏哉。”[①] 这是对性理学家沉溺于“四端七性之辨”，党同伐异而空疏无用的尖锐批评。18世纪中后期实学家朴齐家指出，性理学之弊不在“穷理”，而是“初学后生高谈性命”而“不急于实用耳”。[②] 正是在这种“急于实用”的思想指导下，实学家们开始从空疏的性理学中解脱出来，把主要精力放在天文、地理、数学、医学、农学、历史、军事、文学、语言、风俗、音乐、科技、工商、交通等领域，努力探求经世之方。安鼎福则批评性理学者“以下学为卑贱而不屑焉，常区区于天人性命、理气四七之说。”[③] 19世纪前期的著名实学家崔汉绮批评性理学的“不实之病”，提出著名的“实理”说。

总之，韩国的实学家反对性理学空疏之弊，提出了实理、实心、实事、实效的实学，各家侧重点虽有不同，但不脱离实事求是的精神。由此可见，中、韩实学都是反对性理之学流于空疏，脱离实际，不能解决各自的政治社会危机。韩国的“实理、实心、实事、实效”的实学主张，与中国的“实理、实才、实用”的实学主张，都是对实事求是精髓的经典论述。当然，仔细比较中韩实学就发现二者的明显差异：中国的实学家主要是反对王学的空虚，朱子以格物致知的实事求是反而是他们走向实学的媒介和援手；而韩国的实学家主要反对朱子学的性理学（除李瀷外），这与朱子学是朝鲜儒学的主流而阳明心学一直处于边缘的历史现状有关。

---

① 丁若镛：《与犹堂全书》卷十一《五学论一》。转引自葛荣晋主编《韩国实学思想史》，首都师范大学出版社2002年版，第2页。

② 葛荣晋主编：《韩国实学思想史》，首都师范大学出版社2002年版，第346页。

③ 安福鼎：《顺庵先生文集》卷一九《题下学指南》，转引自葛荣晋主编《韩国实学思想史》，首都师范大学出版社2002年版，第5页。

二　中、韩实学的实事求是之面向及变奏

在中、韩实学思想发展史上，实事求是的精神表现出不同的面向和有趣的变奏。

1. 中国实学实事求是之面向

中国的实学源自南宋浙东学派而在明末清初大盛，清代中期转型为考据学，出现低潮和歧路，在晚清转变为开化改良的实业救国思想。

中国实学的实事求是虽可上溯汉儒文献学的实事求是，但真正成熟于朱子以格物致知为内核的实事求是。朱子的实事求是思想在继承汉儒文献学的实事求是基础上，提出格物穷理为内涵的实事求是，完成了实事求是从文献学向哲学认识论的一大转向。格物穷理之学是朱熹对中国哲学的伟大创造之一，其宗旨是批评佛老及陆学的空虚，有强烈的求实求真倾向。朱子的格物穷理，其精义就是从日常存在的事物之中探求事物之理。可见，朱子的格物穷理蕴含着实事求是的精神。特别值得注意的是，朱熹的“是”，虽有真实的含义，但已不是书籍或事物真实面目，而是道理和法则之义。其所用的方法，不仅是无证不信的归纳法、实证法，而且更重视推理论证和演绎之法。有意思的是，朱熹以格物致知为内涵的实事求是，被浙东实学的领袖人物吕祖谦所接受，并被他以“讲实理”一词予以精辟的概括。

明末清初的实学家顾炎武、王夫之、黄宗羲、李二曲、孙奇峰、颜元、李塨等人反对阳明后学的空疏，从哲学方法上走向朱子以格物致知为内涵的实事求是（虽然他们对朱子的理气说、性理之说均有批评），他们更重视实事实证，探究事物之实理，通经以求道。清代考据学家表面上似乎又转向汉代以文献考据为内涵的实事求是，然而他们主张经学即理学，通经以明道，明道以致用，考据学家主张以礼代理，由精求训诂而达致“圣贤之道”，仍然如明末清初的顾、黄、王等人那样寻找经国济世的道理。总之，中国的实学思想，从南宋浙东学派的初兴到明末清初实学鼎盛，其实事求是的精神具有格物致知与经世致用的双重面向。

这种对实事求是精神的追求，在晚清便演变为开化改良的实事求是。从湖湘的曾国藩、谭嗣同，广东的康、梁，永嘉的三陈、宋恕等人走向学习西方的改良、革命道路，转向利用厚生的实事求是，其中以晚清永嘉学派最具代表性。孙诒让、陈虬与陈黻宸、宋恕等近代永嘉改良派思想家、医学家和实业家较早接触西方近代的科学技术、学校教育和政治思想，大力学习新学，通过议变法、办实业、兴学校，力图开通民智，革新政治，探索救国图强之道。故他在教育、实业、政治方面的启蒙实践一直被学界所瞩目。可见，晚清实学的实事求是之内涵，表现为开化改良的面向。

2. 韩国实学实事求是之面向

梳理韩国实学思想史就发现，韩国实学大致经历初创、鼎盛和转型三个时期。初创期（17—18 世纪）是以李晬光、梁得中、柳馨远等为代表的实学思潮。鼎盛期（18—19 世纪）是以李瀷、申景睿、魏伯珪和黄胤锡为代表的经世致用派，以洪大容、朴趾源、朴齐家为代表的利用厚生派。丁若镛在总结各派实学思想的基础上，成为朝鲜古典实学的集大成者。转型期是 19 世纪中期之后以崔汉绮、朴珪寿和南秉哲为代表的实学家，开始由古典实学向近代开化思想转化。

相对于中国，韩国实学家对实事求是的解释更加清晰明确。梁得中说：“所谓实事者，其人其职所当为之事也。事物求是者，朱子所谓惟事事审求其是，决去其非。”[①]认为要拯救时弊，就必须以“实事求是为务”[②]，肯定“理则实理，心则实心，学则实学，事则实事”[③]。很明显，这种实事求是之内涵，与朱子、吕祖谦的格物致知为内涵的解释一致，但显得更明确有条理。

韩国实学的实事求是也有经世致用的面向。韩国实学颇受中国实学的影响，李瀷发挥顾炎武的经世致用论，提出了“穷经将以致用”

① 梁得中：《德村集》卷二《辞召旨书》，转引自葛荣晋主编《韩国实学思想史》，首都师范大学出版社 2002 年版，第 189 页。

② 梁得中：《德村集》卷三《等对筵话》，转引自葛荣晋主编《韩国实学思想史》，首都师范大学出版社 2002 年版，第 24 页。

③ 梁得中：《德村集》卷三《辞别谕诏命书》，转引自葛荣晋主编《韩国实学思想史》，首都师范大学出版社 2002 年版，第 24 页。

的观点。他说："穷经将以致用也，说经而不措于天下万事，是徒能读耳。"[①] 朴硅寿曾以燕使身份赴华，受到以顾炎武、阮元等为代表的实学思想的影响，回国后他也主张经学即理学，以礼代理，由精求训诂而达致"圣贤之道"。金正喜专作《实事求是说》一文，认为"实事求是"一语"乃学问最要之道"，"若不实以事而但以空疏之术为便，不求其是而但以先人之言为主，其于圣贤之道未有不背而驰者矣"。[②]

韩国后期实学的实事求是则转向开化改良的面向。19世纪中期之后，为了应对国家与民族危机，以崔汉绮、朴珪寿和南秉哲为代表的实学家主张政治经济社会的改良革命，提高民众生产生活水平，以经世致用为内涵的实事求是转向开化改良的实事求是。

比较中、韩实学实事求是思想的内涵就会发现，二者都有格物致知、经世致用和开化改良三个面向，不同处则在于其变迁转向的历史时间和程度规模有差异而已。

三　实事求是乃是中韩近代转折的思想史前提

综上所论，中、韩实学思想虽有诸多不同，但它们都是对性理之学空疏之弊的反动，故主张实理、实心、实事、实政、实效，体现了无可辩驳的实事求是精神；而且，在各自历史的演进过程中，此种实事求是精神都呈现出格物致知、经世致用和开化改良三个面向。由此可见，实事求是为中、韩实学思想的共享特征，具有某种本体论意义，它是贯穿于中韩实学思想史的红线。

更重要的是，实事求是精神是中、韩转向近代化的精神动源和思想前提。众所周知，东亚社会走向近代化的动力问题曾是思想史研究的焦点。一些欧美学者囿于"西方中心主义"立场，提出著名的"挑战—应战"解释模式，认为东亚走向近代化是西方力量刺激的结果，

① 李瀷：《星湖僿说类选》卷六上《诵诗》，转引自葛荣晋主编《韩国实学思想史》，首都师范大学出版社2002年版，第10页。

② 金正喜：《金正喜先生文集》卷一《实事求是说》，转引自葛荣晋主编《韩国实学思想史》，首都师范大学出版社2002年版，第384页。

即激发东亚走向近代化的动力是外生的。不满于“挑战—应战”解释模式，一些东亚学者从东亚自身的历史演进过程中寻找近代化转向的动力，提出“内生性”解释模式。然而遗憾的是，在探寻这种“内生性动力”时，中日韩学者多从主体意识层面尤其从阳明心学的视角寻找近代转折的思想史前提。如果分析他们肯定的主体意识观念——如自我意识、欲望的肯定、主体能动性及勇于变革意识、反传统、泰州学派的平民品格、工商皆本等列项就会发现，这与西方的个人主义、反传统的自由主义、平等说、市场经济等所谓的“近代性”一致甚至一一对应，后面潜藏着阳明心学的影子。也就是说，人们多把阳明心学尤其“左派王学”视作近代转向的内生精神动力或思想前提。[①]但这是颇为“诱人的误解”！实际上，我们应从实学的实事求是的精神来寻找中、韩近代转折的思想史前提。因为西方走向近代化的最初精神动力，不是所谓的个人主义、自由主义、欲望的肯定放纵，而是西方新教精神与禁欲相关的“工作伦理”、启蒙时代的理性主义和实证主义。很明显，中、韩实学的精髓——实事求是，它所展现的格物致知、经世致用和开化改良的面向，更具有科学性、客观性、实用性、自律性，它与近代的市场经济的企业伦理、科学精神、实用技术、规则意识更加吻合。一个有力的注脚便是17、18世纪的中韩实学家均受到西学（尤其数学、天文、地理、医学、实用技术、实验精神）的吸引，其中所蕴含的科学性、实用性、实证性对推崇实事求是的实学家有巨大的影响力。[②]可以说，实学实事求是的精髓才是中韩近代转折的思想史前提。

① 参见王锟《从思想到学术：20世纪阳明学研究的流变与走向》，《贵州师范大学学报》2016年第2期。

② 相关论述，详见梁启超《中国近三百年学术史》，中国华侨出版社2007年版，第6—7页；葛荣晋主编：《韩国实学思想史》，首都师范大学出版社2002年版，第38—40页。

试论认知科学和中国思想史的跨学科研究

——以道家思想史为例

夏绍熙
（西北大学 中国思想文化研究所）

摘 要：认知科学与中国思想史的跨学科研究有助于推动当代人对古老中国文化的深入理解。以道家思想史与认知科学的交叉融合研究为例，这种实践促使我们更好地认识道家文化传统如何思考问题、解决问题、如何感受世界、如何进行选择和采取行动，其中蕴含了许多真知灼见。

关键词：认知科学；中国思想史；跨学科；道家思想史

认知科学与中国思想史看起来是两个相距遥远的领域，是否有必要对二者进行融合会通的研究呢？我们认为答案是肯定的：认知科学与中国思想史的交叉融合将有助于推进我们对人类心智奥秘的深入了解。认知科学是围绕破解人类心智之谜而形成的跨学科研究领域，从整体上看，其研究方法和内容都极具开放性和包容性。中国思想文化的主题在于探讨天与人的关系问题，侧重于探讨人生在世如何经邦济世、安身立命，常见的提法如：修齐治平；人能弘道，非道弘人；道不远人；人者，天地之心；人文化成；上下求索；问道、闻道、明道、体道；道法自然；道兼于天；致虚、守静；心斋、坐忘；独与天地精神往来；明心见性等。中国思想文化没有将天与人做主客二分式的理解，常常是谈天不离人，谈人也不离天，注重人对天地间万事万物的体察、觉悟，注重人生天地间如何做人、成人。这些问题多多少少都与人心有关，人心一点灵明是人与天地相连相通的枢纽，所以古往今来，在中国思想文化中积累了许多探索人的心性的资料，其中包含着许多对于人类心智奥秘的洞见。中国思想文化的宝藏足以为深入探讨人类心智之谜提供许多值得研究的问题和启示，这对于深入发展当代认知科学同样具有重要的意义。

一　认知科学与中国思想史的交叉融合

认知科学的不断发展将为研究中国思想史提供一条可行的途径，而中国思想史研究取得的成果也能够进一步深化认知科学对人类心智之丰富性、创造性、深刻性的理解。以下从两个大的方面论述促进认知科学与中国思想史研究二者互动交融的重要性和必要性。

第一个方面是，认知科学自诞生之日起就处在不断丰富和发展之中，中国的认知科学研究方兴未艾，脑与认知科学研究被提到国家科技战略的高度，在许多方面也取得了重要进展，这些是探讨认知科学与中国思想史交叉融合的必要基础。

从时间上看，认知科学经历了第一代和第二代的发展。第一代认知科学从20世纪50年代认知科学萌芽到80年代后期，第二代认知科学从80年代后期至今。总体而言，第一代认知科学将人脑与神经系统产生心智的过程与数字计算机程序运行的过程进行类比，在推理上重视符号运算和形式分析，坚持从第三人称的角度来看待人类心智，认为心智研究不涉及人的主观体验，推理活动在大脑之中进行，是独立于感知和身体运动的。在这种背景下，表征—计算理论成为第一代认知科学的基本假设和工作范式，力图对人类认知活动进行规则清晰的解释和说明，认为认知活动的过程就是信息处理的过程，可以通过计算机对认知活动进行模拟。随着计算机科学或人工智能的不断发展，我们有望彻底了解人类认知活动的本质。

但是，信息处理难以对人类认知活动进行全面如实的刻画，第一代认知科学的研究路向面临诸多挑战和质疑。萨伽德指出对心智的计算—表征理解（英文简称 CRUM）忽视了心智的许多重要方面，至少面临七个方面的挑战：一是大脑挑战，CRUM 忽视了有关大脑是如何思维的关键事实；二是情绪挑战，CRUM 忽视了情绪在人类思维中的重要作用；三是意识挑战，CRUM 忽视了意识在人类思维中的重要性；四是身体挑战，CRUM 忽视了身体在人类思维与行动中的贡献；五是世界挑战，CRUM 忽视了物质环境在人类思维中的重要作用；六是动力学系统挑战，心智是一个动力学系统，而非计算系统；最后是社会性挑战，CRUM 忽视了人类思维固有的社会性。[①] 因此，计算虽然重要，但毕竟只是人类理解世界的一种方式，人类还可以通过其他方式来把握和体验我们生活的真实世界。第二代认知科学是在对第一代认知科学的基本思路进行反思、批判和质疑的基础上发展起来的，其研究纲领可概括为“涉身—交互认知科学研究纲领”[②]。这个纲领突出了人类认知活动的身体性、情境性和非表征性特点。身体性或涉身性是第二代认知科学的一个出发点，其主旨是把身体及其活动视为人类认知活动的基本构成要素。情境性则强调人类身体与特定环境的交互作用使人类认知活动得以展现出来，身体而不是任何心灵主体与自然环境和社会环境进行实时互动，从而形成一个动态的认知系统，对这个认知系统进行探索可以解释人类认知活动的诸多特征。第二代认知科学的代表人物乔治·莱考夫和马克·约翰逊宣称：

> 近年来，认知科学的三大主要发现是：第一，心智天生是亲身的（The mind is inherently embodied）。第二，思维多半是无意识的（Thought is mostly unconscious）。第三，抽象概念大部分是隐喻性的（Abstract concepts are largely metaphorical）。两千

---

① ［加］保罗·萨伽德：《心智：认知科学导论》，朱菁、陈梦雅译，上海辞书出版社 2012 年版，第 151 页。

② 刘晓力、孟伟：《认知科学前沿中的哲学问题：身体、认知与世界》，金城出版社 2014 年版，第 78 页。

多年来的先验哲学关于“理性”的揣测就此宣告结束。由于认知科学的这些发现，哲学绝不可能再与以前一样。对心智科学的这三大发现加以综合思考，发现其主要观点与西方哲学的核心部分相悖。由此，有必要对最流行的现行研究方法，即英美解析哲学（analytic philosophy）和后现代主义哲学的研究方法进行彻底反思。①

这是从认知科学角度对西方哲学进行的颠覆式挑战，尽管他们的理论并非毫无瑕疵，但是其基于认知科学对人类心智的深刻认识，丰富了我们的认识，扩大了我们的视野。②从中可以看到，亲身体验、无意识、隐喻等从前被忽视的因素进入我们对于心智的探索过程，改变或重塑着人们对于人类心智的看法。

这些看法将促使人们改变对理性的认识。理性不再是天赋的、与生俱来的能力，它植根于我们的大脑、身体和社会生活，植根于它们的互动带来的切身体验。理性的形成与人类身体的独特性、大脑神经系统构成的复杂网络、我们日常生活中的各种活动紧密相关。理性是进化的结果，理性能力经由进化而来，有一个由低到高、由简单到复杂的进化序列，即使是最抽象的理性思维形式，也处在这个进化序列之中而不是超越于其上。进化理论把所有生物囊括在一张极其复杂的巨大网络之中，从这个意义上，丹尼尔·丹尼特说：“这世界上只有一

① 参见［美］乔治·莱考夫、马克·约翰逊《肉身哲学：亲身心智及其向西方思想的挑战》，李葆嘉、孙晓霞等译，世界图书出版公司 2018 年版，第 3 页。

② 有学者指出面对认知语言学取得的进展，我们应保持清醒，予以恰当评估：“认知语言学借鉴认知科学的研究成果和方法，解释或重新解释语言现象，对语言学体系进行脱胎换骨的改造。认知语言学中的认知，是相对于乔姆斯基认知的新一代认知。两者的认识论和方法论均不相同，形成了截然对立的态势。其实，在人类语言系统内两者是不应该矛盾的。如果刨除意识形态上的差别，我们可以说第一代认知诉诸算法，而第二代认知则倾向意指。值得反思的是，对这新一代的认知我们不可望文生义，亦不可随风起舞。这所谓的新，很可能是新瓶装旧酒，因为自柏拉图以来，这种意义上的认知探索就未曾中断……我们权且认可其新，因为认知语言学的确试图用新的认识论和方法论去全面解释人类的语言现象，而这一点是值得肯定的。我们期望它逼近人类知识的盲点。不过，我们对其‘新’的内涵，还是不得不保持一份警醒——其之所以新，恐怕更在于它的反叛，即对历史和现实的反叛，具体说来是对西方传统哲学和既有研究范式的反叛。”参见赵彦春《认知语言学：批判与应用》，南开大学出版社 2014 年版，第 9—10 页。

棵家族树，所有曾经生活在地球上的生物都可以在上面找到——不光是动物，连植物、藻类和细菌也都可以找到。”[①] 人类是这棵巨型家族树上的一个分枝，其中当然也包括了人类的心智，“我们的心灵是由更简单的心灵进化而来的观点并不太坏”[②]。人类的心智是进化的产物，因而具有复杂的适应性机制，它无法与我们的身体分离、无法与我们生活的自然环境分离、也无法与我们的社会文化分离。或者也可以这样说，我们的身体活动、我们的生活环境、社会文化环境在进化过程中塑造了我们的心智。这改变着我们对人类理性的看法，改变着我们对人类自身的理解，将我们引向对“人”本身的关注与思考。正是在这个意义上，如果能从涉身—嵌入认知科学的基本立场进行反思，或许会给我们带来更多有益的启示，简言之，这个立场就是：“认知科学需要把认知置于大脑中，把大脑置于身体中，把身体置于世界中。”[③] “把……置于……中”这种不断拓展的开放性思维是我们破解人类心智奥秘所必不可少的，当然，每一次“把……置于……中”都需要冲破束缚、付出巨大的努力，而“把中国思想文化置于认知科学视野中”也属于这方面的一次尝试。

第二个方面是，对认知科学而言，吸收中国思想史研究的成果将有利于推动对人类心智奥秘的深入探索；对中国思想史而言，面向认知科学将促使古老的中国文化和中国智慧更好地为当代人所理解并在当代世界焕发出新的生机与活力。

认知科学不仅关注神经层级和心理层级的认知，而且还重视对语言、思维、文化三个高层级认知的研究。第二代认知科学提出以“4E+S”认知理论模型［即体化认知 embodied cognition（又译为具身认知、涉身认知、亲身认知等）、嵌入认知 embedded cognition、生成认知 enacted cognition、延展认知 extended cognition 加上情境认知

---

① ［美］丹尼尔·丹尼特：《心灵种种——对意识的探索》，罗军译，上海科学技术出版社 2012 年版，第 23 页。

② ［美］丹尼尔·丹尼特：《心灵种种——对意识的探索》，罗军译，第 24—25 页。

③ 刘晓力、孟伟：《认知科学前沿中的哲学问题：身体、认知与世界》，第 84 页。

situated cognition 组成的认知理论模型］为特点的“超脑认知论”[①]，这种理论更强调人类心智与身体体验、社会情境、文化环境（如社会规范、价值观、宗教信仰、哲学理论等）之间的互动。具体到中国来说，中国的认知科学研究要取得深入发展，除了大量的实验和基础科学理论的探索和创新外，更离不开对中国思想文化资源的勘探与发掘。有学者从认知科学哲学研究的角度指出对认知科学哲学与中华文化的会通研究很有可能产生原创性成果：“东西方文化差异为认知科学哲学研究提供了多元视角。充分挖掘跨文化认知思想资源，努力构建具有中国风格的认知科学哲学思想体系，是我国学者的优势所在、责任所在。这就需要勇于打破学科壁垒，将中华文化资源有机融入认知科学哲学研究。可以预期，如果能将认知科学经验研究的前沿问题转化为具有中华文化内涵的哲学问题，就很有可能推出原创性成果，为国际认知科学哲学研究贡献中国智慧。”[②] 立足中华文化，探索中西思想文化存在巨大差异的深层原因，从认知科学的角度审视和反思这种跨文化的差异，将有望加深我们对人类心智的理解。虽然这方面的研究尚有许多难题需要克服，许多壁垒需要突破，但它仍不失为一个深究人类心智之谜的重要角度。

我国来自不同领域的研究者们已经开始进行相关的探索。比如：认知语言学是认知科学的重要组成部分，它不限于某种单一的理论，而是把语言看作洞察人类心智的窗口，将语言作为人类最重要的一种认知现象进行探索。我国有语言学研究者通过认知语言学相关理论探讨汉语的内在特点及其深层的哲学意蕴。沈家煊发表一系列论文，围绕汉语中名词与动词的关系这个重要问题讨论汉语自身的语法规律。力图在继承前辈语言学家赵元任、吕叔湘、朱德熙等丰富学术成果的基础上，摆脱印欧语观念束缚汉语语法研究的现状，还汉语本来面貌，“从语言世界看汉语，也就是把汉语置于世界语言的大背景上来考察，眼界更开阔，可以更好地看清汉语的真面目及其在语言世界中的

① 参见李建会《心灵的形式化及其挑战：认知科学的哲学》，中国社会科学出版社2017年版，第132—133页。

② 刘晓力：《发展中国风格的认知科学哲学》，《人民日报》2017年7月10日第16版。

地位。反过来，看清汉语也有利于加深对其他语言的了解，加深对人类语言的本质的认识”[①]。由此出发，他研究了汉语“名动包含”“名词为本”的格局，提出确立汉语“大语法”的观念，就是要从整体上对汉语进行研究，“大语法是语法、语义、语用甚至语音的综合，如果分开研究就破坏了它的整体性”[②]。他还对汉语“大语法”的哲学背景进行了探讨，根据大量语言事实指出：“对西方人来说，to be 还是 not to be，这是个首要问题；对中国人来说，‘有’还是‘无’，这是个首要问题。”[③]这就是所谓的“是”“有”大分野，它导致了中西方文化思维方式的诸多差异。这一发现可以说是近年来对汉语认知特点以及汉语言思维研究取得的一大重要学术成果。钱冠连也对汉语及其哲学意蕴进行了深入研究，并提出中国后语言哲学研究的四原则：“(1)吸取西语哲（分析传统和欧洲传统）的营养；(2)从日常社会生活中挖掘出新的语言哲学问题（所谓‘节外生枝’）；(3)它的研究方法，主要表现为从词语分析（形而下）找入口，从世界与人的道理（形而上）找出口（乐意接受其他方法与风格）；(4)重视汉语语境，实现西语哲本土化。”[④]这四个原则提醒人们立足语言实际，吸收西方语言哲学研究的丰富理论资源，“下学而上达”（从词语分析入手上升到对世界与人的哲学思考）对汉语进行综观，由此揭示汉语的特色及其蕴含的哲学智慧。这些原则对我们从语言认知的层级探讨中国思想文化具有很大的启示意义。还有，王寅也在对西方语言哲学和认知语言学进行深入研究的基础上提出，我国语言哲学研究要取得成果既需要吸收西方的理论资源，同时也要兼顾中国丰富的文化遗产。他在《语言哲学研究：21世纪中国后语言哲学沉思录》中说：“我们认为，可进一步理清西方语哲要旨，尽快进入具有后现代特征的中国后语哲，确立继承与创新的理念，灵活运用‘分析’之原则，不断开发有我国自己特色的科

---

① 沈家煊：《名词与动词》，商务印书馆 2016 年版，第 11 页。
② 沈家煊：《名词与动词》，第 412 页。
③ 沈家煊：《名词与动词》，第 344 页。
④ 钱冠连：《后语言哲学之路》，上海外语教育出版社 2015 年版，第 18 页。

研创新之路，以期能为我国人文科研提供一种新的运思方案。”① 王寅对认知语言学特别是莱考夫和约翰逊提出的体验哲学有深入研究，并结合对汉语的分析和探讨发展语言的体验观，他指出：“认知语言学的基本原理，特别是语言体验观，在我国先哲中早有提及和论述，如在《易经》、《荀子》、《说文解字》、《释名》、《文心雕龙》等古籍中都有相应论及……当我们站在现代人类认识发展的高度来回顾往昔，观察历史，完全可以超越时空的限制，运用对比的方法将地球村古今公民的有关观点、相关理论进行综合研究。”② 这种综合研究需要对古今中西文化保持开放性的态度，它将大大有利于我们探索认知科学与中国思想史融合会通的问题。

心理学是认知科学的重要支撑学科，我国心理学领域的研究者自20世纪中期以来就开始尝试从心理学的角度对中国思想文化进行探讨。进入21世纪之后，我国在认知心理学、文化心理学、跨文化心理学、创造性心理学以及中国心理学思想史研究方面都取得较大进展。潘菽和高觉敷是中国现代心理学两个重要代表，他们对中国古代心理学思想研究有精彩的论述。潘菽的心理学研究始终围绕意识问题展开，他认为意识问题是心理学的根本问题。它们包括：意识的本质、意识与其他认识活动（如感觉、知觉、思维）的关系、意识和身体的关系、意识的起源和发展、意识和社会的关系、意识和言语的关系、意识的作用等问题。潘菽提出研究意识的发展要与社会、历史、文化的发展联系起来考察，因此他的研究也注重将科学心理学与中国古代思想文化相结合，他说：“我国古代的心理学思想是一个丰富的矿床。”③ 对这个丰富矿床进行挖掘、整理、鉴别、研究是一项艰苦的系统性工作。他认为中国古代心理学思想和西方古代心理学思想相比毫不逊色，双方各有短长。中国古代心理学思想在人贵论、天人论、形神论、性习论、知行论、情二端论、对认识问题的唯物论传统等七个方面有许多

---

① 王寅：《语言哲学研究：21世纪中国后语言哲学沉思录》，北京大学出版社2014年版，“前言”第2页。

② 王寅：《语言哲学研究：21世纪中国后语言哲学沉思录》，第531页。

③ 潘菽：《中国古代心理学思想》，北京出版社2018年版，第1页。

光辉独特的论述，值得深入研究。[①] 高觉敷则译介了大量西方心理学经典著作，在此基础上对西方心理学史有深入的研究，同时也非常注重对中国古代心理学思想的探索。他说："心理学思想不问是今天的或远古的，可归纳为三个基本问题：（一）我如何知其所知之物？这便包括感觉、知觉、学习、记忆、认知及类似课题。（二）我如何感受我所感受的东西？这个范畴包括内部情绪状态，如动机、信仰和态度；（三）我如何做所做的事情？这个'做'包括生活的行为方面，从简单的反射到协作的活动和社会的交往。这就是说，凡涉及这三个课题的资料都同见于心理学和心理学思想，不问这种思想埋藏在物理学、形而上学、理知哲学、道德哲学和灵气学（Pneumatology）之内，或见于 20 世纪思想中的任何可被称为'心理学科'的东西。我国古代心理学思想不但蕴藏着与这三个基本问题有关的思想，而且有着为心理学所必须涉及的范畴。"[②] 以此为基础，他认为中国古代心理学思想史的研究可围绕天人、人禽、形神、性习、知行等基本范畴展开，同时还要兼顾心理学思想每一家每一派产生、发展、变化的历史背景、社会条件及其影响等因素，力图将其历史轨迹生动地刻画出来。我们可以把这些研究成果吸收到中国思想史的新研究之中，当然，除语言学和心理学之外，还有神经科学、人类学、社会学的研究也在认知科学的研究范围之中，限于篇幅，兹不赘述。

二　认知科学与道教思想史的交叉融合

道家文化和儒家文化都属于中华传统文化中的原创文化，是中国土地上生长的文化。其中道家文化在中国有着悠久的历史，在漫长的历史进程中，道家文化始终参与着中华民族精神家园的构建，形成道家文化传统。这一传统促使了历代道家思想家形成对于世界的最基本的看法，也形成了道家思想独特的思维方式以及相应的行为模式，这

① 参见潘菽《中国古代心理学思想》，北京出版社 2018 年版，第 11—33 页。

② 高觉敷：《心理学史论丛》，商务印书馆 2019 年版，第 441 页。

些因素对于社会各阶层精英和普通民众都产生着程度不同的影响，给人们打下了深刻的文化烙印。可以说，道家文化与中华民族的精神生活始终发生着密不可分的联系，中华民族精神中有着深受道家文化熏染的一面。中国社会文化情境的构成内在地包含着道家思想文化，亦即道家思想文化是中国人认知情境的重要组成部分。

我们尝试从认知科学的角度对道家思想史进行考察，借重认知科学这一探索人类心智奥秘的跨学科平台，深入探讨道家文化传统的所思、所言、所感、所作所为。也就是关注道家文化传统如何思考问题，如何解决问题，如何感受世界以及如何进行选择和采取行动。

第一，道家有深厚的历史文化渊源。从认知科学的角度看，我们把文化视为进化的产物，对道家思想文化探根寻源，研究其历史文化积淀，就是研究道家思想文化如何传承与创新，如何不断适应新的历史文化情境。

从地球上出现最早的生物到21世纪的现代人类，经历了37亿年漫长的进化。对于人类为什么会进化出高度复杂的认知能力，研究者们仍然在不停争论之中，但不论提出什么理论的学者，都没有忽视人脑进化出的一些卓越的能力，它们包括“抽象思维、构建情境的能力、推理能力、从经验中学习的能力”①。今天人类高度发达的文化是以这些重要的能力为基础在漫长的历史中建立起来的、人类是生物界的一员，人类文化也没有脱离生物界，脱离进化史。认知科学家迈克尔·托马塞洛认为：“现代人类的成人认知不仅产生于发生在好几百万年的时间段内的基因事件，而且还产生于文化事件，这些文化事件发生的时间跨度是数十万年，同时，也产生于个人事件上，这些个人事件发生在个体发育的时间尺度上，其时间跨度是几万个小时。”② 虽然在时间跨度上存在明显的差距，但基因事件、文化事件和个人事件构成人类进化的复杂过程，这个过程是连续的而非割裂的。在自然环境下的基因适应只是这个过程的开端，但不是全部。人类是灵长类动物，人类

① ［美］戴维·巴斯：《进化心理学》，张勇、蒋柯译，商务印书馆2015年版，第427页。

② ［美］迈克尔·托马塞洛：《人类认知的文化起源》，张敦敏译，中国社会科学出版社2011年版，第223页。

的知觉、行动、记忆、学习、情绪等基本能力与其他种类的类人猿相比并没有太大差异。托马塞洛把共享意图假设（shared intentionally hypothesis）视为人类思维演化的关键，“人类思维的独特性是为了解决社会协调问题，尤其是处理个体尝试同他人合作和沟通过程中所带来的压力这些适应的产物”[①]。共享意图是人类文化的基础，因为人类文化的出现意味着人类创造了一个持久的共享世界，“随之而来的文化群体内部成员群体性思维压力则需要人类发展出一种新能力，以便利用文化约定、文化规范、文化之都等内容建构共同的文化基础”[②]。

从上论述可见，文化是人类与生物界其他动物相区别的一个重要标志，但文化并不是独立于进化过程的，而是进化的产物。文化的基础是共享意图，它促进并放大人类合作，使个体得以从属于某个群体，使“我”变成了“我们”，给“我们”一个生活的家园。“随着文化实践在代际间合作性地流传下来，即成人教导、年轻人信任甚至遵从，这种累积效应的结果就是‘我们’（过去的、现在的和未来的）都认同不朽的文化（正如早期人类都致力于其不间断的、小范围的合作那样）。人类因而不再只是组织松散的合作者，他们成了自我认同的文化，拥有自己的历史。”[③]文化把人群结合在一起成为共同体，个体的人能从文化中寻求秩序和充满意义的事物，文化如同链条，通过一代又一代人的解释、阐发、调适而形成传统。从这个意义上说，脱离文化传统的创新是不存在的，每个人都生活在文化传统之中，遵守传承于我们的文化模式。

今天中国人的生活中有道家文化传统的影响，而道家文化又是从中国古代文化，特别是夏商周三代文化的土壤中生长出来的。老子生活于春秋战国之际，《史记·老子韩非列传》说老子为“周守藏室之史”，是一位史官，史官的主要职守是藏书、读书与作书。作为史官的

---

① ［美］迈克尔·托马塞洛：《人类思维的自然史：从人猿道社会人的心智进化之路》，苏彦捷译，北京师范大学出版社 2017 年版，第 6 页。

② ［美］迈克尔·托马塞洛：《人类思维的自然史：从人猿道社会人的心智进化之路》，苏彦捷译，第 7 页。

③ ［美］迈克尔·托马塞洛：《人类思维的自然史：从人猿道社会人的心智进化之路》，苏彦捷译，第 109 页。

老子，对于他之前的中国文化传统一定不会感到陌生。《孔子家语·观周》记载孔子对老子的评论："吾闻老聃博古知今，通礼乐之原，明道德之归，则吾师也。"班固《汉书·艺文志·诸子略》倡言诸子出于王官，而"道家者流，盖出于史官，历记成败存亡祸福古今之道，然后知秉要执本，清虚以自守，卑弱以自持，此君人南面之术也。"这里指出身为史官的老子对于古往今来的社会变迁、人世沧桑、人情冷暖有深入的体察，深知其"要"与"本"，并由此以"清虚""卑弱"的态度处世，而且还以此为统治者提供参谋。这则简短的评论，把道家文化的所知、所言、所感、所作所为都写出来了，不论其所言是否切当，都可明确看出班固是把道家作为一种重要的文化传统来记述的。民国初年的学者江瑔在《读子卮言》中，更把道家作为诸子百家的渊源，说："道家者，上所以接史官之传，下所以开百家之学者也。"[①]又说："上古三代之世，学在官而不在民，草野之士莫由登大雅之堂，惟老子世为史官，得以掌数千年学库之管钥，而司其启闭。故老子一出，遂尽泄天地之秘藏，集古今之大成，学者宗之，天下风靡，道家之学遂普及于民间。"[②]江瑔的论断虽有夸大，但其论道家上接中国远古文化，则非妄下评断，而是有所依据的。史学家吕思勉也认为："《老子》书辞义甚古；全书皆三四言韵语；间有散句，盖后人所加；与东周时代之散文，截然不同，一也。书中无男女字，但称牝牡，足见其时之言语，尚多与后世殊科，二也。又全书之义，女权皆优于男权，俱足征其时代之早。吾谓此书实相传古籍，而老子特著之竹帛，或不诬邪！"[③]我们从《老子》书中也能看到"古之所谓""用兵者有言""建言有之""圣人云"等字句，这就是老子直接引用古代圣贤的话来说理，这些话都是古代流传下来的治国用兵的箴言，由此可见老子思想不是无源之水、无本之木。《庄子·天下》评论百家之说（即当时持不同学说的代表人物的思想），却以论说古之道术开头，"天下之治方术

---

① 江瑔：《读子卮言》，华东师范大学出版社 2012 年版，第 63 页。

② 江瑔：《读子卮言》，第 64 页。

③ 吕思勉：《中国文化思想史九种·先秦学术概论》，上海古籍出版社 2009 年版，第 477 页。

者多矣，皆以其有为不可加矣。古之所谓道术者，果恶乎在？曰：'无乎不在。'曰：'神何由降？明何由出？''圣有所生，王有所成，皆原于一。'"这里所说的"道术"就可以理解为古已有之的传统文化精神，能够继承文化传统，并将之灵活运用到现实生活之中去的人才是真正的智者，亦即所谓的"神""明""圣""王"。我们在探讨道家思想的时候，不能忽视孕育产生道家思想的那个文化传统，以及道家对之所做的认同、反思和理解。"圣有所生，王有所成，皆原于一"，这个"一"表明道家思想的产生具有深厚的历史文化根源，道家思想家对此根源极为珍视，并能不断地从其中汲取营养而成就自身。道家思想的经典著作如同冰山露出海面的部分，而其深处还蕴藏着许多有待发掘的东西，我们对这些东西知道得越多，就越能理解道家思想文化是如何认知我们所生活的这个世界的。

第二，探寻道家思想的认知框架。道家创始人老子提出"道"的观念，并以此为基础对世界进行追根究底的深入思考，老子的思索凝结在《道德经》一书中，这部经典对中华文化的深远影响集中体现在它为中国人提供了一个重要的认知框架。

从认知科学的角度看，老子作为道家文化最有代表性的人物，其最大的贡献在于给人们提供了一个重要的认知框架——"道"。

认知语言学家乔治·莱考夫（George Lakoff）提出认知框架是一种心理结构，塑造着人们看待世界的方式，"也塑造了我们追求的目标、我们制定的计划、我们行为的方式以及我们对行动结果好坏的判定"①。框架对我们影响巨大，但我们看不到也听不到框架，"它们属于认知科学家称为'认知无意识'（cognitive unconscious）的环节，是我们大脑里无法有意识访问、只能根据结果（推理方式和常识）来认识的结构。我们还通过语言来认识框架。所有字词的定义都与概念框架相关联。你听到一个词，它的框架（或框架集合）就在你大脑里激活了"②。据此可知，框架嵌入我们的大脑之中对我们产生影响。我们

① ［美］乔治·莱考夫：《别想那只大象》，闾佳译，浙江人民出版社 2013 年版，第 1 页。
② ［美］乔治·莱考夫：《别想那只大象》，闾佳译，第 1—2 页。

对世界和自身采取什么样的思维方式、行为模式和情感态度取决于我们拥有什么样的框架。框架一旦被确立起来，人们就只能在框架范围内思考和行动，不论是肯定框架还是否定框架都无法逃脱其控制。莱考夫举了一个生动的事例说明框架的力量，他说："我在加州大学伯克利分校认知科学基础课上讲框架时，总是先叫学生做个练习。练习内容是这样的：别想大象！你做什么都行，就是别想大象。我还从来没有发现学生能做到这件事。每一个词汇都跟'大象'这个词一样，唤起了框架；而框架又涉及一种形象，或是其他类型的知识：大象体格庞大，有蒲扇般的大耳朵、长长的鼻子，马戏团里有大象等等。这一词汇的定义与框架相关联。每当我们否定框架，也就唤起了框架。"① 唤起框架意味着唤起了与框架相关联的世界观，唤起了特定的认知偏向，唤起了一种特定的视角。

认知框架的力量主要体现在它和语言使用的密切关联之中，"框架就是让语言吻合你的世界观。它不仅仅是语言。首要的是观念，语言则承载、唤起这些观念"②。框架通过概念呈现在语言中，确定框架并使用相应的概念来进行表述，就能够让人在辩论中牵制对手，站稳脚跟，莱考夫把这种情况称为"概念先行"③。如果框架无法确立，也缺乏固定的概念来进行表述。认知科学将这种现象叫作"低认知"（hypocogition），它是指"缺少你所需的概念，缺少能用一两个词唤起的相对简单的固定框架"④。框架塑造人的认知取向，具有难以抗拒的牵引力，这突出表现在当框架与事实真相发生冲突的时候，"认知科学的基本结论之一是，人们会从框架和隐喻（也就是我们描述过的概念性结构）的角度去思考。框架在我们大脑的突触里，以神经回路的形式真实地存在。如果事实跟框架不吻合，留下的是框架，抛弃的是事实。"⑤ "真相必叫我们自由。只要我们把事实告诉人们，由于基本上人

① ［美］乔治·莱考夫：《别想那只大象》，闾佳译，第 9 页。
② ［美］乔治·莱考夫：《别想那只大象》，闾佳译，第 11 页。
③ ［美］乔治·莱考夫：《别想那只大象》，闾佳译，第 37 页。
④ ［美］乔治·莱考夫：《别想那只大象》，闾佳译，第 38 页。
⑤ ［美］乔治·莱考夫：《别想那只大象》，闾佳译，第 112 页。

是理性的动物，他们自然会得出正确的结论。但从认知科学来看，我们知道人不是这么思考的。人们通过框架来想问题……神经学告诉我们，人们拥有的每一个概念（构建我们思考方式的长期概念），都由大脑突触使之实例化。概念并不会因为别人讲了事实就能改变。你可以把事实摆在人们面前，但要让人们理解它们，事实必须跟人们大脑里的突触相吻合。要不然，事实就左耳朵进，右耳朵出了。”①

基于这些研究成果，我们可以更准确地评价老子对中国文化的贡献。一言以蔽之，老子最重要的贡献在于提出并建立了“道”这个重要的框架。

“道”字在中国渊源甚早，在西周貉子卣、散氏盘铭文中就已经出现，《诗经》《尚书》《左传》等文献中也有很多。但生活在春秋战国之际的老子把“道”作为一个概念提出，用“人法地，地法天，天法道，道法自然”唤起一个简单的框架，作为制定计划、追求目标、采取行动、判定结果的依据。老子深知自己生活在一个“天下无道”的时代，西周时期建立起来的政治、经济、文化秩序都已经紊乱，也就是说，此前的认知框架已经随着时代的剧变而崩溃了。在《老子韩非列传》中，老子对前来问礼的孔子说：“子所言者，其人与骨皆已朽矣，独其言在耳。”老子告诫孔子，他所向往的那些古人，虽有高尚的道德和卓越的功绩，但那都是过去的事了，他们的尸骨都已经腐朽了，只有一些言论还保留下来。老子准确地看到周文化的衰微，通过周文化提供的框架已经不能有效地解释当时的社会现实，引导人们走出困境。因此老子着手重新建立框架，所谓“言有宗，事有君”（《老子》第 70 章）。言论有主旨，做事分主次，“宗”与“君”的确立是老子格外重视的问题，言论的主旨就是框架，它塑造着人的语言和行为方式。

老子认为周公通过制礼作乐所奠定的以礼乐为核心的框架已经面临崩溃（礼坏乐崩逐渐成为先秦诸子的共识），他重建的框架是“道”，这个框架能够有效放大以“道”为核心的价值观，它比仁义礼乐的框架更为简洁，也更具有基础性、包容性和开放性。《老子》书中写道：

① ［美］乔治·莱考夫：《别想那只大象》，闾佳译，第 28—29 页。

"故失道而后德，失德而后仁，失仁而后义，失义而后礼。夫礼者，忠信之薄而乱之首。"（《老子》第38章）这就指出"礼"造成了当时社会的无序和混乱，与"礼"相关联的价值观如"仁""义"等也因此而显得肤浅和虚伪，失掉了原本的真诚和淳朴。老子要证明依循"道"这个框架能够使社会重回正常的运转轨道，反之则会导致社会出现巨大的动荡。"使我介然有知，行于大道，唯施是畏。大道甚夷，而民好径。朝甚除，田甚芜，仓甚虚。服文彩，带利剑，厌饮食，财货有余，是谓盗夸。非道也哉！"（《老子》第53章）有智慧的人选择走坦荡的大道、正道，而不走邪路、抄捷径。但当时的统治者却走入危险的歧途，不按"大道"治理国家，生活奢侈骄纵，像强盗头子一样领着一帮盗匪到处抢夺，完全不顾民众的死活，这完全走向了"道治"的反面，会把整个社会带入极其危险的境地，"非道也哉"！统治者嘴里所说的仁义礼乐变成了假大空的口号，徒有其表，所以老子要"去彼取此"，建立新的框架来替代旧的框架。

老子建立了"道"的框架，并揭示了其中所蕴含的意义。第25章说："有物混成，先天地生，寂兮寥兮，独立不改，周行而不殆，可以为天下母。"这里对"道"的特点进行整体的描述，它是天地万物的根本，它浑然天成，它独自存在，它寂静空虚，它周行不止。第1章又说："无名天地之始，有名万物之母。故常无欲，以观其妙；常有欲，以观其徼。此两者同出而异名，同谓之玄，玄之又玄，众妙之门。""道"是有无统一的，有—无是"道"的两极，"有"可视为事物的有限性，世间万物处在不断变化的过程中，但它不是随意的或纯偶然而无可把捉的，它总有界限，总有踪迹可循；"无"则指无限性，亦即从整体上看，世间万物的千变万化，不会停止，没有尽头，好像一个容器，永远不会盈满，正因如此，我们生活的世界才充满可能性，充满惊奇，充满永不停歇的动能。作为万事万物之基础的"道"是永远不会停止运转的，因为它是有与无的统一，具有无穷无尽的可能性，它不是直线式的运动，而是"周行"，类似一个圆环，运行到极点，又会返回到原初的状态，无止无休。"反者，道之动；弱者，道之用。天下万物生于有，有生于无。"（《老子》第40章）正是这永无休止的

"道"演生出天地间的各种事物，所谓"道生一,一生二,二生三,三生万物。万物负阴而抱阳，冲气以为和"(《老子》第40章)。所以"道"为"大"为"玄"为"奥"为"宗"为"母"。人对"道"的框架有所理解并据此行动，就叫作"德"，"孔德之容，惟道是从"(《老子》第21章)。

老子通过建立"道"这个框架，替代以周天子为中心的"其人与骨皆已朽矣"的礼乐框架，传达对世界的理解，也传达了一种价值观。"道"这个框架只需要"有—无""反""道法自然""玄德""常德"等简单的词语就能够唤起，它融入我们的语言，成为我们的常识，变成我们的认知无意识，变成我们看世界的一个偏好和特定的视角。虽然不是每个中国人都对道家思想有所理解，但我们的日常语言中仍然会出现与"道"有密切关联的词语，例如"知道""有无相生""自然而然""上善若水""千里之行，始于足下""道可道，非常道""无为而无不为""功遂身退""少私寡欲""出生入死""长生久视""深根固柢"等等，这些词汇随时有可能进入人们对于世界的反思活动之中，形成积极的话语形式，激活"道"这个框架。从这个意义上说，生活在中华文化之中使用着汉语的人，多多少少都会受到道家思想（特别是老庄思想）的影响。当然，人们也会以同样的方式受到儒家思想和佛教思想的影响，我们说文化是民族的精神家园，从认知科学的角度看，也可以说文化为人们提供了认知框架。

第三，探寻道家思想的认知特点。道与人的关系是道家思想文化处理的主要问题，这一问题聚焦于人对于道的觉醒与遵从，也就是人如何做到把生命或全副身心交托给大道，道家思想家对此提出了许多真知灼见，可为我们探寻人类心智之谜提供借鉴。

在"道"的框架中，最重要的问题莫过于探讨人与道的关系问题，即人如何自觉认同并融入"道"的框架，真心相信并传达"尊道贵德"的价值观。老子认为人们对"道"的框架的接受并不是一件难事，"吾言甚易知，甚易行。天下莫能知，莫能行。言有宗，事有君。夫唯无知，是以不我知。"(《老子》第70章)老子的论说很容易理解，也很容易付诸行动。但奇怪的是，天下却没有人能理解，没有人能遵循。

说话不明主旨，做事不分主次，当然就不能理解“大道”。老子认为当时能够理解并遵循“道”的人很少。这是为什么呢？老子指出这是因为人们的身心被扰乱而不能领悟“道”的精神，所以《老子》书特别注重人的身心状态，特别注重讨论如何调整身心状态从而领悟“大道”。这就为道家思想与认知科学的沟通提供了广阔的空间，这引起了一些研究认知科学的学者的注意，例如，蔡曙山就指出，“涉身心智（embodied mind）是当代认知科学的三大重要发现之一，而老子在2000多年前对此已经有所认识”[①]。

涉身心智（或称为具身心智、亲身心智）是第二代认知科学研究的一个方向，认为心灵与身体不是完全分离的，人的生物学意义上的身体组织（亦即肉体）塑造着人类认知的许多重要特点，人类心智及其活动具有高度复杂性，它植根于身体体验活动之中，并与所处的环境产生相互作用和影响。第二代认知科学的代表人物乔治·莱考夫和马克·约翰逊（Mark Johnson）提出“心智天生是亲身的（embodied）”“思维多半是无意识的（unconscious）”[②]前者强调概念产生于人的身体活动，“知觉和运动系统，在塑成颜色概念、基本层面概念、空间关系概念以及时态概念等特定概念的过程发挥着重要作用。”[③]后者则是说“‘大多数思想是在有觉知认知活动层面下、不被意识把握以及运行迅速而不能被注意到的情况下产生或活动的’。‘认知’包括视觉和听觉活动、记忆、注意、思维、语言等，‘无意识’身体的感官－运动系统是我们概念化和推理能力的重要机制。强调思想的无意识性就是要说明神经过程和身体活动就像一只‘看不见的手’，概念系统、意义、推理等大多数来自于我们的无意识活动”[④]。

《老子》书中明确指出人之所以不能对“道”有所觉悟，主要原因

---

① 蔡曙山：《自然与文化——认知科学三个层次的自然文化观》，《学术界》2016年第4期。

② ［美］乔治·莱考夫、马克·约翰逊：《肉身哲学：亲身心智及其向西方思想的挑战》，李葆嘉、孙晓霞等译，世界图书出版公司2018年版，第3页。

③ 刘晓力、孟伟：《认知科学前沿中的哲学问题：身体、认知与世界》，第188—189页。

④ 刘晓力、孟伟：《认知科学前沿中的哲学问题：身体、认知与世界》，第188页。

在于人心被扰乱，不能与身体及所处的环境形成良性互动。“五色令人目盲，五音令人耳聋，五味令人口爽，驰骋畋猎令人心发狂，难得之货令人行妨。是以圣人为腹不为目，故去彼取此。”（《老子》第 12 章）青赤黄白黑等各种色彩让人眼花缭乱，这样眼睛就看不清楚了。宫商角徵羽各种声音充斥耳朵，这样耳朵就听不清了。酸苦甘辛咸五味充满口腔，这样味觉就失灵了。纵马奔驰在原野之中追逐打猎，心就狂乱失度。难以得到的宝物会诱惑人做出犯罪的举动。可见奢侈纵欲的生活容易令人失去平静安宁的生活，一味追求享受。所以圣人让人过简单朴素的生活，避免穷奢极欲。放纵身心，远离淳朴的生活必然会将人引入歧途。既然如此，怎样才能理解或体悟“大道”呢？《老子》第 55 章说：

> 含德之厚，比于赤子。蜂虿虺蛇不螫，猛兽不据，攫鸟不搏。骨弱筋柔而握固，未知牝牡之合而全作，精之至也。终日号而不嗄，和之至也。知和曰常，知常曰明，益生曰祥，心使气曰强。物壮则老，谓之不道，不道早已。

老子认为如同婴儿一样淳朴天真才能对“大道”有所觉悟，婴儿的身体与心灵与其所处的环境是深度交融的，体验“大道”的人应该向婴儿学习，或者是让自身回归到婴儿时代，通过这种方式对“道”有真实体验，就是有所得，“德”的含义就是得之于道，“含德之厚”就是身心对“道”有真实的体验，并以此为基础获得健康的体魄、健全的人格、充沛的精力、深刻的精神。婴儿天真纯朴，蜂、蝎之类的毒虫不蜇，虎狼之类的猛兽不扑咬，鹰隼之类的猛禽不搏击，因为他无欲无求，不会起心动念妨碍这些动物的活动。婴儿筋骨柔弱，但他的小拳头却能仅仅握在一起，他还不懂得雌雄交合的事，但小小的生殖器却能常常勃起，这是由于精气充足，充满生命力的缘故。婴儿哭喊一整天，但嗓音却依然洪亮而不嘶哑，是因为他身心非常柔和。柔和的身心从不逞强，从不自以为是，与自身所处的环境相安无事，从不起心动念破坏身心与世界和谐交融的局面。如果身心不遵循自然，任性好强，那就叫作“壮”，强壮只能维持一时，过后则衰老，衰老就是背弃“大道”，离死不远了。《老子》第14章也说得很明白：

> 视之不见名曰夷，听之不闻名曰希，搏之不得名曰微。此三者不可致诘，故混而为一。其上不皦，其下不昧，绳绳不可名，复归于无物。是谓无状之状，无物之象。是谓惚恍。迎之不见其首，随之不见其后。执古之道，以御今之有。能知古始，是谓道纪。

“道”是无迹、无声又无形的。要对“道”有所认知，就要将各种感官知觉浑然合为一体，全部身心如同沉浸在一个容器中那样，完全没入“大道”之中，上下、前后、古今，空间与时间都混合在一起，即所谓“无状之状”“无物之象”“惚恍”。以这种方式体验“道”作为天地万物之基础和本原的那种无穷无尽的状态。老子重视这种全身心的沉浸，认为这是理解“大道”的关键，即所谓的“道纪”。也就是说，生活在“大道”之中的人仅仅用感官难以认识“大道”，只有全身心地浸润其中人们才有可能觉醒，从而把握“道”的纲纪或精髓。我们不难发现，老子的洞见与当代认知科学家的发现是相通的，他们都强调自我与世界的连续性，外在世界与内在精神的统一性，强调一个人需要凝聚自己的身心，对世界进行务实的开放性的反思，这是人与世界打交道的一个良好开端。

综上所论，探讨道家思想史，需要考察道家思想文化的根源，阐明道家思想文化对中华文化的贡献，论述道家思想文化在思维方式上的特点，上述三个方面都能与当代认知科学交融互动，从而产生一些积极的理论成果。广而言之，我们以认知科学与道家思想史的交叉融合为例探索深化中国思想史研究的途径，认为中国思想史的新研究离不开跨学科研究实践，这种实践能够促使我们发现问题、提出问题和解决问题，从而推进中华优秀传统文化的创造性转化和发展。

稿　约

《中国思想史研究》为专门史（中国思想史）国家重点学科点、国家历史学博士后流动站西北大学中国思想文化研究所主办的学刊，此前曾以《中国思想史研究论集》名义由广西师范大学出版社出版（主编：张岂之 谢阳举），2015年移由中国社会科学出版社出版，谢阳举任主编。

为推动中国思想文化史的精深研究，促进中国思想史学科的繁荣发展，西北大学中国思想文化研究所决定继续推出《中国思想史研究》（学刊，2021卷），本刊分设古代思想史、宗教思想史、比较思想史、思想史研究理论与方法、思想史动态、书评等专栏，现向海内外学术界公开征集相关稿件。

1. 力求及时反映中国思想史领域前沿成果，一般不拟刊用已发表论文。

2. 论文篇幅请控制在8000字到12000字以内，书评原则上不超过5000字。译稿需译者自行解决版权问题。

3. 论文撰写格式要求如下：（1）正文采用word格式编辑，宋体，5号字。（2）中国古籍引文采用文中夹注形式，需注明典籍名称、卷次、篇名；中外研究性或参考性著作、论文引文采用当页页下注形式，每页注释以阿拉伯数字为序重新编号，注录次第为著（编）者、译者、名称、出版地（缀冒号）、出版社、年份、页码；论文按照作者、论文名称、期刊名称、年份、期次、页码的顺序注明。

4. 请附作者简介（姓名、学历、职称、职务、研究领域和专长、联系电话和通讯地址）。

5. 含有图片等稿件，为校对需要，在提交论文电子版的同时，需另寄纸质稿一份（联系方式附后）。

6. 为保证学术质量，论文均需通过西北大学中国思想文化研究所学术委员会所聘请专家的评审，时限 3 个月内。人力有限，不拟录用的不另通知，敬请谅解。稿件被录用将及时告知作者。

7. 本期征稿的截止时间为 2021 年 8 月 20 日，过此时限者只能作为本刊后续稿源对待。

8. 稿件一经刊出，即付薄酬。

兹特敬告学界。

西北大学中国思想文化研究所学术委员会

《中国思想史研究》编辑部

2020.10.15

【通讯】

地　　址：西安市长安区 学府大街 1 号 西北大学 中国思想文化研究所

邮　　编：710027

收　　稿：《中国思想史研究》编辑部

电　　话：029-88305298，88302982

收稿邮箱：ideaxie@163.com